함양 지역의 인문학적 과제

함양 지역의 인문학적 과제

2019년 12월 19일 1판 1쇄 인쇄 / 2019년 12월 27일 1판 1쇄 발행

지은이 이재현 외 / 펴낸이 임은주
펴낸곳 도서출판 청동거울 / 출판등록 1998년 5월 14일 제406-2002-000128호
주소 (10881) 경기도 파주시 문발로 115 (파주출판도시) 세종출판벤처타운 201호
전화 031) 955-1816(관리부) 031) 955-1817(편집부) / 팩스 031) 955-1819
전자우편 cheong1998@hanmail.net / 네이버블로그 청동거울출판사

책값은 뒤표지에 있습니다.
잘못 만들어진 책은 바꾸어 드립니다.

First published in Korea in 2019 by CheongDongKeoWool Publishing Co.
Printed in Korea.

ISBN 978-89-5749-216-1 (93090)

이 도서의 국립중앙도서관 출판시도서목록(CIP)은 서지정보유통지원시스템 홈페이지 (http://seoji.nl.go.kr)와 국가자료공동목록시스템(http://www.nl.go.kr/kolisnet)에서 이용하실 수 있습니다. (CIP제어번호: CIP2019051942)

이 책은 함양군청의 보조금으로 만들어졌습니다.

진주교육대학교 경남권문화연구소 총서 제5권

함양 지역의 인문학적 과제

이재현 외 지음

청동거울

| 책 머리에 |

창립 50년의 역사를 가지고 있는 진주교육대학교 경남권문화연구소는 경남지역의 역사와 인물과 문화를 발굴, 연구하고, 이들 주제에 대한 새로운 해석을 통하여 지방 행정 기관의 정책 기조 및 문화콘텐츠 개발을 돕고, 시대 흐름에 알맞은 지역 정체성 수립의 이론적 근거를 새로운 차원에서 제시하고 있습니다. 저희가 만든 연구소 지(誌)와 단행본은 국회 및 국회도서관, 전국 대학 도서관, 전국 지역학 연구소, 해외 대학 등 다양하게 보내고 있습니다.

이번에 저희 연구소에서는 진주교육대학교 경남권문화연구소 총서 제5권으로, 『함양 지역의 인문학적 과제』를 간행하려고 합니다. 함양은 예로부터 인물과 전통으로 유명하여, 이른바 '추로지향'으로 불렸습니다. 이것은 공맹의 고향을 가리킨다는 점에서 선비향의 또 다른 명칭이기도 합니다. 예로부터 '좌안동, 우함양'이라고 하듯이 함양은 선비향으로 유명했습니다.

저희 연구진은 동국 유종 최치원이 보여준 함양에서의 활동 양상을 시작으로, 영남 사림파 형성기에 있어서 함양 출신의 유학자들의 활동을 양상을 살폈으며, 18세기의 실학자 박지원과 19세기 말의 성재학파가 함양에서 벌인 학문적인 전통을 구명해 놓았습니다. 통일신라 말에는 최치원이 천령(함양) 군수로 부임해 상림을 개척하고 학사루를 세웠습니다. 조선 시대의 15세기에는 함양 군수 김종직을 중심으로 하여 영남 사림파를 형성하고 전개하였습니다. 이 15세기 영남 사람파의 온상이 바로 함양입니다. 그 이후에는 박지원이 실학파로 이름을 드날렸습니다. 이 전통은 현대에 이르기까지 지속적으로 계승되어 왔습니다. 함양의 유학사는 한국 유학사의 축소판이라고 할 수 있습니다.

뿐만 아니라, 함양 지역이 창작의 배경인 「변강쇠가(歌)」의 문학적 해석 내지 음악적인 양상도 흥미로운 읽을거리가 될 것입니다. 월북으로 인해 그동안 조명을 제대로 받지 못한 국문학자 고정옥의 삶과 학문을 재구성한 긴 글도 이 책에 실렸으며, 인산 김일훈 선생의 의학 사상도 흔하지 않는 논문입니다.

함양군의 행정적인 지원이 아니었다면, 이 책이 결국 나오지 않았을 것입니다. 함양군청의 관계자 여러분들에게 진심으로 감사를 드리면서 인사를 대신할까 합니다. 감사합니다.

진주교육대학교 경남권문화연구소장

이재현

| 차례 |

함양 지역의 인문학적 과제

동국유종 최치원과 함양에서의 활동 양상

—상림 숲과 최치원의 유불선을 중심으로

이재현

1. 시작하는 글

함양과 관련된 고운 최치원이 천령군 태수로서의 2년여 활동은 상림 숲 조성과 학사루에서의 일화가 우리에게 의미있게 읽혀지고 있다. 이 가운데 필자의 관심사는 상림 숲과 관련한 최치원의 함양에서의 활동이다. 지금까지 함양 상림 숲은 고운이 홍수 대처 과정의 산물로서의 이해에 머물러 있다. 상림 숲에 대한 이러한 이해(理解)와 접근 시각의 정체(停滯)는 어떻게 보면 상림 숲 이해와 관련한 외연 확산과 상치되는 부분이다.[1] 역사는 과거 사실의 끊임없는 재해석의 문제가 제기될 때, 비로소

1 함양 상림 숲에 대한 연구 면면은 대체로 부실한 편이다. 연구 실제를 보면 최재길, 마을 숲의 역할과 치유적 의미에 대한 연구: 함양 상림을 중심으로, 선문대학교 글로벌통합대학원, 석사학위학문(2018); 김정기, '함양 상림 숲의 역사적 의미, 석당논총 vol.61(2015): 정병주, 경상남도 함양군 상림공원 내 수목의 변화에 관한 연구', 진주교육대학교 교육대학원석사학위논문(2012);이승근, 경상남도 함양군 상림일대의 곤충상(昆蟲相), 경상대학교 석사학위논문(2003) 등 수 편에 불과하다. 그 연구도 상림 숲에 대한 사실적 이해와 접근에 머물고 있으며, 지금까지 연구편수도 지극히 적은 편이다. 더군다나 상림 숲 조성과 최치원의 사상, 어느 일면과 연계한 연구는 거의 전무라고 해도 과언이 아니다. 이것은 상림 숲 혹은 상림 숲 조성에 대한 이해나 접근을 새롭게 조망하려고 하는 의지나 연구풍토의 빈약함에서

그 사실은 현실에서 새로운 의미를 가지게 되기 때문이다.[2] 최치원이 조성한 상림 숲은 이러한 작업이 무엇보다 더욱 필요로 하는 하나의 지적 대상이다. 특정 사물이나 특정인의 사상과 일화(逸話)는 역사가 그러 하듯이 현재와의 소통에서 그 의미가 심화되고 다시 소생한다. 그 전제는 특정 사물이나 특정인의 사상과 일화(逸話)는 현재의 관점에서 끊임없이 재해석되고 새로운 관점이나 시각에서 조망되는 것이다. 재해석되고 새로운 관점이나 시각의 얼개가 세련되지 못하더라도 이러한 작업은 멈추지 않아야 한다는 것이 필자의 생각이다. 현재 함양 상림 숲은 분명히 이해나 접근 시각에 있어서 정체(停滯)되어 있다. 본 연구는 이러한 문제의식에서 상림 숲 조성은 최치원의 유불도(儒佛道) 이해와 인과성이 있다는 이론적 조망에서 출발한다. 왜냐하면 유불도는 그 교의가 인간의 총체적 삶을 조망하고, 인간 삶의 주체인 인간을 어떻게 이해하고 있느냐 하는 문제, 더 본질적인 심원한 문제인 인간의 생사관(生死觀), 그리고 인간 삶 주변의 실체인 세상이나 자연이해를 포괄하고 있고, 상림 숲은 인간과 자연의 공존, 자연친화적인 삶 그리고 사색의 공간으로서 이러한 일련의 과제들과 이해의 결을 같이 할 수 있기 때문이다. 유불도의 이러한 관심사는 그 주제의 속성상 개별적 인간의 숙고와 사색의 시간이 뒤따라야 하는 문제다. 그렇기 때문에 유불도에 심취한 최치원에게 인간과 자연의 공존, 자연친화적인 삶에의 동기 부여, 사색과 성찰의 공간으로서 상림 숲은 자연스럽게 그의 유불도적인 지적 연계와 인과망 속에 위치할 수 있는 문제인 것이다.

상림 숲은 당시의 홍수 방지 차원에서 조성된 것은 주지의 사실이나,

비롯되는 일이라고 보아야 한다.

2 역사는 첫째 과거 모든 사실이 역사라는 관점에서 과거의 모든 사실을 대상으로 한 역사, 둘째 과거 사실 가운데 누군가에 의해 중요하다고 여겨져 취사선택되어 기록되고 그 기록을 대상으로 한 역사 즉 기록으로서의 역사, 셋째 첫째와 둘째를 대상으로 한 탐구 대상으로서의 역사가 있다. 본 연구는 탐구 대상으로서의 역사에 위치한다.

상림 숲을 최치원의 심원한 유불도 세계의 지적 인과 연계망 속에서 이해하는 작업은 우리가 최치원과 상림 숲 관계의 또 다른 면을 발굴해 내는 과정에서 하나의 시론(試論)의 성격을 지니게 될 것이다.

2. 사색 성찰 공간, 상림 숲과 그 논제들

숲과 인간의 만남이 그 어느 때 보다도 다양하게 이루어지고 있다. 이것은 현대인들의 정서가 '숲'이라는 정서를 필요로 할 만큼 메말라 있다는 이야기가 될 수도 있고 숲에 대한 가치가 이제야 제대로 인정받아 자리를 찾아가고 있다는 이야기가 될 수도 있다.[3] 이러한 문제는 상림 숲을 통해 더욱 실감 가능한 영역이 되고 있다. 숲과 인간과의 관계를 단순화하면 인간의 외적 영역과 인간의 내적 영역으로 나누어 생각할 수 있다.[4] 후자의 경우 숲은 인간에게 사색의 결과로서 인간 삶과 자연에 대한 본질적인 성찰을 가져다준다는 사실을 인지할 필요가 있다. 사색과 성찰은 인간 삶 전 영역의 내용을 대상으로 한다. 생명, 생과 사, 인간과 자연 관계, 가치있는 삶, 타(他)와의 관계, 바람직한 세상을 위한 자신의 처신같은 주제들이 그 구체적 예에 속한다. 여기서 중요한 사실은 이러한 주제들의 보고(寶庫)가 바로 최치원의 유불선의 구체적인 주제와 같은 흐름에서 생각할 수 있다는 것이다.

숲은 인간을 비롯한 우주 속의 모든 존재들의 고유성과 평등성을 인정하는 만물평등주의에 하나의 실존이다. 그렇기 때문에 원칙적으로 모든 살아 있는 것들의 생명가치는 모두 동등하다고밖에는 말할 수 없을

---

3 이해정, 「숲과 인간의 만남에 대하여」, 『숲과 문화』 제2권 4호, 숲과문화연구회, 1993, 56쪽.
4 본 논문은 후자의 입장, 그리고 이러한 인식의 연장선상에서 연구자는 숲은 '사색과 성찰의 공간'이라고 조작적 정의한다.

것이다. 생태철학이 자연과 인간의 관계가 무엇인가라는 있는 그대로의 존재(Sein)에 대한 사색 그리고 인간행위의 변화를 요구하는 실천 강령인 한에서는 윤리학보다는 형이상학에 근접한다. 반면에 생태철학이 행동 당위(Sollen)의 근거를 추구할수록 윤리학에 근접하며 결국 철학내부적인 환경윤리와 합류하게 된다.[5] 인간이 자연의 일부라는 사실에는 상황적 인지가 함께해야 하는 부분이 있다. 오늘날 물질만능주의와 과학기술의 팽배, 경제발전 일변도의 편협한 가치추구 등 인간본연의 실존과 진정한 가치에 대한 무지와 탐욕에 의해 인류문명사회는 생태계를 파괴하는 결과를 초래하는 방향으로 치닫고 있기 때문이다. 서양철학사조 발달 과정에서 이성중심주의의 붕괴는 1930년대 세계 2차 대전 전후를 기해 등장한 포스트 모더니즘적 문화사조의 출현에 의해 비롯되었다고 할 수 있다. 이에 인류는 인간이성에 의한 거대서사 혹은 거창한 이론적 체계화의 허구성을 절감하며 인간이성이 구축한 사고의 틀을 깨부수고 그러한 주체를 거부하면서 타자의 절대성을 새삼 인식하게 된다.[6] 이러한 문제는 우리가 상림 숲에서 읽어 낼 수 있는 여러 내용들에서 더욱 실감하는 바다. 자연은 인간 삶과 분리될 수 없는 실재이다. 이러한 논의와 결을 달리 숲의 도덕적 지위에 대해서 서양철학자들의 주류에선 비교적 직접적인 도덕적 책임을 부인하고 있다. 이는 서양의 철학적, 종교적 전통들은 인간으로 하여금 자신을 자연의 절대적 지배자로 보고, 존재하는 모든 것은 인간을 위한 것이라는 생각을 조장하는 측면이 두드러졌기 때문이다. 그러나 생태윤리는 자연물들 간의 관계, 무생물, 그리고 종과 생태계 등과 같은 생태적 전체에도 직접적인 도덕적 지위를 부여하

5 조정옥, 「이상적 생태주의적 자연관에 대한 철학적 인간학적, 환경 윤리적 고찰—독일 생태 공동체의 예」, 『숲과 철학』, 숲과문화연구회, 2005, 46쪽.

6 이은주, 「인도철학에서의 숲의 상징적 의미와 현대사회에서 숲이 갖는 의미」, 『숲과 문화』, 숲과문화연구회, 2005, 42~43.

고, 개별 유기체에 관심을 갖기 보다는 상호 의존성을 기반으로 한 생태 공동체에 관심을 갖는다. 그래서 이 입장은 숲의 도덕적 지위를 정당화하는데 인식을 같이 한다. 결국 숲의 도덕적 지위는 숲 보전의 필요충분조건이 아니라 일정 수준에서 필요조건이 될 수 있다고 볼 수 있다. 물론 숲의 내재적 가치는 숲 보전의 논리를 정당화하는 기반이 될 수 있을 것이나 숲의 목적적 가치와 도구적 가치보다 우위에 두고 고려해보는 것의 정당화는 충분하지 않다. 내재적 가치만 따지자면 인간과 숲의 가치는 대등하다. 인간중심주의를 벗어나 목적적, 도구적 가치를 따지면 다양한 종에 혜택을 주는 숲이 다양한 종을 해치는 인간에 비해 가치가 크기 때문이다.[7]

인간을 우주에서 가장 우월한 존재가 아니라 우주의 모든 존재가 각자의 개성을 가진 평등한 존재들이며 인간은 그 가운데 하나에 불과하다. 그런 만큼 인간 삶에 대한 포괄적인 사색과 성찰의 공간은 필요하다. 인간 최치원은 바로 이러한 인식의 한 가운데 있다. 상림 숲 이해는 이러한 차원이 더욱 심화된 접근이 필요하다. 최치원이 이해하고 있는 유불도는 인간과 자연은 이미 한 덩어리의 존재같이 유기적으로 연결되어 있다. 이것은 인간 유아독존, 인간중심주의, 인간이기주의는 인간자신을 위해서라도 탈피되어야 한다는 것을 최치원이 인식하고 있는 것으로 이해해야 하는 부분이다. 그리고 사람들이 깨달아야 할 것이기도 한 것이다.

상림 숲은 우리에게 물리적으로 쾌적한 환경을 만들어줄 뿐만 아니라 철학적 성찰과 사유를 위한 적합한 환경이 된다. 자연과의 공존에 내포된 삶의 깊은 이치, 자연친화적인 삶이 주는 평화와 여유, 사색의 공간은 상림 숲이 사람에게 철학적 성찰을 위한 적합한 분위기와 환경의 전면

7 김대군, 「숲에 대한 인간의 도덕적 의무에 관한 연구」, 『윤리교육연구』 제10권, 한국윤리교육학회, 2006, 172쪽.

에 위치하고 있기 때문이다. 부언하면 숲이 이끄는 철학적 성찰은 자연철학자들의 성찰과 같은 객관적인 것이기보다는 내면으로 침잠하여 순수한 자아의 발견을 통해 주체적으로 절대자나 우주적 원리를 터득하는 성격의 개연성이 높기 때문이다.

숲을 통한 몸과 마음의 수양과 실천적 철학은 각 개인으로 하여금 자신의 변화를 통해 세상에 대한 시각과 삶에 대응하는 능력 또한 끊임없는 변화 속의 삶의 의미와 묘미를 알게 하고, 나아가 자신의 소중함을 깨닫게 하는 것은 물론 타인들과 공존하는 사회 속에서의 삶의 의미를 스스로 터득하는데 직접적인 요인이 될 수 있다. 그리고 그러한 개인의 삶의 의미는 그 자신을 위한 사회적인 가치추구는 물론 한 인격체로서 순수한 정신이 닿아 있는 이상의 실현과정에 있는 문제이기에 그러한 이상의 실현정도는 곧 유한성과 무한성이 공존하는 인간실존이 보다 무한성을 실현하는 정도를 가리키게 될 것이다. 중요한 사실은 그러한 실천철학을 통해 인간은 자신의 존엄성을 절감하여 무엇이 진정한 자존심인가를 알게 될 것이며, '개인'이란 존엄한 자신과 다르지 않은 타인의 존엄성을 존중하며 서로 다른 개인들이 자신의 가치를 추구하면서, 여럿이 조화를 이루는 자연의 질서를 따라 사는 존재라는 것을 인식하게 될 것이다. 이렇게 숲과 인간 삶 영역은 긍정적인 흐름에 있는 것이다. 그런 의미에서 상림 숲은 최치원의 유불도사상이 우리에게 준 철학적 사색과 성찰의 공간이 될 수 있는 것이다.

3. 최치원 유불도 사상 논거, '사산비명'(四山碑銘)'과 '낙랑비서'

최치원은 스스로 자신을 '유자'(儒者)로 자처하였다고는 하나, 그의 사상은 유불선을 자유롭게 넘나들고 있다. 최치원 유불도 사상의 지적 논

거 혹은 그 출발은 '사산비명'과 '난랑비서'이다.[8]

1) '난랑비서'(鸞郎碑序)

신라 말기 최치원(857~?)이 지은 화랑 난랑의 비석 서문인 '난랑비서'(鸞郎碑序)는 최치원이 난랑이라는 화랑의 비(碑)에 쓴 비문의 서문이다.[9] '난랑비서'의 내용은 다음과 같다.

'난랑비 서문' (鸞郎碑 序文)

국유 현묘지도 왈풍유 (國有 玄妙之道 曰風流)

설교지원 비상선사 실내포함 삼교 접화군생 (說敎之源 備詳仙史 實乃包含三教 接化群生)

차여입즉 효어가 출즉충어국 노사구지지야 (且如入則 孝於家 出則忠於國 魯司寇之旨也)

처무위지사 행불언지교 주주사지종야 (處無爲之事 行不言之教 周柱史之宗也)

---

8 최치원이 쓴 '난랑비서'는 한민족에 면면히 내려왔던 신교의 정신을 확연히 드러내주는데 여기에서 최치원은 신교가 유 · 불 · 선의 뿌리임을 밝히고 있다. 그러나 본 연구의 관심사는 '중국의 선, 불, 유는 한민족의 본래 신교(神敎)가 다시 역수입된 것으로 보는……'것과 같은 발생 시점 선후문제가 아니라 유 · 불 · 선이 제시하는 인간관과 생명 혹은 생사관 그리고 자연관에 대한 교의 그 자체에 있다.

9 '난랑비서' 전문은 전하여지지 않고 일부만이 '삼국사기' 신라본기 진흥왕 37년(576)조 기사에 일부가 인용되어 있다. '난랑비서'가 있었다는 사실도 '삼국사기'로 인하여 알려진 것이며, '고운선생속집'(孤雲先生續集)에도 같은 부분만이 수록되어 있다.'진감화상비서'(眞鑑和尙碑序)와 같은 최치원의 다른 비서(碑序)의 예로 미루어본다면 '난랑비서'는 본래 화랑에 대한 긴 서설과 자세한 행적으로 엮어진 장편의 문장이었으리라고 여겨진다. 원래 화랑인 난랑의 행적과 화랑에 대한 자세한 설명을 포함한 장편의 문장이었을 것이나 화랑도에 대한 간략한 지적만이 남아 있다.

제악막작 제선봉행 축건태자지화야 (諸惡莫作 諸善奉行 竺乾太子之化也)'

('삼국사기' '권제4, 신라본기 제4, 24 진흥왕 37년 조).

그 의미는 다음과 같다.

'최치원의 난랑비서에 말하기를, 우리 나라에는 현묘한 道가 있으니 이를 풍류라 한다.[10] 이 가르침을 설치한 근원은 선(仙史)에 상세히 실려 있거니와 실로 儒佛道 三敎를 포함한 것으로 모든 민중과 접촉하여 이를 교화하였다. 또한 그들은 집에 들어와서는 부모에게 효도하고, 나아가서는 나라에 충성을 다하니 이는 魯나라 司寇(공자의 벼슬)의 敎旨이며, 또한 모든 일을 거리낌 없이 처리하고 말 아니하면서 일을 실행하는 것은 周나라 柱史(노자의 벼슬)의 宗旨였으며, 모든 악한 일을 하지 않고 모든 착한 행실만 신봉하여 행하는 것은 竺乾太子(가비라성의 석가)의 敎化이다.'[11] 여기서 풍류(風流)의 바람 '풍(風)'자와 물 흐름' 유(流)'자가 합쳐져

10 '풍류도(風流道)의 개념과 사상적 변화 과정, 화랑의 역할' 등을 토론하는 학술발표회(경주시 인왕동 국립경주박물관 개최,2019. 10, 5) 에서 정형진(신라얼 문화연구원장)은 '풍류의 개념과 풍류도의 역사성'에서 풍류에 대해 다음과 같이 말하고 있다. '풍류 대한 의미규정을 할 수 있는 사람은 거의 없다. 대부분의 연구자들은 최치원이 남긴 '난랑비서'에 의존한다. 하지만 최치원은 '나라에 현묘한 도가 있는데 그것을 풍류라 한다'고 규정했을 뿐 '풍류'의 사상적 개념을 정확히 설명하지 않았다. 상고의 역사 흐름 속에서 풍류도의 이념이 어떻게 작동되어 왔는지를 설명하는 것이 중요한 문제다. 또 풍류도가 어떤 맥락 하에서 신라로 들어왔고, 부활했는가를 설명하는 것 역시 놓칠 수 없는 문제. 최치원은 '풍류도'를 '현묘지도'라 했다. 현묘한 도로 규정한 풍류도의 핵심 개념은 과연 무엇일까. 풍류의 개념에 대한 해명과 풍류도가 공동체의 이념으로 작동했던 역사를 알아보는 것이 필요하다. '풍류'는 한민족이 태동하는 시점부터 있었던 사상적 기반이었다. 우리 고유의 자랑스런 문화 전통이다. 풍류도가 우리 민족의 고유한 사상이라면 그것의 고대 언어는 순순한 우리의 토착어였을 가능성이 높다. 풍류는 그 토착언어의 한자식 표현일 것이다. 풍류라는 핵심 의미가 무엇인지를 이해하기 위해서는 두 가지 관점에서 접근하는 것이 필요하다. 하나는 언어학적으로 분석해 보는 것이고, 두 번째는 사상적 · 철학적으로 접근해 분석하는 것이다. 풍류도의 역사적 연원에 대한 의문은 한국학 연구에 있어 핵심적인 사안이다. 풍류도의 이해는 학계의 일반 통념과 전형적인 동아시아 문화사의 흐름을 설명하고 이해함에 있어서도 큰 파괴력을 지닌 사안이다'

11 金鍾權 譯,'三國史記,' 광조출판사, 1979, 69쪽. 崔虎 譯解.

된 풍류라는 말은 글자 그대로 바람이나 물의 흐름만을 뜻하지는 않는다. 사람의 성품이 고지식하지 않고 물과 바람처럼 융통성이 있으면, 더불어 속되지 않고 고상하여 인간관계에 있어서도 운치와 멋스러움이 있다는 뜻이다. 화랑도를 현묘의 도, 풍류라 일컫고, 화랑의 역사책을 '선사'(仙史)라 하여 선(仙)과 관련시킨 것이 주목된다. '현묘'나 '선'을 유·불·도와 관련시켜 설명하는 것은 신라의 화랑도가 유·불·도의 유입과 함께 겪은 일정한 변질을 반영할 뿐만 아니라 유·불·도 3교의 합일을 주장하는 최치원의 사상을 보여주는 것이기도 하다.

'난랑비서'는 화랑의 풍류도가 유·불·도 3교의 유입과 함께 3교의 사상을 포괄하며 변화되어간 모습을 보여주고, 아울러 이러한 변화의 귀결인 유·불·도 사상의 강화는 화랑의 풍류도를 역사의 뒤안길로 밀쳐 내버리고 말 것이라는 것을 보여주고 있다. 선사(仙史)가 전하지 않아 풍류도의 전모를 알 수는 없으나 유·불·도 3교가 기본정신에 있어 상호 모순되기보다는 오히려 일치한다는 사상을 바탕으로 하고 있음을 알 수 있다.[12] '난랑비서'에서 지적하고 있는 유불도와 관련하여 중요한 사실 하나는 우리 나라에 현묘지도(玄妙之道)인 고도교(古道教), 불교(古佛教), 유교(古儒教) 3교일체의 풍류도가 있었다는 것이다.[13] 이렇게 최치원의 유

---

12 민족문화백과대사전, 위키피디아. 위키백과

13 최치원이 말한 풍류도는 '우리 민족의 본원적 고유사상이며 고유종교', 그리고 '불교, 유교, 도교가 전래되기 전부터 이미 古佛教, 古儒教, 古道教 三教一體인 天教가 있었다'는 사실을 제도권 학자들은 인정치 않고 있다. 이에 안창범(安昶範)은 반론을 편다. '한국 본원사상 연구 30년'연구에서 그는 주장하기를 實乃包含三教란 근본적으로 도불유(道佛儒) 3교의 사상을 이미 자체 내에 지니고 있다는 뜻이다. 즉 현묘지도인 화랑도는 도불유 三教一體 사상이며, 그 사상은 후천적 외래사상이 아니라 선천적 고유사상이라는 것이다. 즉 우리 나라에는 외래종교인 도불유 삼교가 들어오기 전에 이미 前불교, 前유교, 前도교가 있었다는 것이다. 화랑도는 원래 현묘지도로서 천부적으로 도불유(유불선) 삼교일체(三教一體)의 사상을 원래 자체 내에 지니고 있다(實乃包含三教)는 것이다. 다시 말해 난랑(鸞郎) 즉 화랑=현묘지도=풍류(風流)=설교지원(設教之源)의 교(教) 즉 종교=선사(仙史)의 선(仙), 신선사상=실내포함삼교(實乃包含三教)이다. 즉 화랑도, 현묘지도, 풍류도, 종

불도는 '난랑비서'에서 그 존재가 분명히 명시되고 있다. 최치원의 유불도에 대한 다른 문헌 하나는 최치원이 당대 고승의 행적이나 신라왕가의 능원(陵園)과 사찰에 관해 기록한 '사산비명'(四山碑銘)이다.

2) '사산비명'(四山碑銘)

'사산비명'은 885년 그가 29세 당에서 귀국한 이듬해부터 왕명을 받아 찬술하기 시작해 893년 37세 겨울에 이르기까지 완성한 것으로, 만 8년 동안 이루어졌다. 이 시기는 그가 가장 의욕적인 30대 나이에 이루어진 것으로 최치원 사상 본류의 하나, 혹은 최치원 사상 진면목을 읽을 수 있는 것이라고 생각될 수 있는 부분이다. 시기에 있어서도 '삼국사기' '삼국유사'에 앞설 뿐 아니라 다른 전적에서 볼 수 없는 역사사실이 많기 때문이다.[14] 그런데 이들 비문과 관련하여 중요한 사실 하나는 이

교, 신선사상, 실내포함삼교가 상호 등식관계로서 동계사상이다. 이를 보면 화랑도는 현묘지도로서 三教一體 思想이다. 여기에서 좀더 구체적으로 三教一體의 思想을 부연 해설하면, 그것은 근본적으로 도불유 3교사상을 함축한 일물삼면(一物三面)적인 체일용삼(體一用三), 집일함삼(執一含三), 회삼귀일(會三歸一) 사상이란 뜻으로 화랑도는 어느 종교보다도 더욱 심오하고 광대무량한 종교라 할 수 있으니, 화랑도를 나누면 도불유가 되고, 도불유를 귀일하면 화랑도가 되어 화랑도는 도불유의 본체가 되고, 도불유는 화랑도의 변용인 쓰임이 된다는 뜻이다. 마찬가지로 그 사상을 비교해 보면, 화랑도는 노자의 도교나 석가의 불교 및 공자의 유교 등 그 본체가 되고, 이들 종교는 화랑도의 변용인 쓰임으로서 한국에 역수입(逆收入)되었다는 것이다. 안창범은 국사학자와 한국사상 연구자 및 기독교인 특히 실증사학들은 최치원 '난랑비서'를 그대로 인정하지 않고 왜곡하고 있다고 주방한다. 그 근거로 다음 네 가지를 들고 있다. 첫째, 원시시대에 합리적인 성립종교가 있을 수 있느냐 하는 문제다. 둘째, 화랑도가 노석공(老釋孔)의 도불유(道佛儒) 보다 선행종교라면 어떻게 이들 사상을 수용할 수 있느냐 하는 문제다. 셋째, 우리 민족은 약소민족이고 식민지였는데 노석공의 도불유 사상을 어떻게 창설할 수 있느냐 하는 문제다. 넷째, 우리 민족이 다른 민족보다 먼저 나라를 세웠다거나 종교를 창설했다 함은 우국심에서 조작된 것이 아니냐 하는 것이다.

14 당 유학 시기 대표적 저술이 '계원필경집'이라면, 당으로부터의 귀국 이후 대표적 저술이 바로 이 '사산비명'이다. 4개의 비문 모두 사륙변려문으로 구성되어 있는 '사산비명'은

들 비문이 유교, 불교, 도교를 하나로 파악하고 있는 최치원 사상을 담고 있다는 점이다. 이러한 점은 상림 숲 축조 이유인 홍수방지 이외 상림 숲 조성을 하게 한 이유로 숲은 사색과 성찰의 공간이며 바로 그러한 사실에서 사상적 배경이 될 수 있다. 그 논의를 진전시킨다면 사색과 성찰의 대상이나 혹은 주제나 그 내용을 제시해야 하는 문제가 있다. 여기에는 인간이란 존재는 무엇이고, 어떤 생각을 하고 어떻게 살아야 하는가 하는 문제에서부터 인간의 생(生)과 사(死), 바람직한 삶과 그 자세, 인간 삶의 최적 조건, 인간 삶의 외연인 자연을 어떻게 이해해야 하는가 하는 문제로 그 스팩트름은 넓다. 사색과 성찰의 공간인 숲은 바로 이런 주제를 심화시키는 외연으로서의 위치를 점하고 있다. 그래서 상림 숲 조성은 이러한 유불도와 인과성을 가질 수 있는 것이다.

(1) '진감선사비문'(眞鑑禪師碑文)

'진감선사비'의 문장은 유학자의 입장에서 선승 진감선사의 구도에의 길을[15] 마치 친구의 일을 기록하듯 소박 담백하게 기록하고 있다.[16] '진

'초월산 대숭복사비', '하동 쌍계사 진감선사비', '보령 만수산 성주사 낭혜화상 백월보광탑비', '문경 희양산 봉암사 지증대사 적조탑비'이다. '초월산 대숭복사비'를 제외하면 모두 통일신라 말기를 대표하는 선승(禪僧)들이다. '사산비명' 가운데 '초월산 대숭복사비'는 실물이 거의 없어지고 탁본이나 베껴 옮겨 적은 문장만 전하고 있다.

15 774년(혜공왕 10)에 태어나 불법을 익혔으며, 804년(애장왕 5) 당나라에 들어가 창주(滄州)의 신감선사(神鑑禪師)에게 출가하였다. 10년 동안 당나라에서 공부한 뒤 830년(흥덕왕 5) 귀국하였다. 귀국 후에는 상주와 지리산에서 남종선과 범패 음악을 널리 전하여 신라는 물론 한국의 선종 사상사에 영향을 끼쳤다. 쌍계사 진감선사대공탑비는 진감 선사가 입적하고 36년이 지난 뒤에 조성되었다. 처음 입적하였을 때 문성왕이 탑비를 세우려 했으나, 부도와 비를 세우지 말라는 뜻에 따라서 탑비를 세우지 않았다. 그 뒤 문하 제자와 내공봉 양진방, 숭문대 정순일이 비석을 세워줄 것을 아뢰니, 헌강왕이 진감 선사라 추시(追諡)하고 대공영탑이라는 탑호를 내렸다. 그런데 비석을 세우기도 전에 헌강왕이 세상을 뜨자 정강왕이 계승하여 일을 추진하였다. 이때 정강왕이 계곡의 시냇물이 합쳐지는 것을 보

감선사비문'은 크게 서문(序)와 그 내용을 정리한 명(銘)으로 나누어 있다. 서문의 서론격인 도입부는 혜소의 선종 사상이 갖는 경향을 최치원이 파악하고 그 의미를 밝힌 것이다. 여기서 최치원은 유교·불교 사상이 근본적으로 다르지 않으며, 본 내용에서도 노장 사상이 드러나는 용어와 개념들을 다수 사용하여 삼교가 표방하는 이치는 다르지만 돌아가는 바는 하나라는 입장을 취하고 있다. 다시 말해 서(序) 첫 부분에서 유(儒)·불(佛)·노(老) 삼교사상(三教思想)의 근원을 파고 들면 서로 다를 것이 없다는 것이다. 비문 가운데 특히 "대저 도는 사람에게서 멀지 않고, 사람에게는 다른 나라가 없다"(夫道不遠人人無異國)라고 시작되는 첫 부분은 최치원의 삼교사상에 대한 결론으로서 매우 중요한 부분을 담고 있다.

(2) 만수산 '성주사 낭혜화상백월보광탑비'(聖住寺 郎慧和尙 白月葆光塔碑)

성주산문의 개조 무염(無染, 801~888)의 공덕을 기린 묘탑비인 '만수산 성주사 낭혜화상 백월보광탑비'는 무염의 제자들이 기록한 행장을 바탕으로 최치원이 비문을 만들고, 글씨는 최언위가 쓴 비이다. 내용은 무염의 입적과 비문찬술과정, 무염의 생애와 공덕, 오언고시체 70구가 적혀 있는데, 최치원의 역사의식과 현실참여의식을 볼 수 있다. '낭혜화상비문'에서 장생을 구하여 학을 타고 날아다니며 고고함을 구하는 중국 선도를 깎아 내리며, 오히려 중생을 구제하여 세상을 위해 몸을 적시는 진정한 선의 길을 제시하고 있다. 내용 가운데…… "도(道)라고 말할 수 있

고 옥천사를 쌍계사로 바꾸도록 하였다. 탑비는 888년(정강왕 2) 7월에 건립되었는데, 헌강왕도 이 달에 승하하였다. 비문은 헌강왕으로부터 명령을 받은 최치원(崔致遠)이 작성하고 글씨도 직접 썼다.

16 이 비문은 우리나라의 불교사·불교사상사·선종사(禪宗史) 등의 연구에 매우 중요한 근거로서의 의미를 지니고 있다. 출처, 고운 최치원 '사산비명'(경남하동 쌍계사 진감선사비)

는 것을 늘 몸에 지니는 것은 풀 위의 이슬에 구멍을 내는 것과 같고, 불법에 나아가 참된 부처가 되는 것은 물속의 달을 잡는 것과 같다. 도(道)는 담백하여 맛이 없지만, 힘써서 마시고 먹어야 하네. 남이 마신 술, 내가 취하지 않고, 남이 먹은 밥, 내가 부르지 않네. 대중에게 마음을 어떻게 가지라 했나, 명예는 겨처럼 부귀는 쭉정이처럼. 세속의 몸가짐은 무엇을 권했나, 인(仁)을 갑옷으로 의(義)를 투구로……" 하는 귀절은 최치원의 유불도가 그대로 적시된 것이다.

(3) 초월산 대숭복사비(大崇福寺碑)

'초월산 대숭복사비' 역시 최치원의 유불도 사상을 읽을 수 있다. 관련되는 내용을 보면 "……신이 듣자오니, 왕자(王者)의 기틀은 선조의 덕으로 후손의 도모함을 높이는 것이라 하니 정치는 인으로써 근본을 삼고 예법은 효도로써 으뜸을 삼는 것이며 그 인으로는 대중을 구제하는 정성을 다하고 효도로는 어버이 높이는 법도를 세우는 것입니다. 『시경(詩經)』에서 효자는 다함이 없다는 것을 따라야 하나니 스스로 닦아서 잘 익지 못하였다는 기롱(譏弄)을 없애며 제사함에는 마름 따위의 제수 올림을 청결히 하여 윤택한 지혜로 백성들을 고루 적셔주고 덕의 향기가 높은 하늘에까지 멀리 사무치게 하다"는 내용이나 "……산림에는 참선하는 무리가 많아서 같은 무리들이 모여들고 강과 바다는 조종(朝宗)의 기세에 협력하고 선을 따르는 것이 흐르는 물과 같습니다. 그러므로 군자의 풍도를 드높이고 석가의 도를 훈습(薰習)하니 마치 진흙인 인주(印朱)가 옥새를 따르고 쇠가 용광로에 있는 것과 같이 임금님과 신하는 뜻을 삼귀에 비추고 사류(士類)와 서민들은 육바라밀에 정성을 다함을 얻었다."는 이러한 내용은 최치원 사상의 깊숙한 곳에 유불도가 자리잡고 있음을 알게 해 주고 있다.

(4) '희양산 봉암사 지증대사적조탑비명'(曦陽山鳳巖寺智證大師寂照塔碑銘)

'봉암사지증대사적조탑비' 비문은 신라 불교사를 크게 3기로 구분하고, 제3기를 선종의 시대라고 정리하고 있다. 유불도와 관련되는 비문을 보면 "……서(序)에 말한다. 오상(五常)을 다섯 방위로 나눔에 동방(東方)에 짝지어진 것을 '인(仁)'이라하고, 삼교(三敎)의 명호(名號)를 세움에 정역(淨域)에 나타난 것을 '불(佛)'이라 한다. 인심(仁心)이 곧 부처이니, 부처를 '능인(能仁)'이라고 일컫는 것은 당연하다."는 구절과 "……비교하건대, 수(修)한 데다 수(修)한 듯하면서 수(修)함이 없고, 증(證)한 데다 증(證)한 것 같으면서 증(證)함이 없는 것이다. 고요히 있을 때는 산이 서 있는 것 같고, 움직일 때는 골짜기가 울리는 듯하였으니, 무위(無爲)의 유익함으로 다투지 않고도 이겼던 것이다."와 "……공자는 인에 의지하고 덕에 의거하였으며, 노자는 백을 알면서도 능히 흑을 지키었네. 두 교가 한껏 천하의 본보기라 일컬었지만, 석가는 힘 겨루는 것을 나무랐으니, 십만 리 밖에 서역의 거울이 되었고, 일천 년 뒤에 동국의 촛불이 되었네."라는 내용을 보면 유불도가 혼재되어 서술되고 있는 것을 알 수 있다. 그리고 유교의 가르침도 일목정연하게 정리하고 있다.[17]

---

17 "……산을 좋아하는 사람으로 하여금 산과 같이 더욱 고요하게 하고, 땅을 고르는 사람으로 하여금 신중히 생각토록 하였으니, 진퇴의 옳음이 첫째이다.", "……은혜를 베푸는 자로 하여금 날로 돈독하게 하고, 의리를 중히 여기는 사람으로 하여금 바람처럼 따르도록 하였으니, 보답을 아는 것의 옳음이 둘째이다.", "……목숨을 이은 사람으로 하여금 인(仁)과 더불게 하고, 가기(歌妓)에게 후히 상을 준 사람으로 하여금 허물을 뉘우치도록 하였으니, 대사가 시주로서 희사한 것의 옳음이 셋째이다.", "……능히 정심(定心)의 물을 깊이 헤아려서 미리 마산(魔山)에 물을 댄 큰 힘이 아니겠는가. 팔이 부러진 사람으로 하여금 의리를 드러내도록 하고, 용미(龍尾)를 파는 사람으로 하여금 광기를 제어하게 하였으니, 선심(善心)을 개발한 것의 옳음이 넷째이다.", "토끼를 기다리는 사람으로 하여금 그루터기에서 떠나게 하고, 물고기를 탐내는 사람으로 하여금 그물 만드는 것을 배우도록 하였으니, 세상에 나가서 교화하고 물러와 도를 닦는 것의 옳음이 다섯째이다.", "……병을 병으로 여기는 사람에게 공을 깨닫도록 하고, 어진이를 어질게 여기는 사람으로 하여금 집착에서 벗

4. 상림 숲 조성 기저, 유불도(儒佛道)

상림 숲은 사색과 성찰의 공간이다. 사색과 성찰의 논제들은 인간의 총체적 삶 조망, 인간 삶의 주체인 인간을 어떻게 이해하고 있느냐 하는 문제, 인간의 생사관(生死觀), 그리고 인간 삶 주변의 실체인 세상이나 자연을 어떻게 이해하는가 하는 문제들로 포괄하고 있다. 그런데 이러한 논제들은 유불도가 주장하는 여러 교의들과 동일 선상에 위치한다. 바로 이러한 이유에서 상림 숲 조성에 유불도의 여러 교의들은 상호 지적 연계와 인과성을 가질 수 있다는 것이 필자의 생각이다. 이러한 전제에서 유불도의 교의들을 고찰하고자 한다.

1) 유교

(1) 유교의 자연 및 인간 이해

유교에서 자연은 천(天)으로 표현되며, 존재일반에 대한 이해는 하늘, 땅, 사람의 세 가지 측면에서 접근한다.[18] 동양에서 사용해온 자연의 개념에는 일차적으로 어떤 존재 혹은 현상이 그러한 모습으로 드러나게 되는 이유를 자기원인적인 측면에 초점을 맞추어 기술할 때 사용하는 것, 즉 인간에 의해 재단되어진 외재적인 요소의 개입 없이 스스로 혹은 저절로 그러하다는 뜻을 지닌다. 그리고 이 자연은 음양감응체계로 그 설명이 구체화된다. 음양 논리는 자연과 인간의 폭넓은 유비적 대응이라는 전제에서 출발한다. 자연의 일부로서 인간의 이해, 즉 전체적 맥락

어나게 하였으니, 취사(取捨)의 옳음이 여섯째이다."

18 이천승, 「음양감응을 통해 본 유교의 자연과 인간에 대한 이해」, 『동양철학연구』 제54집, 동양철학연구회, 2008, 110쪽.

에서 접근하는 것과 감응의 인식체계는 자연 그 자체에 대한 관심의 축소는 있었지만 그러한 포괄적 상호연관의 틀은 용도폐기의 대상이 아니다. 자연과 인간이 서로 거리감을 두고 저 멀리 있는 것이 아니라, 상호의존과 보완 속에서 순환과 대립의 지속적 과정에 있는 것이다. 그래서 자연을 느끼고 그에 따라 주체적으로 반응하는 그 중심에 인간이 자리한다고 보는 것이다.[19] 음양의 구도를 통해본 자연과 그 일부로서의 인간은 어느 한 시점에 멈춰선 특정대상이 아니라, 끊임없이 변화하고 생성하는 과정에 있다.[20] 그리고 전통적으로 음양을 중심으로 하는 감응의 구도는 자연이나 인간, 혹은 양자에 모두 적용되는 하나의 패턴이었다. 유교에서는 이렇게 음양의 변화과정에 내포된 순환과 대립은 별개의 모습이 아니라 하나의 존재가 갖는 두 가지 양상을 표현한 것으로 보고 있는 것이다. 음양 감응의 논리는 일정 정도 인과율의 법칙을 따라가다가도 결국 인간적 시각에서 자연을 이해하고, 역으로 규정된 자연의 법칙을 인간사에 적용한다. 다시 말해 유교에 있어 자연은 천(天)이다. 유교의 '내재적 초월'로서의 天은 볼 수 없고 들을 수 없는 것이다. 즉 天은 물질적 형식 없이 존재하는 초월이며 논리적 이성이나 경험적 일반화로는 도달할 수 없는 심오한 신비이다. 하지만 유교의 天이 초월적인 것만은 아니다. 道는 만물과 인간 '안에' 들어 있는 신비, 드러난 신비이기 때문이다. 따라서 누구나 자신의 삶에서 道를 실현할 수 있고, 道에 따라 수양함으로써 스스로를 교육할 수 있다. 그러므로 유교의 天은 사물, 특히 인간 안에 존재하는 '내재적 초월'이며, 여기에 '계시'의 여지는 없다. 그리고 음(陰)과 양(陽)의 연속적 운동으로서의 도(道)는 세계 안에 그 자신을 드러내므로 자연과 초자연 사이의 분리는 있을 수 없다. 그리고

19 이천승, 「음양감응을 통해 본 유교의 자연과 인간에 대한 이해」, 『동양철학연구』 제54집, 동양철학연구회, 2008, 126~127쪽.

20 위의 논문, 117~118쪽.

자연의 일부로서의 인간은 천인합일(天人合一)로서 이해하고 있다.[21] 유교에서 인간은 천(天)과 만날 수 있는 존제다. 유교는 천(天)이 인간 안에 내재해 있다고 믿고 있기에 초자연적 계시에 의존하지 않는다. 모든 인간에 내재한 천(天)의 '깊이'를 실현하면 그런데 이 내재적 초월 관념은 자칫 초월을 배제한 채 내재만으로 경도될 수 있다. 하지만 근본적인 유교의 천(天) 이해는 초월에 대한 의식을 항상 간직한다. 인간은 목적에 있어서 천(天)을 열망하고, 어떤 면에서는 천(天)과 합일할 수 있지만 동시에 천(天)과 인간 사이의 차이 또한 있는 것이다. 유교적 천(天) 이해의 특징은 내재를 강조하는 것이다. 사람이 도(道)를 위대하게 하는 것이지, 도(道)가 사람을 위대하게 하는 것은 아니다. 인간은 여전히 천(天) 앞에서 경외감, 즉 차이를 느끼는 존재이다. 인간은 도(道)에 대한 강한 헌신과 엄격한 마음 수양을 통해서 바른 길에서 벗어나지 않도록 해야하는 존재다. 그러나 도(道)에 참여하는 인간의 자기 노력을 강조하는 것이 유교의 중심임 부정할 수 없다.

(2) 유교 생명관과 생사관

생명은 모든 생명체가 생물로서 살아 있게 하는 힘이며, 사람에게 있어서는 살아서 숨 쉬고 활동할 수 있게 하는 힘을 의미한다. 따라서 생명보다 크고 근본적인 것은 없다. 그런데 인간의 수명은 유한하기 때문에 인간 존재의 본질을 육체적 요소에서만 파악할 경우에는 파악할 경우에는 늙음과 죽음이라는 한계 때문에 허무감과 절망감에 빠지게 된다.

21 '중용'에서 天이 인간에게 부여한 것을 性이라 하고, 性에 따르는 것을 道라고 하며, 道를 닦는 것을 敎라고 한다'는 가르침이나, 본성을 아는 자는 天을 아는 것이며, 그 마음을 지켜 본성을 기르는 것이 天을 섬기는 방법이라는 맹자의 가르침은 '천인합일'의 인간관으로 이해할 수 있다.

죽음은 불가항력적인 것으로 인간이면 거슬릴 수 없는 것이다.[22] 유교에서 이러한 인간에게 가장 중심되는 덕목(德目)인 인(仁) 베푸는 것을 의무로 삼는 존재이다. 그리고 그 인간은 천인합일(天人合一)을 지향한다. 생명(生命)에 대한 존중은 유교의 한 핵이다. 공자는 '미지생 언지사'(未知生 焉知死, 論語)라고 하여 생(生)의 의미를 올바르게 인식해야 사(死)의 의미를 올바르게 인식하게 된다고 생각했다.[23] 유교의 생사관은 크게 변화(易) 개념, 공자의 인문주의(人文主義), 성리학의 이기설(理氣說)을 통해 설명되고 있다. 변화(易)에 의한 생사관은 우주의 변화가 그러하듯 사람의 생(生)과 사(死)도 우주 변화의 한 모습이다, 생(生)은 우주의 원기(元氣)가 펴나오는 것이고, 사(死)는 우주의 원기(元氣)가 돌아가는 것에 지나지 않는다. 만물은 덧없을 수도 있지만 기는 언제나 항존한다. 만물은 기가 모여서 이루어지고 기가 흩어져서 없어진다. 하지만 기의 흩어짐은 단지 구체적인 대상이 없어짐을 표시할 뿐이지 무(無)에로 돌아가는 것은 아니다. 왜냐하면 원기(元氣)는 그 자체가 도(道)이기 때문이다. 생사(生死)의 문제는 유무(有無)의 문제가 아니라 왕래(往來)의 문제이다. 그렇기 때문에 기는 끊임없이 왕래하며 생명을 순환시킨다. 초월자나 객관적 존재자의 문제가 아니라 자연현상의 한 존재양상의 문제인 죽음은 모든 생명체가 맞이하는 자연스러운 결과이자, 모든 생명이 발전하여 도달하는 최종의 모습이기도 하고, 다시 새로운 시작을 위한 안식기이기도 한 것이다. 유교 생사관에 영향을 미친 또 다른 사유체계는 공자(孔子, 서기전 552~479)의 인문주

22 이상호, 「유교적 생명관의 도덕 교육적 함의」, 『유교사상문화연구』 31, 한국유교학회, 2008, 310~311쪽. 한편 사(死)는 삶의 반대편에서 거역할 수 없는 힘으로 우리에게 다가온다. 그런 의미에서 사(死)는 우리에게는 아주 독특하면서도 절대적인 경험이다. 사(死)를 인식하는 것은 어느 사회, 문화에서나 종교에 의하여 비로소 구체화된다고 할 수 있다. 사(死)에 대한 해석의 차이는 필연적으로 삶에 대한 해석의 차이기 나타나기 때문이다.

23 유명종, 「유교 및 도교의 생명관」, 『석당논총』 제33집, 동아대학교부설 석당전통문화연구원, 2003, 5쪽.

의(人文主義) 사상이다. 그 요체는 죽고 사는 것은 명(命)이 있으며, 인간의 생명은 자연 질서의 안에 있다. 그렇기 때문에 우리가 생명에 집착한다고 하더라도 그것은 아무 의미가 없다는 것이다. 유교에서 말하는 생사의 천명(天命)은 타고나는 것으로 변화시키기 어려운 것으로 하늘로부터 부여받은 것이기도 하고 우주의 기로부터 부여받은 것이기도 하다. 하지만 하늘의 도(道)는 동시에 인간의 이상사회를 건설하는데 필요한 사람의 道에 통하는 心法이기도 하다. 공자도 역시 이러한 세계관 안에서 천명을 인식한다. 공자는 생명의 사회적 가치를 자연 생명의 가치보다 우위에 둔다. 인간의 자율 도덕적 삶에 대한 강한 천착을 하고 있음을 볼 수 있다. 공자의 삶은 인간의 도덕적 삶이 전부이다. 그리고 성리학 이기설(理氣說)에 의한 생사관의 핵심 개념은 우주의 본체인 리(理)이다.기가 뭉치고 모이는 그 가운데 리가 있게 되는데, 이 리(理)는 존재근거와 존재법칙, 규범근거와 규범법칙을 모두 포함하는 통일개념이다. 그래서 리(理)는 근원성, 시원성, 근거성, 법칙성, 일관성, 자연필연성, 보편성, 규범성, 초시간성, 초공간성, 완전성으로 표현된다. 이 세상에 있는 모든 것은 하나의 큰 음양이고 사물은 음양이 아닌 것이 없다. 그런데 이 음양은 단지 하나의 기일뿐이다. 현상세계의 모든 사물은 모두 리에 근거하여 만들어진다. 따라서 기 아닌 사물은 없으며 모든 존재는 기로 구성된다. 그렇기 때문에 기는 모든 자연물과 자연현상의 기체(基體)이다. 그런데 기는 음양이다. 즉 일기(一氣)가 분화되면서 음양이 생겨났다. 이 과정에 사람이 생겨난다. 사람의 정(精)은 음이고 기는 양이다. 기는 원래부터 존재하는 것이다. 사람의 생사는 이러한 기의 변화일 뿐이다. 이렇게 생명의 원천은 기(氣)이다. 이른바 생기론(生氣論)이며 일종의 생명론이다.[24]

---

24 유교적 사유의 틀 안에서의 죽음에 대한 태도는 크게 세 가지로 설명된다. 첫째는 모든 존재하는 것들을 '易'의 시각을 가지고 이해하는 것이다. 『周易』에서 보듯이 변화[易]는 우주 질서의 기본이다. 그렇기 때문에 사람이 죽으면 그 육신은 흙으로 돌아가고 영혼은 우

그런데 유교에서 효는 생명의 연속이다. 그래서 유교에서 생생(生生)의 도리는 효(孝)로 표현된다. 효자(孝子) 효손(孝孫)에 의하여 시조(始祖) 조부(祖父) 부모(父母)의 생명이 계승되며 조상숭배에 의하여 생명의 연속과 생명의 원천에 대하여 존중한다. 조상에 대한 초혼제례(招魂祭禮)는 부(父)·조(祖)와 자손(子孫)을 위한 의식이다. 재생의례(再生儀禮)는 부(父)·조(祖)와 자손(子孫)의 연장(延長)이 효에 의한 기원의 질서이다. 유교의 재생의례(再生儀禮)는 효의 생명론이며 생명의 연장을 바라는 주술(呪術)이 담겨 있기도 하다.[25]

2) 불교

(1) 불교의 인간관

불교는 오랜 역사 속에서 그 내용을 풍부하고 다양하게 발전시켜 왔다. 불교에서 인간의 존재문제는 '고(苦)'를 수긍하지 않는 것에서부터 비롯된다. 여기서 말하는 '고'는 몸이 아프고 마음이 쓰리는 따위의 고

주의 기로 되돌아간다. 둘째는 모든 존재하는 것들을 인문주의적 세계관 안에서 이해하는 것이다. 다시 말해서 하늘의 도[易]를 근본으로 하여 인간의 도를 확립하고, 동시에 인간의 도를 확립하여 하늘의 도[易]와 합하고자 하는 것이다. 여기에서는 자율 도덕적 인간만이 의미를 가진다. 그렇기 때문에 人格者의 모습을 띤 形而上學的 絶對者는 개입할 틈이 없다. 셋째는 모든 존재하는 것들에 대한 성리학적 이해이다. 인간을 포함한 대우주의 모든 것들은 어떤 절대자가 있어서 가고 오는 것은 아니다. 그것은 단지 그러할 [自理]뿐이다. 만물이 형성될 수 있는 데에는 각각 당연한 법칙을 가지고 있기 때문에, 리는 '理法'이며 '法則' 이다. 그렇기 때문에 여기에서는 생사의 문제는 리와 기로 설명된다. 성리학적 우주관 안에서는 자연의 기와 사람의 기는 같은 기이며, 기는 항존하기 때문에 천지자연의 기 안에서 내가 생성되고 천지자연의 기로 나는 돌아간다. 그렇기 때문에 절대자는 존재하지 않으며, 선조의 영혼도 없고 귀신도 없다. 여기에서 易의 이론이 한층 더 세련된 성리학적 우주관으로 전개됨을 볼 수 있다. 그러나 존재의 우주성을 보다 중시할 뿐이지 근본적인 맥락은 같다.

25 유명종, 앞의 논문, 8쪽.

통만을 두고 하는 말은 아니다. 그보다는 삶을 유지하고 있는 인간이 살아가는 동안 부딪치는 모든 것들을 상징적으로 표현한 것이다. 이 문제를 극복하는 최상의 방법은 부처님 근본 가르침을 바탕으로 한 '바름의 실천에 온전히 몰입'하는 것이다. 아비달마의 풍부한 논의, 반야사상, 중관사상, 유식사상, 여래장사상, 밀교, 천태, 화엄, 선, 정토 등 일체 모든 것이 바름의 실천에 대한 온전한 몰입에 근본을 두고 있다. 불교의 가르침과 그 실천의 핵심적 개념은 불교가 인간을, 그리고 그 인간과 주변 세계와의 관계를 어떻게 바라보는가 하는 문제와 연결되어 있다.

'사람은 어떻게 생겨났으며, 그는 누구인가? 사람은 어디로부터 나타났으며 죽어서는 어디로 갈 것인가? [⋯중략⋯] 우리는 사람이 존재한다고 말하지만, 이는 바로 미망의 의견이다. 그것은 일부 허무한 각각의 합산일 뿐, 그곳에 사람은 존재하지 않는다. 그것은 많은 부품들이 합하여 있는 것을 중생들은 수레라고 하는 것처럼 오온이 인연에 따라서 결합한 것을 사람이라고 편의상 이름할 뿐이다.'[26]

불교의 전통에서는 사람은 마음이 증대하는 존재, 다시 말해서, 생각하는 존재라고 보고 있다. 인간이란 무엇인가? 하는 물음에 대해서 불교는 불변하거나 고정적인 것은 아무 것도 없는 심리·물질적 과정으로 설명을 한다. 그것은 과거의 업과 자연의 법칙에 의해서 생기고 또 그에 의해 지탱되는 상호 의존적 관계의 흐름이다. 불교에서는 인간을 근본물질과 그 파생물질로 이루어진 것으로 본다. 즉 인간은 지(地), 수(水), 화(火), 풍(風)의 근본물질과 이른바 오온(五蘊)인 색, 수, 상, 행, 식이 모인 것이다. 오온을 벗어나는 인간이란 있을 수 없다는 것이다. 그리고 인간과 관련

26 잡아함경 권45 대정장 권2, 327b.

하여 무상, 무아를 강조되고 있다. 여기서의 무아는 자아가 없는 뜻이며, '나'라고 할 만한 게 없다는 것이다. 지금 여기 있는 '나'라는 존재를 해체하면 위와 같이, 지, 수, 화, 풍의 근본물질과 색, 수, 상, 행, 식이 잠시 인연 따라 화합해 나타난 것일 뿐, 영원불멸하고 고정불변하는 '나'는 없다는 것이다. 다시 말해 사람은 다섯 가지 무더기 또는 오온(五蘊)으로 이루어져 있는데 그 중 하나는 물질적인 것이고 나머지 넷은 심리적인 것이다. 물질(色), 느낌(受), 인식(想), 형성력(行), 식(識)의 다섯이 그것이다. 이러한 분석에 따르면, 인간은 정신과 물질(名色)의 복합체로 구성되어 있으며, 인간이란 불변하거나 고정적인 것은 아무것도 없는 심리·물질적 과정이다. 즉, 불교는 인간을 과거의 업과 자연의 법칙에 의해서 규정되는 존재인 것이다.그렇기 때문에 불교는 '자아'를 부정한다. 바로 이 부분이 실체적인 '자아상'을 인정하는 아트만이라든지 타종교에서 말하는 자아와 완전히 구별되는 불교만의 특수성이다. 우리가 '나', '물질'이라고 부르는 것도 이와 같이 해체하여 보면 그 실질적인 존재는 있을 수 없으며 단지 인연에 따라 찰나생(生), 찰나멸(滅)할 뿐이다. 그런 것에 집착하여 영원히 살 것처럼 하지 말고, 무아를 인정하고 보다 근원적인 부분에 시선을 돌리라는 것이다. 불교에서는 인간의 이러한 측면 이외 다른 한 축은 인간은 자연 없이 살 수 없다는 것이다. 즉 인간과 자연은 분리될 수 없다. 인간 아닌 것이 자연이고, 자연 아닌 것이 인간인 것이다.[27] 그래서 인간과 자연은 상호의존적으로 연기하고 있는 관계의 그물망을 이루는 패턴들이다. 따라서 인간과 자연을 실체시해서는 안 된다. 우리가 알아야 할 것은 '인간은 무엇이고 자연은 무엇인가'를 개념적으로 구분하는 것이 아니라 우리가 '인간이라고 부르는 것과 자연이라고 부르는 것이 어떤 관계를 맺고 있는가' 이다. 왜냐하면 우리가 인간이나 자연

---

27 이중표, 「불교에서 보는 인간과 자연」, 『불교학 연구』, 불교학연구회, 2001, 100쪽.

이라고 부르는 것은 상호 의존하여 변화해 가는 무상한 패턴이기 때문이다. 인간과 자연에 대한 이러한 이해의 태도, 즉 관계에 대한 관심은 필연적으로 인간은 타인이나 자연과 어떤 관계를 맺어야 하는가 하는 문제이다. 즉 타인과 자연에 대하여 어떻게 행동해야 할 것인가라는 윤리적인 문제와 직결된다. 인간과 자연, 나와 남이 상호의존적으로 하나의 전체를 이루고 있다는 자각은 나와 남, 인간과 자연을 분별하지 않고 한 몸으로 보는 동체자비(同體慈悲)의 실천, 즉 윤리적 삶의 토대가 되는 것이다.[28] 그리하여 불교에서는 연기설에 근거하여 '나와 남', '인간과 자연'은 하나라는 '자타불이(自他不二)'의 의식을 강조한다. '자타불이'의 의식을 통해 '나'에서 '남'으로, '인간'에서 '자연'으로 자아가확장된다. '자아'를 확장하여 '자아'가 '타인과 자연'을 포용하면 인간 상호간의, 인간과 자연간의 대립은 사라진다. 자아가 확장되어 다른 존재를 포용한다면 우리는 자비로운 마음으로 타인에 봉사하고 자연과 조화하는 삶을 살아가게 될 것이다. 이러한 부분들은 최치원이 상림 숲을 자연과 인간이 연기 구조 속에서 한 생명으로 이해하고 자연과의 조화 그러한 측면에서 이해할 수 있는 여지를 우리에게 준 메시지인 것이다.

(2) 불교의 자연관

자연은 현상적 사실로 드러난 것이다. 불교에서는 '보편적인 자연 현상'에 더해 '궁극적인 본질'까지를 아우르기 때문에 그냥 말 그대로 '자연'이라고 말하고 있다. '자연'이라는 언어에 담긴 구체적인 의미구조를 보면, 자(自)는 드러난 현상적 대상을 의미하는 상대적 개념이며, 연(然)은 대상에 대한 인식을 수단적 논리적으로 구조화 형식화한 절대적

---

28 위의 논문, 97쪽.

개념으로서 일반적으로는 '자(自)'가 무엇인지에 대한 상대적 의미규정에만 치우치는 경향이라면 불교에서는 '연(然)'이라는 절대적인 수단의 구조나 이치마저 모두 밝힘으로서 온전하고 평등한 '자연'의 본래모습인 '중도'를 지향한다고 볼 수 있다. 그 귀결에서 인간의 삶이 가능하게 한 자연은 곧 자비의 실체가 된다.

그러나 실제 인간의 현실은 욕망에 의해 잉태된 사회다. 그것의 근간은 자연과 인간을 분리된 존재로 바라보며 인간중심주의적 사고에서 비롯된 것이다. 인간중심으로 위계질서를 설정하다 보니 자연에 대한 차별은 아무런 거리낌 없이 받아들여졌던 것이다.[29] 불교의 자연 논의는 이를 바탕으로 전개된다. 그래서 불교는 사람과 자연을 서로 다른 존재로 바라보는 이분법적 사고의 탈피를 제안하고 있다.

불교는 자연과 밀접한 관련을 갖고 있다. 불교에 있어서 자연은 그 자체의 진리를 표현하는 경우와 부정돼야 하는 내용이 함께 존재한다. 불교에 있어서 인간이나 자연, 모든 존재(有爲法)는 여러 가지 조건인 인연에 의하여, 일시적으로 그와 같은 모습으로 표현되어 있을 뿐이다. 따라서 조건 여하에 따라서 여러 가지로 변화하므로 무상(無常)하고, 독립적 존재성을 가질 수 없으니 공(空)이고 무아(無我)이다. 자연과 사람은 서로 의존할 수밖에 없다.[30] 모든 것이 상호인과관계를 가지고 상호의존적으로 존재한다는 연기설의 입장에서는 이 세계를 실체들이 존재하는 것으로 보지 않고, 관계에 의해 모든 것이 과정적으로 존재하는 것으로 보고 있다.[31] 사물들의 연기가 내포한 의미는 그것이 스스로 생겨나거나 스스

29 김윤경, 「불교사상에 친화적인 자연관 고찰 : 사람과 관련이 높은 내용을 중심으로」, 『불교상담학연구』, 제12호, 불교상담학회, 2018, 6쪽.

30 위의 논문, 5쪽.

31 '연기법은 내(여래)가 만든 것도 아니고 다른 사람이 만든 것도 아니다. 그러므로 여래가 이 세상에 나타나거나 나타나지 않거나 법계는 상주한다. 여래는 이 법을 깨달아 등정각을 이루어, 여러 중생들을 위하여 분별하여 연설하고 개별하여 현시하나니 소위 이것이 있을

로 존재하거나 개체와 개성이 영원히 지속되지 않기 때문에 '공(空)' 함을 인식하는 것이다. 사물들이 공하여 무아로서 존재하는 것임을 깨달음으로써 나와 대상 간의 이원성을 극복해야 한다는 것이 불교가 자연을 바라보는 출발점이기도 하다. 불교에서 세계는 인간과 독립적으로 실재하는 것이 아니다. 세계는 인간이 보고, 느끼고, 생각하는 삶과 함께 있는 실체이다.[32] 그래서 불교에 있어서 인간이나 자연, 모든 존재(有爲法)는 각각의 조건인 인연에 의하여, 일시적으로 그와 같은 현상으로 표현되어 있을 뿐이다. 따라서 조건 여하에 따라서 여러 가지로 변화하므로 무상(無常)하고, 독립적 존재성을 가질 수 없으니 공(空)이고 무아(無我)이다. 하여 서로 의존할 수밖에 없다. 그런 가운데 인과율은 세계를 이해하는 기본 틀이다. 종교든 과학이든 철학이든 인과율에 의해 세계를 이해한다. 신이 세계를 창조했다는 기독교의 세계관은 신이 모든 존재의 원인이며, 세계는 신의 창조의 결과라고 믿는 인과적 신념에 기초한 것이며, 자연과학은 인과율이 자연에 내재한다는 신념에 기초한 것이다. 모든 형이상학은 현실세계와 현실세계의 원인 사이의 인과관계를 다룬다. 이와 같이 인과율은 모든 세계관에 내재해 있으며, 사물이 어떻게 생기고 변화하며, 어떻게 사건과 관계되는지를 원인과 결과의 상호관계로 설명한다. 그래서 불교에서는 모든 사물이 시간과 공간적인 연기의 틀 속에서 서로서로 연관되어 있고 서로를 도우며 존재한다. 자연과 인간의 관계 역시 그물망처럼 얽혀있다. '나'라고 불리는 것도 실체가 없으며, 끊임없이 변화하는 물질적, 정신적 힘의 결합이다. 불교에서의 인간과 자연은 상호의존적으로 존재하며, 상호 인과적이다. 인간은 자연이 만들며 자연은 인간이 만들어 간다고 인식하므로 서로 영향을 주고받는 '불일불이(不一不二)'의 관계다. 불교는 자연을 인간과 무관한 객관적 사

때 저것이 있고, 이것이 나타 날 때 저것이 나타난다'는 내용이다.

32 이중표, 앞의 논문, 89쪽.

실의 세계로서가 아니라 인간의 삶에 의해 이해되고 변화하며 인간의 삶에 영향을 주는 대상으로 인식하고 있기 때문이다.[33] 그래서 불교가 인식하는 자연 생태계는 전체가 하나의 시스템이며 개체는 그 시스템 속에서만 의미를 갖게 된다. 많은 개체 생명들의 연관 관계와 그 생명들을 둘러싼 자연 생태계에 대한 성찰이다. 즉 사람과 자연 생태계가 결코 다름이 아니라는 사실을 스스로 알아차리기 시작했다는 점이다. 또한, 일체 모든 존재인 유(有爲法)의 유(有)와 그 유를 둘러싸고 있는 공간과 우주를 포함하고 있다. '돈오입도요문론'에서 말하고 있는 유무중도(有無中道)의 내용에서 생각한다면 존재와 공간 그리고 각 개체와 자연생태계는 서로 의타적 관계에 있다. '있음(有)'이라는 존재는 곧 '없음(無)'이라는 공간이 있기 때문에 비로소 존재하는 '유인무립(有因無立)'이라는 것이다. 따라서 '없음'이라는 공간은 역으로 '있음'이라는 존재들에 의해서 넓이와 밀도가 정의되고 존재들이 차지하고 있는 영역 밖의 공간이 생기게 된다. 그러므로 '공(無)'은 '존재(有)'로 인해 자신의 모습을 드러내는 '무인유현(無因有顯)'의 관계가 성립된다. 자연 생태계에 대한 자연 생태학적 관찰은 모든 존재들이 서로서로 긴밀하게 상호 연관되어 있다는 것이다. 그 관계성이란 것은 하나의 생명 개체와 그 생명 개체를 둘러싸고 있는 환경의 일차에 머물지 않는다. 각 개체, 생명과 무생물, 사람과 자연, 숲과 강처럼 전방위적 관계성으로 확장된다.[34] 이 세상 존재하는 모든 것은 생멸변화하여 상주(常住)하는 모양이 없다. 그리고 그 존재는 무수한 원인의 인(因)과 조건인 연(緣)이 상호 관계하여 성립된다. 독립, 자존적인 것은 없으며, 제 조건이나 원인이 없다면 결과(果)도 없다. 모든 존재는 다양한 인연이 모여서 존재하게 되는 것일 뿐, 본래부터 혼자 독립적으로 존재하는 것이 아니므로, 실체성이 없다. 화엄 불교적 세계

33 김윤경, 앞의 논문, 8~9쪽.

34 위의 논문, 10쪽.

관은 인과성의 의미를 명확히 하고 있다. 아무리 작은 생명이라도 그만의 존재 의미가 있다. 또 모든 것은 복합적 관계성 속에 있다. 생명은 과정이기도 하고 관계이기도 하여 끝없이 서로가 서로를 비춘다. 또 더 큰 생명 속에서 그 생명의 일부를 이루는 작은 생명들이 관계적 공존을 이루고 있는 것이 생명의 실상이자 우주의 본질이다. 이것이 자연의 법칙이고 생태적 질서이기도 하다. 그래서 여기에는 생명과 세계의 구별이 없다. 생명 그 자체 속에 세계가 있고, 세계 속에 생명이 있다. 이것이 불교의 생명관이다. 그런 의미에서 상림 숲은 결국 인간과 자연은 하나라는 최치원이 던진 불교적 가르침의 현실화이다

3) 도교

(1) 도교의 자연관

유불도(儒佛道)의 본질적인 특징은 욕망의 억제나 현실세계에 대한, 아니면 이상세계에 대한 관점의 근본적 변경을 강조하는 것을 특징으로 한다. 그러한 사상들 중에서도 우리가 주목할 수 있는 것은 도가(道家) 또는 도교적 자연관(道教的 自然觀)인데, 그것은 곧 자연친화적 내지 환경친화적 성격을 갖는 자연관이다.[35] 그래서 도교는 자연을 이해나 정복의 대상으로 보지 않는다.[36] 무위자연(無爲自然)의 사상으로 알려진 노장사상(老莊思想)에서 '자연'의 의미는 '스스로 그러함' 또는 '자연스러움' 즉, 自然性(naturality) 또는 自發性(spontaneity)을 뜻한다.[37]

---

35 윤찬원, 「초기 도교에 나타난 자연개념에 관한 고찰」, 『도교문화연구』 13, 한국도교문화학회, 1999, 214~215쪽.

36 '자연'이라는 개념이 처음 나타난 것은 노자의 '도덕경'이 처음이다. 詩經, 論語, 孟子, 左傳 등의 초기 경전에서도 자연에 대한 설명은 보이지 않는다. 유소감, 김용섭 역, 『노자철학』, 청계출판사, 2000, 119~120쪽.

무위란 문자 그대로 '행위의 결여'를 뜻하는 것이 아니라, 인간의 주관적, 사적인 판단에 입각한 인위적, 작위적 행위의 배제를 뜻하는, 따라서 '자연스러운', '꾸밈없는' 행위를 의미한다. 자연은 곧 '자연적으로 주어진 있는 그대로' 또는 '꾸미지 않은 소박한' 등의 의미를 갖는다. 이런 의미에서 무위는 곧 자연을 의미하는 것이다.[38]

(2) 도교의 생명관

도교는 생명을 중심으로 하는 하나의 생명철학이다. 도교의 생명철학은 인생의 안전한 이조점(立足点)을 얻어야 할 뿐 아니라 개체 생명의 영원함도 얻어야 한다. 인류 자연생명의 장생불사는 도교의 인생문제 해결의 종극적 방법이다. 도교는 도를 배움에 기초가 있고 신선의 경계로 비승함에 단계가 있다. 선도(仙道)를 닦고자 한다면 먼저 인도(人道) 즉 도덕윤리를 닦아야 한다.[39] 이러한 도는 이 세계가 존재하는 형식이자 원리이며 때문에 어떠한 본질도 포함하고 있지 않다. 그래서 그것은 언뜻 보면 존재하는 것 같지만 사실은 어떤 것으로 존재하는 것은 아니고 만물의 근원이나 실체 같지만 사실을 알 수는 없다. 이와 같은 도에 본질적 내용이 담겨있지 않은 까닭은 도가 스스로 그러하기 때문이다.[40] 이러한 것들에서 내포된 의미를 찾는다면 노장의 사상은 무위자연을 말하는 것이 아니라 '자연무위'의 사상을 말하는 것이다. 도가의 무위는 '무위'보다 '자연'이 더 위에 있다는 것이다. 즉 도는 그 도의 바탕이 되는 것이 자연이라는 것이다. '자연무위'이것이 도가의 기본관점인 바 이것이 무위자연

37 윤지원, 「도가의 자연해석」, 『철학과 문화』 제28집, 한국외국어대학교 철학문화연구소, 2014, 46쪽.

38 윤찬원, 앞의 논문, 218쪽.

39 김태용, 「도교의 생명윤리」, 『도교문화연구』 28, 한국도교문화학회, 2008, 133쪽.

40 이동철, 최진식, 신정근 외, 『21세기의 동양철학』, 을유문화사, 2005, 209쪽.

으로 치환된 것이다. 자연무위 사상은 인간은 자연물의 일부일 뿐이라는 자연주의 사상이다. 인간은 자연에 종속된 자연법칙에 순응해서 살아야 한다는 자연근본주의사상이다. 이것은 인간중심주의를 말하는 것도 아니고 자연을 부정하는 것은 아니다. 인간과 자연을 절대평등의 것으로 본다. 자연은 자연으로서 무위의 도를 따르고 인간은 인간으로서 무위의 도가 있다는 이야기다. 그렇게 인간과 자연은 조화를 이룰 수 있다는 것이다. 더 구체적으로 노자의 자연은 사람은 땅을 본받고, 땅은 하늘을 본받고, 하늘은 도를 본받고, 도는 자연을 본받는다는 세상 만물존재의 원칙이다.[41] 사람은 땅을 본받고, 땅은 하늘을 본받고, 하늘은 도를 본받는 것처럼 도가 다시 자연을 본받는 것은 아니다. 도는 항상 하는 것이 없지만 하지 못하는 것도 없는 것이다.[42] 그리고 '도상무위이무부위(道常無爲而無不爲)'라는 의미는, 도는 항상 무위이며 인위로 하는 것이 없다는 의미이다. 그렇게 도를 규정하고 있다. 장자의 경우 자연은 기본적으로 노자와 동일하다. 차이점이 있다면 노자는 만물의 자생성이나 자율성에 중점을 두느냐에 따라 어느 한쪽을 강조하거나 혹은 긍정하는 경우 다른 한 쪽은 약화 또는 모순적 관계가 공존하고 있지만, 장자의 경우는 만물의 자생성이나 자율성에 중점을 두고 있다. 장자는 이러한 자연의 개념을 인간의 내재적 본성의 문제로 확장시켜 나가게 되는 계기를 가진다.

도교에서 인간을 포함한 모든 만물은 원기를 그 근원으로 한다. 즉 원기를 일원(一元)으로 하여 우주만물은 생성된다. 사물은 원기에서 시작된다. 하늘과 땅 그리고 인간은 같은 원기를 뿌리로 하며, 나뉘어 세 몸이 되는 것으로 각기 스스로 시조를 갖는다. 비록 인간을 포함한 천지만물이 모두 원기를 일원(一元)으로 하여 생성되지만 도교는 인간이 질적으로

41 노자, 『도덕경』, 25장, 人法地, 地法天, 天法道, 道法自然.

42 노자, 『도덕경』, 37장, 道常無爲而無不爲

다른 사물보다 우위에 있는 가장 존귀한 존재라고 말한다.[43] 인간은 다른 사물과 달리 사유능력을 갖고 태어났기 때문이다. 도교의 이러한 인간의 주체의식과 주체정신은 '아명재아불재천'(我命在我不在天, 나의 생명은 나에게 달려 있지 하늘에 달려 있지 않다)라는 명제로 개괄할 수 있다. 사람의 도(人道)는 도교에서 선도(仙道) 실천의 뿌리가 된다. 그래서 도교는 개체생명의 영원함을 종극적 목표로 삼는다. 그런데 도교에서 인간은 죽음이라는 유한성을 돌파해 영원한 '도' 즉 무한성과 하나 되는 경계에서만이 개체생명의 영원함을 실현할 수 있다. 또한 영원한 '도'는 '무형무상'(無形無象)하기 때문에, 현상세계에서 스스로 그 무한성을 드러낼 수 있는 것이 아니라 개체생명을 통해서만이 그 무한성을 드러낼 수 있다. 그러므로 개체생명은 '도'를 얻으려 노력하고 '도'는 개체생명을 떠나지 않는다. 즉 도교는 생명과 '도'를 상수상보적(相守相保的) 관계로 이해하며 생도합일(生道合一)의 경계를 추구한다.[44] 이러한 인도(人道)를 기초로 하는 도교 생명철학의 윤리적 핵심정신은 이타와 관용이다. 이의 실천은 각 개인의 공과(功過)에 반영되어 장생불사 여부와 직접적 연관을 맺게 된다. 그런데 이의 주체인 인간은 자신의 생명을 타율적 자연의 흐름에 맡기는 것이 아니라, 자기의식 아래 자율적으로 조정할 수 있는 주체적 능동적 존재이다. 자신의 요(夭)와 수(壽)는 하늘에 의해 결정되는 것이 아니라 개체자아의 의지에 따라 결정된다. 그리고 순박 진실하고 선행은 불로장생으로 이어진다. 이것은 도교의 종교적 궁극 목적이 생명의 영원한 보존에 있으며, 만물 가운데 인간의 생명이 가장 존귀한 것이고 선행 가운데 장수가 가장 으뜸으로 여기기 때문이다. 그래서 도교에서 인간을 포함한 모든 생명을 그 무엇보다 존중한다. 도교는 생명 존중 원리를 상위개념으로 놓고 윤리적 해답을 모색하고 있는데 권선성선(勸善成善) 도교윤리

43 김태용, 앞의 논문, 139쪽.

44 위의 논문, 143쪽.

의 출발점이 된다. 그리고 도교에서 존엄한 인간의 생명은 인간의 노력으로 죽음을 극복하고 불사(不死) 가능한 것으로 보고 있다. 이것에 대한 해답은 바로 권선성선(勸善成善)에서 가능한 것이다. 이처럼 도교에서 사람의 도(人道)는 선도(仙道) 실천의 뿌리가 된다. 선도(仙道)의 실천을 통해 장생불사를 추구하는 도교는 인간의 존재가치는 도덕에 있으며 도덕이 곧 인간을 다른 사물과 구별 지워 주는 본질이라고 생각한다.[45]

5. 맺는 말

신라 말기의 석학 孤雲(고운) 崔致遠(최치원, 857~?)은 유교 · 불교 · 도교에 이르기까지 깊은 이해를 지녔던 학자이자 뛰어난 문장가였다. 최치원 사상은 그 깊이나 폭에 있어 깊고 넓어 그 단초를 어디에서 풀어내야 하는가 하는 문제는 매우 어렵고 복잡하다. 그 이유는 바로 최치원이 유 · 불 · 선 삼교사상을 바탕으로 깔고 있기 때문이다. 그리고 최치원은 이러한 여러 사상을 자유롭게 드나드는 이른바, 경계가 없는 경계를 넘어서는 사유를 지니고 있었기에 더욱 그러한 문제가 제기되는 것이다. 그의 사상은 기본적으로 유학에 바탕을 두고 있었으며 스스로 유학자로 자처했다. 그러나 불교에도 깊은 이해를 갖고 있었고, 비록 왕명에 의한 것이기는 하지만 선사(禪師)들의 비문을 찬술하기도 했다. 그러나 본 연구는 최치원이 함양, 즉 천령군 태수로서의 활동 가운데 상림 숲 조성을 그의 유불선 세계와 인과관계로서 보고자 하는 것이다. 왜냐하면 그동안 살림 숲은 최치원이 홍수방지 차원, 그것이 상림 숲 설명 전부였다. 상림 숲을 새롭게 이해하고 해석해서 새롭게 태어나게 하려는 시도는

45 위의 논문, 134쪽.

거의 전무한 실정이었다. 상림 숲에 대한 해석과 설명체계의 정체성은 극복되어야 한다. 그런 의미에서 상림 숲은 지금까지와는 새로운 시각과 접근이 있어야 한다. 상림 숲은 철학적 성찰과 사유를 위한 적합한 환경이다. 숲이 이끄는 철학적 성찰은 내면으로 침잠하여 순수한 자아의 발견을 통해 주체적으로 절대자나 우주적 원리를 터득하는 성격의 개연성이 높다. 여기에는 자연과의 공존에 내포된 삶의 깊은 이치, 자연친화적인 삶이 주는 평화와 여유가 함께 한다. 이를 통해 삶에 대응하는 능력 또한 끊임없는 변화 속의 삶의 의미와 묘미를 알게 하고, 나아가 자신의 소중함을 깨닫게 하는 것은 물론 타인들과 공존하는 사회 속에서의 삶의 의미를 스스로 터득하는데 직접적인 요인이 될 수 있다. 그런 의미에서 상림 숲은 최치원의 유불도사상이 우리에게 준 철학적 사색과 성찰의 공간이 될 수 있는 것이다.

그 논리의 기저를 본 연구는 숲은 인간 사색과 성찰의 공간이며 최치원의 유불선은 이러한 숲의 내재성과 부합되지 않을 수밖에 없는 것으로 보고 있다. 이러한 인과성의 추론은 상림 숲에 내포되어있는 상징체계 즉 숲과 인간의 내면 관계는 숲은 인간에게 사색과 그 결과로서의 성찰을 가져다 준다고 보기 때문이다. 사색과 성찰은 인간 삶 전 영역의 내용들 가운데 본질적인 영역들로 구성되며, 이러한 인간 삶과 자연에 대한 본질적인 내용들은 최치원 유불선 내용 그 자체의 다른 체계의 표현인 것이다. 그래서 본 연구는 상림 숲 조성은 홍수 방지 차원 이외에 최치원 유불선과 인과성(因果性)을 지닐 수 있다는 이론적 조망을 하고 있다. 상림 숲은 함양 안에 소재하고 있다. 천령군 태수로서 최치원이 조성한 것도 하나의 사실이다. 그러나 상림 숲 조성에 대한 다양한 이론적 접근과 설명으로 최치원과 함양과의 2년 여 관계 혹은 인연을 더욱 심화시켜 나갈 필요가 있다.

참고문헌

김대균, 2006, '숲에 대한 인간의 도덕적 의무에 관한 연구', 윤리교육연구 제10권,한국윤리교육학회

김미례, 2015, '고운 최치원의 풍류미학사상연구, 사산비명과 난랑비서를 중심으로', 성균관대학교 박사학위논문

김윤경, 2018, '불교사상에 나타난 친화적인 자연관 고찰', 불교학상담연구 제12호', 한국불교상담학회

김태용, '도교의 생명윤리', 도교문화연구 28(2008), 한국도교문화학회

구인회, 2002, 생명윤리의 철학, 철학과 현실사

박봉우, 2006, '마을 숲과 문화', 한국학 논총 제33집

정기철, 2000, '문화와 해석', 문화와 해석학, 철학과 현실사

조정옥, 2004, '이상적 생태주의적 자연관에 대한 철학적 인간학적 환경윤리적 고찰', 숲과 문화, 숲과문화연구회

임경빈, 1993, 우리 숲의 문화, 광림공사

이중표, 2001, '불교에서 보는 인간과 자연', 불교학연구 2호, 불교학연구회

김태용, 2008, '도교와 자연', 도교문화연구 제28집, 한국도교문화학회

이동철, 최진석, 신정근외, 2005, 21세기의 동아철학, 을유문화사

이상호, 2008, '유교적 생명관의 도덕교육적 함의', 유교사상문화연구 제31집, 한국유교학회

유명종, 2003, 유교 및 도교의 생명관, 석당논총 제33집, 동아대학교 부설석당전통문화연구원

윤지원, 2014, '도가의 자연해석,' 철학과 문화, 제28집

윤찬원, 1999, '초기 유교에 나타난 자연 개념에 관한 고찰', 도교문화연구 제13집, 한국도교문화학회

이도흠, 2018, '유불도와 선을 아우른 최치원의 평화사상' 제10권 1호, 서울대학교 평화통일연구원

이은주, 2005, '인도철학에서의 숲의 상징적 의미와 현대사회에서 숲이 갖는 의미', 숲과 문화, 숲과문화 연구회

이동철, 최진식, 신정근 외, '21세기의 동양철학(서울 ; 을유문화사, 2005)
이종성, 2002, '노자의 자연관', 동서철학연구,한국동서철학회 제24호
이중표, '불교에서 보는 인간과 자연', 불교학 연구(2001), 불교학연구회
이찬수, 2013,'녹색이 평화다. 생명의 관계성과 종교', 원불교 사상과 종교문화 제 55집, 원광대학교 원불교사상연구원
이천승, 2008, '음양감응을 통해 본 유교의 자연과 인간에 대한 이해', 동양철학 연구 제54집, 동양철학연구회
이해정, 1993, '숲과 인간의 만남에 대하여', 숲과 문화 제10호, 숲과문화연구회
전기웅, 1994, '신라말기 정치사회의 동요와 육두품지식인', 한국고대사연구 제7호, 한국고대사학회
전기웅, 2005,' 신라말의 개혁과 최치원', 신라사학보, 제5호, 신라사학회
최영성, 2016, '고운 최치원의 생애 재고찰', 한국철학논집 제51권, 한국철학사 연구회
최영성, 2001, '최치원의 철학사상,아세아문화사
최진속, 2000, '도가의 자연관과 생태문제', 동양철학 제13집, 한구동양철학회
한자경, 2005, '불교의 생명관과 자비의 마음', 불교학연구 제41호, 불교학연구회

함양군수로 온 김종직의 행적과 그 의의

박기용

1. 시작하며

점필재(佔畢齋) 김종직(金宗直, 1431~1492)은 '이색-정몽주-길재-김숙자-김종직-정여창(김굉필)'의 계보를 잇는 사림파 학자이자 관료로서, 영남학파의 종장(宗匠)이었다.

그가 함양군수로 부임한 것은 1471년(성종 2년)이었다. 그는 성리학자이자 대과에 급제한 신진 사림으로서 함양에 부임하여 정여창 · 김굉필을 만나 도학을 전수한 것은 영남학파를 형성하는 결정적인 계기가 되었다.

그는 예사 수령과 달리, 좋은 근무평정을 바탕으로 함양에 약 5년간 재임하고, 임기를 마치자 지승문원사(知承文院事)로 승진해서 내직으로 영전하였다.

연보에 따르면 그는 함양군수로 재임하는 동안 이 지역을 위하여 수령으로서, 학자로서, 교육자로서, 문인(文人)으로서 역할에 충실하였고, 그 결과 지역민들에게, 여러 문인들에게, 교유하던 인물들에게 본보기가 되어 많은 사람들에게 감동을 주었을 것으로 생각된다.

본고에서는 이러한 점필재 선생의 함양군수 재임시절의 행적을 체계적으로 살펴보고, 선생이 지역민들과 제자들, 교유인사들에게 끼친 영향을 파악하여 함양군과 군민들에게 어떤 의미로 인식 되었는지를 살펴보고자하는 것이 본 연구의 도달점이다.

연구를 위하여 관련 문헌자료를 조사하여 분석하고, 실제로 선생이 행정을 펼쳤던 현지를 답사하여 그 유적을 조사함으로써 당시 행적을 확인하고, 설화를 통하여 당시 백성들에게 어떤 인물로 각인되었는지를 살펴보겠다. 연구 자료는 〈지리지〉와 선생의 문집과 연보, 함양군에서 발행된 여러 사료와 향토문헌, 그밖에 한국학중앙연구원에서 발행한 『한국구비문학대계』 등을 활용하겠다.

2. 김종직의 행적

함양군수로 부임한 점필재 선생의 약 5년간의 행적은 백성의 삶을 향상시키고, 후학 양성을 위해 노력하고, 자신의 문예활동과 벗과 교유를 더 깊게 쌓은 기간이라고 할 수 있다. 이 기간을 1471년의 부임기 활동, 1472~1473년의 부임 2 · 3년차 활동기, 1474~1475년의 부임 4 · 5년차 활동기로 구분하여 살펴보는 것이 이해에 도움이 될 것으로 생각된다.

1) 부임초기 활동(1471)

점필재 선생이 함양군수를 제수 받은 것은 성종 원년 선생이 40세 되던 1470년 겨울이었다. 당시 모부인(母夫人)이 71세로서 연로하므로 벼슬을 그만 두고 봉양하기를 주청하자 성종이 밀양과 비교적 가까운 함양군수를 제수하였던 것이다.

12월 6일에는 성종이 세조의 신주를 받들어 태묘(太廟)에 모시고 제사를 지냈으나 이때 선생은 이미 외직에 보임되었으므로 참례 대신의 반열에 서지 못했다.[1] 따라서 함양군수에 제수된 것은 12월 6일 이전으로 보인다.

실제 함양으로 부임한 것은 이듬해 1471년 1월 상순이었다. 서울에서 조령(鳥嶺)을 거쳐 함양으로 도착하였다.

선생이 부임하여 먼저 시작한 일은 함양군 관내의 관례를 한 사람과 혼인하지 않은 사내아이들 중에서 총명한 이를 선발하여 가르친 일이었다.[2] 교육방법은 일과를 정해서 경학을 공부하는 순서대로 강독을 시키니, 배우려는 사람들이 소문을 듣고 먼 곳에서 와서 모여 들었다.

매계(梅溪) 조위(曺偉, 1454~1503)는 선생의 처남으로 10세(1463) 때부터 선생께 수학하고[3] 선생이 함양군수로 부임한 이후 지속적으로 왕래하였다. 함양 뇌계(雷溪)에 거주하던 유호인(俞好仁, 1445~1494)도 선생을 따라 문도로서 사사하였고[4], 표연말(表沿沫, 1449~1498)은 예종 원년(1469)에 서울에서 선생을 배알하였으며,[5] 선생께 수업하였다.[6]

선생이 함양군에 부임하고부터 차[茶]를 공납하는 폐단을 알고서 백성들에게 차를 부과하지 않고 관(官)에서 자체로 구해다가 나라에 바쳤다.

선생은 고을에 비가 내리지 않자 농사를 염려하였다. 선생은 벗과 엄천사(嚴川寺)로 가서 거기서 자고 그곳의 성모(聖母) 사당에 제를 지내자

1 김뉴 편 / 이간옹 교정, 〈점필재선생연보〉 40세 조. “時母夫人。年七十一。辭職歸養。上命除咸陽郡守。十二月十六日。迺臘日上奉世祖神主。祔于太廟。備法駕還宮。先生以外補。未綴舊班。”

2 김뉴 편 / 이간옹 교정, 〈점필재선생연보〉. “正月上旬。由鳥嶺路。赴咸陽任所。莅事之暇。選境內聰明冠者童蒙。教誘日課講讀。學者聞之。自遠方來會。”

3 조위, 『매계집』, 〈매계선생연보〉. “天順七年, 世祖大王九年, 公十歲. 六月先公自玄風遞還, 秋, 公往學于妹兄佔畢齋.”

4 김종직, 『점필재문집』 〈부문인록〉.

5 표연말, 『남계집』 〈남계선생연보〉. “成化五年, 拜佔畢齋金先生於京邸.”

6 김종직, 『점필재문집』 〈부문인록〉.

함양읍 함양초등학교 앞의 학사루

비가 와서 〈다음 날 성모의 사당에 제를 지내는데 비가 왔다(明日祭聖母廟有雨)〉는 시를 지었고, 그래도 흡족한 비가 내리지 않자 〈비가 오지 않음을 걱정하다〉라는 칠언율시(七言律詩)를 지어 농민을 걱정하는 마음을 표현하였다. 그러다가 마침내 수령으로서 〈칠월 이십팔일에 용유담에서 비를 빌다(七月二十八日禱雨龍遊潭)〉 네 수를 지어 농사에 대한 간절한 마음을 표현하였다.[7] 이 무렵 백성들은 가뭄에 농사를 망치고 있는데 군내 노인들로부터 아전들이 '조세를 독촉한다.'는 말을 듣고 스스로 부끄러워했으며, 간절히 기도해도 비가 오지 않자 스스로 정성이 부족하다고 자탄하기도 했다. 그러다가 장마가 오면 오랜 비로 걱정하기도 했다.[8]

이 해에 객관 서쪽에 있던 학사루(學士樓)에 올라 중방에 걸려 있는 유자광(柳子光, 1439~1512)의 시 현판을 보고는, "그 따위 자광(子光)이 감히 현판(懸版)을 걸었단 말이냐." 하고는, 즉시 명하여 떼어서 불태워버리게 하였다.[9]

---

7 김종직, 『점필재집』, 〈시집〉 제7권.

8 김종직, 『점필재문집』 권7, 〈오랜 비를 걱정하다 苦雨〉.

9 김뉴 편 / 이간옹 교정, 〈점필재선생연보〉 41세 조. "柳子光嘗遊是郡。作詩。屬郡鏤版。懸諸

2) 부임 2 · 3년차 활동기(1472~1473)

선생은 부임 2년차에 봄, 가을로 향음주례(鄕飮酒禮) 의식과 노인을 공경하는 양로례(養老禮)를 행하였다. 이런 경로효친 행사는 선산부사(善山府使) 재임 때나 전라도관찰사 겸 순찰사 전주부윤(全羅道觀察使兼巡察使全州府尹)로 나갔을 때도 항상 베풀었다.[10]

1472년 가을에는 조위(曺偉)의 요청으로 두류산(頭流山, 지리산) 천왕봉(天王峯)을 등정하였다.[11] 동행한 사람은 유호인(俞好仁, 1445~1494), 진사 한인효(韓仁孝, ?~?)이고 덕봉사(德峯寺) 해공(解空)이 안내를 맡고, 화암(花巖)에서 승려 법종(法宗)이 합류하여 일행 6명이 출발하였다.

〈유두류록(遊頭流錄)〉에 따르면 등정로는 '함양관아-엄천-화암-지장사-선열암-고열암(1박)-청이당-영랑재-해유령-중봉-천왕봉-성모사(2박)-통천문-향적사(3박)-통천문-천왕봉-제석봉-세석-창불대-영신사(4박)-영신봉-직지봉-실덕리-등구재-함양관아'였다.

이 해에 일두(一蠹) 정여창(鄭汝昌, 1450~1504)과 한훤(寒暄堂) 김굉필(金宏弼, 1454~1504)가 선생을 찾아와 문하(門下)에서 배우기를 청하였다. 선생은 고인(古人)이 학문한 차례를 따라 가르쳐서, 먼저 『소학(小學)』 『대학(大學)』을 읽히고, 마침내 『논어(論語)』 『맹자(孟子)』를 읽게 하였다. 선생의 지도를 받으면서 이윽고 강령(綱領)과 지취(旨趣)를 알고 나서는 도의(道

壁上。先生曰。何物子光。乃敢懸版耶。卽命撤而焚之。" *이 일에 대하여 『한국구비문학대계』에서는 구연자가 학사루 현판을 떼서 불태운 것으로 인식하고 있으며, 이로 인하여 무오사화(戊午史禍)가 일어났다고 했다. [한국학중앙연구원, 『한국구비문학대계』 〈무오사화의 동기가 된 김종직의 행적〉(정순오, 남, 1932년생. 2009.02.09.일 함양군 지곡면 개평마을에서 채록).]

10 김뉴 편/이간옹 교정, 〈점필재선생연보〉 46세, 57세 조.

11 김종직, 『점필재문집』 권2, 〈유두류록〉. "今年夏。曺太虛自關東來。從余讀禮。及秋。將返于庭闈。而求遊玆山。"

義)를 연구하게 되었다.[12]

부임 3년차(1473년, 43세)에 여전히 문서처리와 장부 정리에 바빴다. 이 무렵 문인 남계(藍溪) 표연말(表沿沫, 1449~1498)과 편지를 주고받았다.[13]

3) 부임 4 · 5년차 활동기(1474~1475)

부임 4년차(1474년, 44세)에도 문서 처리와 장부 정리 일로 바빴다. 2월에는 다섯 살 난 아들이 죽었다. 4월에는 〈안의현신창향교기(安義縣新創鄉校記)〉를 지었다. 그러나 연달아 아이를 잃는 아픔을 견디지 못하여 경상감사에게 사직장을 올렸다. 9월에는 산음(山陰, 현 산청)에서 모친을 만나 작별하고 함양으로 돌아왔으나 아픔이 사라지지 않아 재차 사직장을 올리고 금산(金山)으로 돌아갔으나 진산군(晉山君) 강희맹(姜希孟, 1424~1483)이 편지를 보내 유임을 청하고, 경상감사도 사직을 허락하지 않아 겨울에 함양으로 귀임하였다.[14]

이 해에 특산물로 공납하는 차[茶]가 본군(本郡)에서는 생산되지 않으므로, 해마다 백성들에게 부과(賦課)하면 백성들이 값을 가지고 전라도(全羅道)에 가서 사오는데, 대략 쌀 한 말[斗]에 차 한 홉[合] 비율이었다. 이 문제점을 해결하기 위하여 『삼국사기(三國史記)』를 열람해 보았다. 『삼국사기』에 "신라(新羅) 때에 차 종자[茶種]를 당(唐) 나라에서 얻어다가 지리산(智異山)에 심도록 했다."는 말이 있는 것을 보고는 선생이 이르기를,

---

12 김뉴 편 / 이간옹 교정, 〈점필재선생연보〉42세 조. "一蠹鄭汝昌與寒暄金宏弼相友。詣先生門下。請學。以古人爲學次第教之。先讀小學，大學。遂及語，孟。日承指教。尋知綱領旨趣。研窮道義。"

13 표연말, 『남계집』 4권 〈행장〉.

14 김뉴 편 / 이간옹 교정, 〈점필재선생연보〉 44세 조. "九月二十三日。別慈闈於山陰。還咸陽。十月初一日。再呈辭狀。還金山農舍。晉山君姜希孟。貽書請留。先生有答書。監司不受辭狀。促使就職。"

"아, 함양군이 바로 지리산 아래에 있는데, 어찌 신라 때 남은 종자가 없겠는가."하고, 늘 부로(父老)들을 만날 때마다 그것을 찾아보게 한 결과, 과연 엄천사(嚴川寺)의 북쪽 죽림(竹林) 속에서 두어 그루를 얻었다. 그러자 선생은 매우 기뻐하면서 그 땅을 다원(茶園)으로 만들도록 하고, 그 근처가 모두 민전(民田)이었으므로 관전(官田)으로 보상해주고 그것을 사들였다. 그리고는 겨우 수년이 지나면 차가 번성하여 원내(園內)에 두루 퍼질 것이니, 약 4, 5년 간 더 기다리면 상공(上供)의 액수를 충당할 만하였다.[15] 그래서 마침내 다원시(茶園詩) 2수를 지었다.

이 해 모춘(暮春)에 선생이 김굉필(金宏弼), 곽승화(郭承華) 두 수재(秀才)에게 답한 시를 지었다. 이들을 문인으로 받아들일 때였다. 그 때 한훤당이 학업 수학을 청하자, 선생은 『소학(小學)』을 가르쳐 주면서 이르기를, "진실로 학문에 뜻을 둔다면 의당 이것부터 시작해야 한다. 광풍제월(光風霽月)도 또한 여기에서 벗어나지 않는다."고 했다.[16]

한훤당은 선생의 말씀을 정성껏 마음속으로 지키고, 손에서는 책을 놓지 않았다. 그리고 시를 지어 선생에게 바치니, 선생은, "이 말은 곧 성인(聖人)을 만드는 근기(根基)이니, 노재(魯齋) 허형(許衡, 1209~1281) 이후에 어찌 또 그런 사람이 없겠는가."라고 칭송하였다.

부임 5년차(1475년, 45세)에는 종3품 중직대부(中直大夫)에 승진되었다.

2월에 선생이 부로(父老)들과 상의하여 전지(田地) 10결(結)을 비율로 삼

---

15 김뉴 편 / 이간옹 교정, 〈점필재선생연보〉 44세 조. "上供茶不產本郡。每歲。賦之於民。民持價。買諸全羅道。率米一斗。得茶一合。先生初到郡。知其弊。不責諸民。而官自求丐以納焉。嘗閱三國史。見新羅時得茶種於唐。命蒔智異山云云。噫。郡居此山之下。豈無羅時遺種也。每遇父老。訪之。果得數種于嚴川寺北竹林中。先生甚喜。令建園其地。傍近皆民田。買之。償官田。纔數年而頗蕃。敷遍于園內。若待四五年。可充上供之額。" *이 작설차 공납은 『신증동국여지승람』에는 나타나지 않는 것으로 보아 이 책이 간행된 1530년 이전에 특산물에서 제외된 것으로 보인다.

16 김뉴 편 / 이간옹 교정, 〈점필재선생연보〉 44세 조. "蓋寒暄初就先生門下時也。寒暄請業。以小學書授之曰。苟志於學。宜從此始。光風霽月。亦不外此。"

아 한 칸마다 거의 열 가호(家戶)씩 배정해서 함양성(咸陽城)의 나각(羅閣)[17] 243칸(間)을 썩은 재목은 바꾸고 기와로 이게 하였다. 한 가호에 겨우 기와 10여 장씩 내게 하고, 일을 시작한 지 5일이 못되어 일을 끝마쳤다. 원래 해마다 한 칸마다 세 가호(家戶)가 함께 출력(出力)하여 볏짚으로 지붕을 이었는데, 한창 농사철에 백성들이 우마차에 볏짚과 재목을 싣고 와서 수리를 하곤 하여 해마다 백성들이 매우 괴롭게 여겼다. 처음에는 백성들이 졸속으로 기와로 바꾸는 것이라고 의심을 하였으나 이 일이 완성된 뒤에는 모두 기뻐하며 좋다고 칭송을 하였다.[18]

4월 7일에는 엄천사(嚴川寺)의 성모묘(聖母廟)에 가서 기우제(祈雨祭)를 지내고 돌아오는 길에 비를 만났다.

이 무렵 정일두(鄭一蠹)와 김한훤(金寒暄)이 선생의 문하에 함께 유학하면서 도의(道義)를 강설(講說)하여 서로 연마하였다.

선생은 함양군에 부임하여 고을을 다스리는 데 있어 학문을 진흥시키고 인재를 양성하며 백성을 편안하게 하고 민중과 화합하는 것을 급선무로 삼아서 정사(政事)의 성적(成績)이 제일이었다. 군리(郡吏) 연남(延男)이 서울에서 관교(官敎)를 받들고 왔는데, 열 번 평가하여 열 번 모두 상등(上等)을 받은 십고십상(十考十上)으로 평정되어 통훈대부로 승진했다고 했다.[19]

---

17 나각(羅閣) : 낭옥(廊屋), 성랑(城廊), 성무(城廡)라고도 한다. 성곽의 곳곳에 지어진 다락집과 그 사이를 잇는 회랑을 말한다.

18 김뉴 편 / 이간옹 교정, 〈점필재선생연보〉 45세 조. "咸陽城羅閣二百四十三間。每間。三戶共葺。覆之以草。歲爲風雨所壞。小民雖在農月。必牛載藁草及材以修之。歷世因循。民甚困焉。二月日。先生謀諸父老。更以田十結爲率。一間。幾配十戶。易其腐材。且令覆以瓦。一戶纔出瓦十許張而足。未五日。訖功。民初訝更張之猝迫。旣成。則俱歡然稱美焉。"

19 김뉴 편 / 이간옹 교정, 〈점필재선생연보〉 45세 조. "先生治郡。以興學育才。安民和衆爲務。政成爲第一。上曰。金某治郡有聲。其優遷。郡吏延男。自京奉官敎來。以十考陞通訓大夫。"

이해 12월 28일에 성종은 "듣자니 종직은 문학이 있고, 군을 잘 다스렸다하니, 3품직에 승진시키고 승문원(承文院)의 참교(參校) 겸 지제교(知製敎)에 임명하라."[20]고 전교하였다. 1476년 1월에 승문원으로 들어갔다.

선생이 이임한 뒤 군민(郡民)들이 선생의 청덕(淸德)과 선정(善政)을 사모하여 생사당(生祠堂)을 창건하고, 매월 삭망(朔望) 때마다 참알(參謁)하였으며,[21] 그 생사당은 군민들이 선생을 추모하여 이은대(吏隱臺)[22] 위에 사당을 세우고 참배하였으며, 현종 경술년(1670)에는 백연서원(栢淵書院)에 배향하기도 하였다.[23] 그 뒤 생사당은 1597년 정유재란 때 불타고 그 유허만 남아 있다.[24]

3. 함양 수령으로서 업적과 의의

1) 정사활동

지방 수령이 담당해야 할 업무로 기본적인 것은 상급 관청에서 내려오는 공문서를 처리하는 일과 관아에서 관리하고 출납해야 하는 물품들의 목록을 확인하고 장부에 기록, 정리해야 하는 일이다. 또 백성들이 올리는 민원으로 올리는 단자(單子)를 처리하고, 군민의 고충을 해결하고

---

20 『성종실록』 6년 을미(1475) 12월 28일(계묘) 조. "傳曰: "聞宗直有文學, 善治郡, 其除三品職, 乃拜承文院參校兼知製敎"

21 김뉴 편 / 이간옹 교정, 〈점필재선생연보〉45세 조. "郡人慕其淸德善政。刱建生祠堂。每月朔望。參謁焉。"

22 이은대는 본래 함양군 석복면 지역에 있다. 이은동(吏隱洞)이라고도 하며 현재는 이은리라고 한다. 함양읍의 위천을 건너 지금의 현충탑 있는 곳에 있다.

23 함양향교, 「함양군지」, 함양향교 명륜당, 1956, 44쪽.

24 정재경, 「함양문화사전」, 한솔미디어, 1996, 84쪽.

함양군 휴천면 남호리의 관영 차밭 조성터.

고통을 덜어주는 일도 있다.

점필재 선생이 부임하자마자 군민의 고통을 덜어준 일은 차(茶)를 공납하는 문제였다. 『세종실록』〈세종 지리지〉에 따르면 함양의 토산물(土産物)이 '은어 · 작설차(雀舌茶) · 죽순 · 감'[25]으로 기록되어있다. 어떻게 함양에서 생산되지 않는 작설차가 토산(土産)으로 등록되었는지 알 수 없으나 당시 함양에서는 이 차를 구입하느라 백성들이 무척 고통스러워 했다. 그래서 관에서 차를 부과하면 백성들은 해마다 전라도에 가서 쌀 한 말에 차 한 홉의 비율로 값을 치르고 사가지고 와서 공납을 해야 했다. 선생은 이 폐단을 알고 백성들에게 차를 부과하지 않고 관청에서 자체로 구입하여 공납하였다.

그러나 차 공납 문제가 완전히 해결된 것이 아니었기에 고을 노인들에게 차나무를 찾아보도록 당부하여 마침내 1474년 부임 4년차에 엄천사(嚴川寺)의 북쪽 죽림(竹林) 속에서 두어 그루를 얻게 되었다. 그러자 선

25 『세종실록』〈세종 지리지〉경상도 진주목 함양군 조. "土産, 銀口魚, 雀舌茶, 竹笋柿。"

생은 매우 기뻐하면서 그 땅을 다원(茶園)으로 만들고자 그 근처의 민전(民田)을 관전(官田)으로 보상해주고 밭을 구입하여 그곳에서 차를 생산하여 공납하도록 하였다.

이 일을 주선하여 마무리 짓고는 다원시(茶園詩) 2수를 지었다.

신령한 싹 봉납하여 성군께 축수하고자	欲奉靈苗壽聖君
신라 때 심은 종자 오랫동안 못 찾다가	新羅遺種久無聞
이제야 두류산 밑에서 채취하고 보니	如今擷得頭流下
장차 우리 백성 적은 힘 펴일 일이 기쁘도다	且喜吾民寬一分
죽림 밖 황량한 동산 두어 이랑 언덕에	竹外荒園數畝坡
자주색 꽃 검은 부리는 언제나 무성할꼬	紫英烏觜幾時誇
다만 백성의 심장병을 낫게 할 뿐이요	但令民療心頭肉
작설차 그릇에 담아 바치기는 바라지 못 하네	不要籠加粟粒芽

(〈다원 두 수 茶園二首〉 병서)

선생은 차원을 조성하여 차를 가꾸는 일을 하면서 장차 우리 백성이 적은 힘이나마 펼 수 있게 되어 기쁘다고 하면서도 아직 찻잎을 수확하여 진상할 수 없는 것을 안타까워 한 걸 보면, 목민관으로서 함양 백성을 사랑한 마음을 알 수 있다.

선생의 애민사상은 여기서 그치지 않았다. 농사에 가뭄이 계속되자 수령으로서 책임을 느끼고 수차례 기우제를 올렸다. 엄천사에 갔을 때 그곳에 있는 성모(聖母) 사당에 제를 지내는데 비가 오자 그때의 느낌을 시로 남겼다.

신모의 사당 앞에 푸른 기운 훈훈했는데	神母廟前嵐氣熏

좋은 술로 세 번 전 올리니 비가 주룩주룩 온다	瑤漿三奠雨紛紛
머리 돌려 다시 산꼭대기 바라보니	回頭更向山椒望
원숭이, 학, 소나무, 삼나무가 다 흰 구름일세	猿鶴松杉盡白雲

(〈다음날 성모 사당에 제를 지내는데 비가 왔다 明日祭聖母廟有雨〉)

고을 수령으로서 점필재 선생이 엄천사에 있는 성모 사당에 무단히 제를 올렸을 리는 없다. 오랜 가뭄에 애타는 마음에서 기우제를 올린 것으로 보인다. 전설로도 성모 사당에 제를 올리면 영험이 있다는 말이 있는 것도 증거가 된다.

그러나 비는 이내 그쳤던 모양이다. 수령은 다시 걱정한다.

때는 칠월이라 불볕이 계속되니	時將流火遇驕陽
많은 농작물에 구름 덮여도 흉작이 되려하네	多稼連雲欲就荒
아이의 도마뱀 부르는 소리, 듣기가 민망하고	悶聽兒童呼蜥蜴
들판에서 상양이 추는 춤, 보기만 기다리네	佇看原野舞鷸鴹
누가 하늘에게 단비의 은택을 아끼게 했나	誰敎天靳千鍾澤
스스로 내 마음이 한 심지 향불임을 알겠거니	自識心爲一炷香
태수가 못 나서이지 백성에게 무슨 죄 있으랴	太守無良民曷罪
두류산은 부질없이 푸른 봉우리만 솟았네	頭流空只聳青蒼

(〈비가 오지 않아 걱정하다 悶雨〉)

여기서는 비가오지 않아 안타까워하는 마음이 절절히 나타나 있다. 함련(頷聯)에서 아이들이 도마뱀을 부르는 소리나 들판에서 상양(鷸鴹)이 춤추기를 기다리는 마음이 바로 선생의 마음이었다. 옛날에 가물 때면 물 항아리에 도마뱀을 띄워 놓고 아이들을 시켜 '도마뱀아, 도마뱀아, 구름과 안개 일으켜서 비 내리게 해 주면 너를 너를 놓아주리라.' 하고 노래를 부르게 했고, 전설상의 새인 상양이라는 새가 들판 위에 나타나 춤을 추면 큰 비가 와서 홍수가 난다는 전설을 인용하여 자신의 애타는 마음을 표현하였다.

이처럼 가뭄이 지속되는 것은 수령의 죄이지 백성에게 무슨 죄가 있는가라고 하며 목민관의 책임으로 속죄하는 마음을 드러내고 있다.

이 바람이 이루어지지 않자 이번에는 용유담에 가서 기우제를 올렸다. 모두 다섯 수를 지었는데 다음은 그 다섯 번째 오언고시(五言古詩)다.

고미로 지은 도시락밥을 먹고 나서	行廚飯菰米
밤에는 바위 밑 의지하여 자는데	夜依巖下宿
머리 드니 은하수만 바라보일 뿐	擡頭望雲漢
돼지 떼가 목욕하는 건 보이지 않네	不見群豨浴
부끄럽다. 농사 걱정하는 정성이 없어서	愧無憫農誠
신룡이 응당 눈을 감아버렸겠지	神龍應瞑目

(〈칠월이십팔일에 용유담에서 비를 빌다. 그 다섯 번째 七月二十八日, 禱雨龍遊潭 其五〉)

고미는 포아풀과에 속하는 다년생의 수초(水草)로서 잎은 자리를 만드는 데 쓰이고 열매와 어린 싹은 식용에 쓰인다. 선생은 고미 열매로 지은 밥을 먹고 용유담 바위 아래서 자면서 몸을 정결하게 하고 기우제를 지냈다. 그러나 밤하늘을 쳐다보니 은하수가 보이고, 비올 징조는 전혀 보이지 않는다. 스스로 돌아보기를 농사를 걱정하는 정성이 부족하여 용유담의 신룡이 기도를 외면하는 것이라고 자책하였다. 농경시대의 비는 백성의 생명과 직결되기에 비를 바라는 목민관의 심정이 절실하게 표현되었다.

그러다가 비가 내리면 백성과 함께 기뻐하며 시를 지었다.

푸른 용이 오래도록 칩거하여	蒼虯久幽蟄
뜨거운 태양이 봄을 태우듯 하니	赤羽欲燒春
동쪽 못 서쪽 방죽이 모두 말라버려	東陂西埭俱涸
논밭에는 뿌연 먼지만 일어나네	畦壟但黃塵
5~10일만 더 비가 오지 않으면	五日十日不雨
보리도 벼도 못 먹을 게 두려워서	無麥無禾可懼
이를 염려하여 정신을 손상하였네	念此損精神
제물이 비록 박했다고 하지만	二簋雖云薄
천왕 성모께서 깨끗한 제사를 돌보셨네	王母眷明禋
문득 기쁘게도 오늘 아침 구름이	却喜今朝雲
형세가 아주 성대하고 고루 펴졌더니	勢好澹平均
잠시 뒤에 보니 방장산 아래에	回頭方丈山下
빗줄기가 바로 어지럽게 내리네	雨脚正紛綸
눈에 가득한 뽕잎, 삼잎 무성해지고	滿眼桑麻蔥蒨
온 들판엔 호미들이 베 짜듯이 하여	四野鉏耰如織
생동하는 뜻이 한결같이 새로운지라	生意一般新
내게 향기로운 술이 있어	我有芳樽酒
혼자 마시며 농민을 경하하노라	自酌慶丘民

(〈비 오는 것을 기뻐하다 喜雨〉)

선생은 이 시 서두에 이른 봄 보리 싹이 마르고 논농사도 시기를 잃게 되자, 4월 3일에 군민 박유신(朴由信)을 보내 성모 사당에 가서 기우제를 지내도록 하고, 아이들을 시켜 도마뱀 노래를 불러 비가 내리도록 했는데, 며칠 뒤에 비가 내렸다[26]고 했다. 비가 오지 않아 정신을 상하고 재물

---

26 김종직, 『점필재집』 제7권. "春早。牟麥盡槁。水種愆期。四月初三日。予遣郡人朴由信。往禱于聖母廟。又令童子呼蜥蜴。數日得雨。以誌喜。"

이 없어 제수를 간소하게 차렸으나 성모가 기도에 응답하니 백성들이 호미를 가지고 밭고랑에 물길을 내는 걸 보고 고마운 마음에 혼자 술을 마실 정도로 기뻐하였다.

그러나 장마가 오면 그 또한 걱정이 불어났다.

산중에 이미 칠월이 되었는데	山中已流火
장마가 오래도록 그치질 않네	陰雨久淹時
서촉 하늘만 새는 것이 아니기에	不獨蜀天漏
요임금의 탄식이 자주 나오게 하네	頻煩唐帝咨
외로운 성은 깊어 무너지려 하고	孤城深欲圮
새 기장은 땔감이 젖어 밥짓기도 어려워라	新黍濕難炊
한 해에 재해가 두 번이나 겹치니	一歲災重疊
민생들이 어떻게 지탱하겠는가	民生那可支

(〈오랜 비를 걱정하다 苦雨〉)

점필재 선생은 가뭄에는 몸소 기우제를 지내 비 내리기를 기도하였고, 장마가 져서 성이 물에 잠기면 민생이 어떻게 살아갈지 걱정하였다. 이런 생각은 평소 관리가 백성에게 지녀야 할 도학적 태도에서 비롯된 것으로 보인다. 백성의 고통을 덜어주기 위하여 항상 번거로움을 피하고 간략함을 따라 백성을 다스렸다.[27] 이는 백성을 사랑하는 마음에서 우러나온 위민행정(爲民行政)이었다.

이처럼 간략함을 따른 대표적인 정사가 매년 가을이 되면 함양성의 나각(羅閣) 243칸(間)에 묵은 짚을 걷어내고 새 짚으로 지붕을 이는 일을 폐지하고 기와로 바꾸어 이게 한 일이었다.

27 홍귀달, 『점필재집』 〈신도비명(神道碑銘)〉. "凡守職莅民。居簡以御煩。"

선생은 2월에 부로(父老)들과 상의하여 전지(田地) 10결(結)을 비율로 한 칸마다 거의 열 가호(家戶)씩 배정해서 나각(羅閣) 전체를 대상으로 썩은 재목은 바꾸고 기와로 바꾸었다. 처음에는 임시방편으로 하는 일인 줄 알았던 군민들도 이 작업이 완성되자 그 편리함에 모두 선생을 칭송하였다.[28]

그밖에도 봄 · 가을로 향음주례(鄉飮酒禮) 의식과 노인을 공경하는 양로례(養老禮)를 행하여 부임하는 곳마다 경로효친사상을 몸소 실천하였다.

이런 행사는 모두 선생의 도학자적 애민사상에서 우러난 정사였다. 그 결과 선생이 함양군을 이임하고 나서 군의 백성들이 힘을 모아 생사당(生祠堂)을 건립하여 매월 참배함으로써 선생의 맑은 덕과 선정에 대하여 마음에서 우러난 존경을 보였던 것이다.

2) 교육활동

점필재 선생은 가는 곳마다 후학을 양성하는 데 힘을 기울였다. 선생의 연보 34세 조에는 "가르치기를 게을리 하지 않으니 학도들이 모여들어 마을 거리에 가득차서 넘쳤다."[29]고 한 것을 보면 선생은 후학 양성으로 학문을 진흥시키는 것을 큰 과업으로 생각했던 것으로 보인다.

1741년 함양군수로 부임하고 제일 먼저 시작한 일도 교육활동이었다. 군 관내의 관례(冠禮)를 한 자와 혼인하지 않은 사내아이들 중에서 총명한 이를 선발하여 유학 경전을 가르쳤다. 일과를 정하여 학문의 체계대로 경학을 강독을 시켰는데, 동몽은 초등 과정부터 천자문, 사자소학, 동몽선습 등을 거쳐 관례를 한 자나 기초가 되어있는 자에게는 『소학(小

---

28 김뉴 편 / 이간옹 교정, 〈점필재선생연보〉 45세 조. *앞 장의 인용문 참조.

29 김뉴 편 / 이간옹 교정, 〈점필재선생연보〉34세 조. "教誨不倦。學徒坌集。塡溢街巷。"

學)』, 『대학(大學)』을 읽히고 마침내 『논어(論語)』, 『맹자(孟子)』 등의 순서로 지도하였다. 이에 선생께 배우려는 사람들이 소문을 듣고 먼 곳에서 와서 모여 들었다. 조위(曺偉, 선생의 처남)는 10세(1463)부터 수학하였고, 선생이 함양군수로 옮긴 후 지속적으로 선생께 왕래하였다. 유호인(兪好仁)은 이 무렵 선생께 사사하고 늘 선생을 종유하였다. 이 해에 표연말(表沿沫)이 찾아와 문하에서 수학 하였다. 함양 사람 표연말(表沿沫)은 1469년에 서울 사저에서 선생을 배알하고 수업하였던 문인이었다.

1742년에 정여창(鄭汝昌)과 김굉필(金宏弼)이 선생을 찾아뵙고 문하(門下)에서 배움을 청하였다.

1744년에는 김굉필(金宏弼), 곽승화(郭承華)를 문인으로 받아들였다. 김굉필에게는 특별히 『소학』을 가르치며, 이것이 학문의 시작이라고 강조하자 뒷날 소학동자(小學童子)라는 평을 들을 정도로 열심히 익혀 실천하였다. 선생이 이처럼 『소학(小學)』 공부를 강조한 것은 먼저 『소학』을 가르쳐서 어버이를 사랑하고 어른을 공경하며 스승을 높이고 벗들과 서로 친하게 지내는 데 종사하여 그 근본을 함양하는 것[30]이 도학의 시작이라고 보았기 때문이었다.

뒷날 선생이 관직을 물러났을 때도 변변한 집도 없이 끼니를 걱정할 정도로 청렴한 생활을 하였다. 이런 면모는 설화 구연자들의 증언에서도[31] 나타난다.

이처럼 그를 따르며 수학하거나 문하생이 된 사람들은 대체로 뒷날 이름난 관료나 학자가 되어 영남학파를 이루는 중추가 되었다. 특히 정여창과 김굉필 등은 관직에 진출하여 도학의 기풍을 진작하고 향반과

---

30 김용헌, 「도학의 형성, 점필재 김종직과 그의 문생들의 도학사상」, 『한국학논집』45집, 계명대 한국학연구원, 2011, 158~159쪽.

31 한국학중앙연구원, 『한국구비문학대계』 〈집 한 칸 없을 정도로 청렴했던 김종직〉(이용호, 남, 1933년생. 2012.06.27.에 경상북도 고령군 쌍림면 합가1리 개실마을 앞마당에서 채록)

향리 자제들을 가르치면서[32] 도학 교육을 게을리 하지 않았다.

3) 문예활동

현재 전하는 『점필재집』은 무오사화(1498) 이후 가솔이 글 때문에 재앙이 닥쳤다고 여기고 문집을 모두 불태우려 했던 바, 그 일부를 건져놓은 것이다. 이로써 본래 문집은 그 분량이나 내용이 훨씬 많았음을 짐작할 수 있다.

다행스럽게도 시집 7권에서 11권 중간까지는 대체로 선생이 함양에서 재임할 당시에 지은 것으로 보이는 바 귀중한 자료가 아닐 수 없다. 그 편차는 시의 종류별로 분류한 것이 아니고, 창작 시기별로 묶어 놓아 선생이 함양에서 펼쳤던 문예활동을 살펴보기에 용이하다.

1741년에 부임하여 1745년 내직으로 이임하기 까지 창작한 시는 대략 칠언절구가 155수로 가장 많고, 다음이 칠언율시 82수, 고시(장편시) 38수, 오언율시 37수, 오언절구 7수 등 대략 319수이다.

이 중에서 함양과 직접 관련 있는 선생의 자취와 방문지가 드러나거나 함양에서 정서를 표현한 작품은 126편 174수이다. 이를 모두 소개하면 아래 각주[33]와 같다.

---

32 권인호, 「慶尙右道 士林派와 선비의 본고장 함양의 얼—일두 정여창과 그 후예 및 서원을 중심으로」, 『유교사상문화연구』 58, 2014, 19쪽.

33 김종직, 『점필재집』 〈시집〉. 7권 〈학사루 아래 매화가 처음 피었으므로 병중에 두 수를 읊다 學士樓下梅花始開花病中吟得二首〉 〈병이 조금 우선하여 행춘을 하다 病稍間行春〉 〈생원 유호인이 낙제하여 고향에 돌아왔다는 소식을 듣고 시를 지어 부치다 聞俞生員好仁落第還鄕寄詩〉 〈혼인을 하러 함창에 가는 표 상사를 보내다 送表上舍之咸昌成親〉 〈엄천사에서 낮잠을 자다[嚴川寺午睡〉 〈엄천사에서 자다[宿嚴川寺〉 〈다음 날 성모의 사당에 제를 지내는데 비가 왔다 明日祭聖母廟有雨〉 〈이 녹사 순지 가 앵도를 보내주고 겸하여 시가 있었으므로 차운하다 李錄事 順之 惠櫻桃兼有詩次韻〉 〈비가 오지 않음을 걱정하다 悶雨〉 〈한 동년 종유가 복숭아를 주고 겸하여 짤막한 시를 지었으므로 거기에 차운하다 韓同年從俞

惠桃兼有小詩次韻〉〈칠월 이십 팔일에 용유담에서 비를 빌다 5수 七月二十八日, 禱雨龍遊潭〉〈박영덕에게 화답하다 和朴盈德〉〈군재에서 즉사를 읊다 郡齋卽事〉〈시월에 연일 큰바람이 불다 十月連日大風〉〈오랜 비를 걱정하다 苦雨〉〈입춘일 밤에 혜성이 잠시 희미해지다 立春夜彗星暫微〉〈가조현에서 자다 宿加祚縣〉〈박영덕이 호남에서 돌아와 어머니에게 드리라고 감귤을 보내왔다 朴盈德自湖南還饋以甘子奉母〉〈박영덕이 네 수를 화답해 왔으므로 다시 노루 갈비를 폐백으로 하여 장난삼아 바치다 盈德見和四首更以麞肋爲贄戱呈〉〈춘흥 春興〉〈춘당의 방옹집을 돌려주면서 매화 한 가지를 아울러 부치다 還春塘放翁集幷寄梅一枝〉〈화장사의 중 적연이 난초를 가지고 오다 花長寺僧寂然持蘭而至〉〈극기가 매화를 읊은 시 다섯 절구에 화답하다 5수 和克己詠梅五絶〉〈삼월 삼일에 진주 판관 최영, 박영덕, 우리 중용형, 유극기, 도 생원, 정 생원 희소 등과 함께 계사를 닦고 술을 마셨다 三月三日與晉州判官崔榮朴盈德吾仲容兄兪克己都生員鄭生員希韶等爲禊飮〉〈삼월 초구일에 손들과 함께 뇌계 가에서 마셨는데, 극기는 일이 있어 오지 못하고 다음 날에 시를 지었으므로 차운하다 三月初九日與客飮濡溪上克己以事不赴明日有詩次韻〉〈매양 봄철이면 감기를 앓는데 금년에는 더욱 심한 데다 사객이 오는 바람에 억지로 영접을 하였더니 그로 인해 병이 더쳐서 문을 닫고 들어앉아 약을 복용하면서 외람됨을 걱정하여 짓다 每春月輒傷風今年尤甚有使客來强爲迎接因以增劇閉戶服藥悶冒而作〉〈춘당의 사위 맞이하는 것을 경하하다 賀春塘納贅〉비 오는 것을 기뻐하다 喜雨〉〈춘당이 공부의 운을 사용하여 비 온 것을 축하하였으므로 차운하다 春塘用工部韻賀雨次韻〉〈서쪽 지경의 농사를 살펴보고 팔라계를 죽 따라 내려가서 방곡을 지나다 省稼西境沿八羅溪歷坊谷〉〈권농 차 마천에 이르러 군자사에서 묵었는데, 가뭄이 심하던 차에 이날 비가 오므로 통상인에게 주다 勸農至馬川宿君子寺旱甚是日雨贈通上人〉〈용유담곡 네 절구를 짓다. 이 때 극기와 정숙이 따라왔다 4수 龍遊潭曲四絶時克己貞叔從焉〉〈유월에 십 일 동안 큰비가 내려 온갖 냇물이 벌창하여 넘치는데, 비가 만일 그치지 않으면 물이 성 안에까지 미치게 되므로, 뇌계의 언덕을 나가 순찰하면서 매우 걱정이 되어 짓다 六月大雨十日百川漲溢雨若不止水將及城出巡濡溪岸悶甚有作〉〈큰물이 진 뒤에 배 안음 계후 · 유 거창 자충 과 함께 합천으로 나아가 교서를 맞이하여 밤에 가조천을 건너와 권빈역에서 자다 大水後與裵安陰 季厚 柳居昌 子忠 同詣陜川迎教書夜渡加祚川宿勸賓驛〉〈합천에서 돌아와 춘당의 말을 돌려주면서 시로써 사례하다 自陜川歸還春塘馬以詩爲謝〉〈유두일에 향교에서 술을 마시면서 소유에게 주다[流頭日飮于鄕校貽少游〉〈입추가 유월 이십 삼일이다 立秋六月二十三日〉〈칠석에 춘당을 맞이하다 七夕邀春塘〉

8권 〈두류산을 유람하고 기행시를 쓰다 遊頭流紀行〉(〈선열암 先涅庵〉〈의론대 議論臺〉〈고열암에서 자다 宿古涅庵〉〈중추절에 천왕봉에서 달을 보지 못하다 中秋天王峯不見月〉〈향적암에는 중이 없은 지 이미 이 년이 되었다 香積庵無僧已二載〉〈향적암에서 자는데 한밤중에야 활짝 개었다 宿香積夜半開霽〉〈재차 천왕봉에 오르다 再登天王峯〉〈중봉에서 바다 가운데 여러 섬들을 바라보다 中峯望海中諸島〉〈영신암 4수 靈神菴〉〈산을 내려와서 읊다 下山吟〉) 〈녹사 박유효가 수박 네 덩이를 보내왔으므로 즉시 상주로 진납하였다 朴錄事由孝饋四水瓜卽進納尙州〉〈춘당이 가래를 보내오면서 시가 있었으므로 차운하다 春塘饋楸實有詩次韻〉〈학사루의 못가에 철쭉꽃이 활짝 피다 學士樓池上躑躅盡開〉〈계중의 운에 차하다 次繼中〉〈중양일에 문묘를 낙성하고 인하여 서울에 가는 정보를 보내다 重陽文廟落成仍送貞甫如京〉〈봉안사 진산군에 대한 가요 奉安使晉山君歌謠〉〈나월헌 명상인에게 주다3수 贈蘿月軒明上人〉〈중형이 유극기와 함께 장수사에서 노닐었다는 소식을 듣다 聞仲兄與兪克己遊長水寺〉〈노인들에게 납연을 베풀었는데 이날 바람이 불고 눈이 내렸다 臘宴老人是日有風雪〉〈윤 생원 효해 에게 답하다 答尹生員 孝諧〉〈상원일에 안음에 가서 중용형을 뵙고, 안음현감 및 진사 이녹숭 · 훈도 도영창 · 유극기 · 한백원과 함께 술을 마시고 취해서 돌아오니, 밤은 2경이 되어 가는데 눈빛과 달빛이 서로 빛나므로 남계를 지나면서 시를 지었다. 이 때 도 훈도 · 유극기 · 한백원 세 사람이 따라 돌아왔다 2수 上元日謁仲容兄於安陰與安陰明府及李進士祿崇都訓導永昌兪克己韓百源飮醉還夜將二鼓雪月交輝過灆溪有作時都韓三人從還〉〈병중에 세 수를 읊다 病中三首〉〈정월에 큰 눈이 내렸는데 내가 오랜 병으로 밖을 나가지 못하자 극기가 동헌에서 매화와 대를 구경하고는 인하여 짤막한 시를 지었으므로 거기에 차운하다 2수 正月日大雪余以久病不出克己在東軒看梅與竹仍有小詩次韻〉〈극기가 매화 두어 송이를 보내 왔고 겸하여 여기에 대한 시가 있었으므로 차운하다 2수 克己以梅數萼來贈兼有此詩次韻〉〈일본의 벼루를 극기에게 주었는데 이에 대한 사례의 시가 있었으므로 차운하다 以日本硯贈克己有謝詩次韻〉〈중용형이 낙매한 수를 읊고 스스로 이르기를 "다시 학사루 앞에 있는 새 버들을 읊으려고 했으나 정오부터 석양까지 한 연구도 얻지 못하여 자신도 모르게 분이 치밀어서 밥도 먹고 싶지 않다." 고 하였으므로, 아우가 그 운을 사용하여 읊어 바치다 仲容兄詠落梅一首自云復詠學士樓前新柳自午至晡未得一聯不覺發憤欲輟餐弟用其韻吟呈〉〈마천에 놀러가는 극기를 보내다 送克己遊馬川〉〈녹사 이순지가 앵두와 죽순을 보내주다 李錄事順之以櫻桃竹筍爲餉〉〈흰 앵두를 먹다 食白櫻桃〉〈시험을 끝내고 또 차운하다 詩罷又次 또 영숙에게 주다 又與永叔〉〈이 녹사가 또 오얏 열매를 보내주다[李錄事又以李實爲餉〉〈윤료가 종자기가 백아의 거문고 타는 소리를 듣고 있는 그림을 그렸으므로, 그 위에 제하다 允了作鍾子期聽伯牙琴圖題其上〉〈윤료가 또 함양군의 지도를 작성하였으므로, 그 위에 절구 아홉 수를 쓰다 允了又作咸陽郡地圖題其上九絶〉

9권〈중추절 밤에 극기 · 세릉 · 백원과 함께 달을 구경하며 두류산을 바라보다 中秋夜與克己世隆百源翫月望頭流〉〈언승에게 화답하다 4수 和彦升〉〈자미화를 읊다 詠紫薇花〉〈훈도 박관인이 과실을 고치겠다는 시를 지어 보여주는데, 첫째와 둘째 구절에 "나는 바로 사음하고 모란한 사람이지만 하루 아침에 선으로 옮긴 건 곧 천진이라오." 하였으므로, 내가 매우 기뻐하여 거기에 차운해서 답하다 朴訓導寬仁作改過詩來示第一二句云我是邪淫冒亂人一朝遷善是天眞余喜甚次韻以答〉〈보련사의 주지로 가는 공상인을 보내다 送空上人住持寶蓮寺〉〈감 柿〉〈신 전직이 시골에 살다가 이 때 전직이 북부 참봉이 되어 서울에 가다 愼殿直村居時殿直以北部參奉如京〉〈원일에 자진의 형제에게 부치다 元日寄子眞昆季〉〈춘번자를 언승에게 바치다 春幡子呈彦升〉〈극기가 서울에서 과거를 보려고 방금 길에 올랐는데, 이월 초삼일에 천둥과 번개를 치는 것에 대하여 나는 기묘년에 있었던 나의 상서로운 조짐과 같은 것이라고 여긴다. 기묘년 정월에 내가 응시자를 따라 밀양으로부터 상주로 가서 영산의 일문역에서 묵었는데, 그 다음날이 경칩일인 때문에 갑자기 천둥 번개를 크게 쳤었다. 그래서 이 해 봄에 내가 급제를 했었다. 극기 또한 반드시 나와 같이 될 것이기에 이를 글로써 기록하는 바이다 克己應擧于京方在道二月初三日疾雷且電僕以爲余己卯之祥也己卯正月余隨擧子自密陽向尙州宿靈山一門驛明日將驚蟄忽大雷電是春余乃得第克己亦必如之矣書以志之〉〈이월 일에 비가 오므로, 세륭에게 재촉하여 문묘에 회나무를 심게 하였다. 세륭은 이 고을 사람이므로 상재의 일을 사용하고, 겸하여 학도들을 면려하는 바이다 二月日有雨促世隆植檜于文廟世隆郡人故用桑梓事兼勉學子云〉〈열 선사가 약과 묵을 준 데 대하여 사례하다 2수 謝悅禪師惠藥及墨〉〈학사루 아래에 매화나무 한 그루가 있어 비록 반쯤은 말라 썩었으나 가지 끝이 아직은 단단하여 해마다 가장 먼저 꽃을 피웠다. 그래서 내가 신묘년 봄에 이 고을에 부임하여 이 나무를 보고 사랑한 나머지 시를 써서 이르기를 "학사루 앞에 홀로 섰는 신선이여 서로 만나 한번 웃으니 옛 벗이 의연하구려. 견여 타고 지나려다 다시 붙잡고 위로하노니 금년의 봄바람은 너무도 거칠게 부누나" 하였으니, 대체로 나무가 바람에 넘어질까 두려운 마음에서였다. 또 일찍이 극기와 함께 이 매화를 두고 십여 편 가까이의 시를 지어 읊기도 했었다. 그런데 금년 삼월 초구일 사시에 서풍이 매우 사납게 불어 획연히 꺾이어 넘어졌으므로, 가까이 가서 보니, 여태까지 의지하여 꽃과 잎을 피웠던 것은 겨우 지름 수 촌 쯤이었고 중심 또한 이미 썩어버렸었다. 이러한데도 오히려 허다한 햇수를 버텨오다가 오늘에야 말라져 끊어진 것이니, 아 어찌 운명이 아니리오. 이에 시를 지어 매화나무를 조상하고 이를 써서 극기에게 부치다 學士樓下有梅一株雖半枯朽而枝梢猶老硬每歲開花最早余辛卯春到郡見而愛之題詩云學士樓前獨立仙相逢一笑故依然肩輿欲過還攀慰今歲春風太劇顚蓋懼其爲風所倒也又嘗與克己賦詠幾十餘篇今年三月初九日巳時西風甚顚劃然摧倒就而視之則所倚以敷榮者徑僅數寸中心亦朽矣如是而猶支持許多年今日乃萎絶焉噫豈非數耶於是作詩吊之書以寄克己〉〈앓다가 막 일어나서 갑자기 상공의 두 폭의 시 모두 십팔 수를 얻고 보니, 모두 전번의 운이다. 나는 심신이 피곤하여 우러러 다 화답하지도 못하겠거니와, 비록 일일이 화답을 하고자 해도 남들이 나에게 이기기를 좋아한다고 여길까 두려우므로, 우선 단편으로 사죄하노니, 재주가 미치지 못함을 용서하기 바란다 新病起忽得相公二幅詩凡十八首皆前韻也神志疲薾未克仰賡雖欲賡之懼人以僕尙勝也姑以短篇謝罪冀恕其不及云〉〈김 · 곽 두 수재에게 답하다 2수 答金郭二秀才〉〈용유담에서 대허에게 화답하다 龍遊潭和大虛〉〈칠월 초구일에 고 생원 이정의 집에 우거하다 七月初九日僑居故生員李楨家〉

10권 〈자공 이륵산이 새로 만든 제기를 가지고 왔으므로 시로써 기록하다 磁工李勒山持新樣祭器來詩以紀之〉〈금대사에서 자다. 팔월 초칠일이다 宿金臺寺八月初七日〉〈마천의 촌중에서 본 바를 기록하다 3수 馬川村中記所見〉〈도연명체를 본받아 극기를 위문하다. 극기가 이 때 승안사에서 훈욕을 하면서 병을 치료하고 있었다 效淵明問克己克己時在昇安寺熏浴理疾〉〈고열승에게 주다 贈古涅僧〉〈다원에 대하여 두 수를 짓다 茶園二首〉〈극기에게 답하다. 이 때 나는 억의 복을 입어 휴가를 내서 두문불출하는 중이었다 2수 答克己時以繶之服告暇杜門〉〈구월 이십삼일에 산음에서 어머니를 작별하고 함양으로 돌아가다 九月二十三日別慈闈於山陰還咸陽〉〈진산군을 모시고 화장사에서 묵다 陪晉山君宿花長寺〉〈입춘일에 생나물을 첨정 강귀손에게 바치다. 십이월 이십일이다 立春日以生菜呈姜僉正龜孫十二月二十日也〉〈제야에 이불을 덮고 잘 자고 깨서 보니 머리맡의 닭이 울려고 한다. 아, 갑오년은 나의 액운의 해였는데, 이제 이미 을미년 새해가 되었으므로 기쁜 마음에서 짓다

除夜擁衾熟睡旣覺頭雞欲鳴於虖甲午余之厄年也今已爲乙未新歲矣欣然有作〉〈아내가 금산에서 돌아오다. 정월 초열흘이다 室人自金山還正月初十日〉〈함양성 나각이 모두 이백 사십 삼 칸인데, 한 칸마다 세 가호가 함께 출력하여 볏짚으로 지붕을 이어오는데, 해마다 비바람에 지붕이 걷힐 때면 비록 한창 바쁜 농사철이라 할지라도 백성들이 반드시 우마차에 볏짚과 재목을 싣고 와서 수리를 하곤 한다. 역대에 계속 이렇게 해오다보니 백성들이 매우 괴롭게 여기었다. 그래서 을미년 이월에 내가 부로들과 상의하여 다시 토지 십 결을 비율로 삼아 한 칸마다 거의 열 가호씩을 배정해서 그 썩은 재목을 바꾸고 또 기와를 이게 하였더니, 한 가호에 겨우 기와 십여 장씩만 내놓아도 충분하고 일도 오일이 채 못가서 마치게 되었다. 백성들이 처음에는 졸속하게 경장시키려는 것을 의아하게 여겼으나, 일이 완성된 뒤에는 모두 기뻐하며 좋다고 일컬으므로, 마침내 이것을 기록하여 보이는 바이다 咸陽城羅閣凡二百四十三間每間三戶共葺覆之以草歲爲風雨所壞小民雖在農月必牛載藁草及材以修之歷世因循民甚困焉乙未二月余謀諸父老更以田十結爲率一間幾配十戶易其腐材且令覆以瓦一戶纔出瓦十許張而足未五日而訖功民初訝更張之猝迫旣成則俱懽然稱美遂書此以示之〉〈한식 다음날에 서계에서 노닐면서 대허에게 차운하다 寒食後日遊西磎次大虛〉〈한식 다음날에 극기 · 대허와 함께 서계에서 노닐면서 극기에게 화답하다 寒食後日與克己大虛遊西磎和克己〉〈운봉의 김 훈도가 가사어 한 마리를 보내어 보이다 雲峯金訓導送示袈裟魚一尾〉〈극기와 생질 강군이 안국사에서 목욕한 뒤에 지은 시에 화답하다 和克己及康甥安國寺浴後之作〉〈무비 스님에게 주다. 극기와 함께 짓다 贈無比師與克己同賦〉〈성모묘에서 기우를 하고 돌아오는 길에 비를 만나다 禱雨聖母廟歸途遇雨〉〈야산의 명상인이 나무 표주박을 보내왔는데, 가지고 온 사람이 만덕사의 동백나무에서 얻은 것이라고 하였다 倻山明上人送木瓢來人云得之萬德社冬柏樹〉〈고우에 대하여 두 수를 읊다 苦雨二首〉〈계중이 오얏을 보내주다 繼中饋李〉〈제운루의 쾌청함을 읊다 齊雲樓快晴〉

11권 〈배와 생선을 변 훈도에게 보내주었는데, 변 훈도가 시를 지었으므로 차운하다 2수 梨與魚饋卞訓導訓導有詩次韻〉〈중구일에 변백옥과 높은 산에 오르기로 약속을 하였는데, 백옥이 화림을 가서 아직 돌아오지 않았으므로, 허 학장의 운을 사용하다 重九約卞伯玉登高伯玉如花林未還用許學長韻〉〈중구일에 제운루에서 멀리 바라보니, 동산의 꼭대기에 야인들이 올라가서 술을 마시는데, 저물녘에 이르자, 혹은 앉았고 혹은 서있고 혹은 부축하여 산을 내려오기도 하고 혹은 서로 베고 누워 있기도 하여, 바라보기에 마치 그림 같아서, 기쁜 마음으로 다시 허 학장의 운에 화답하다 重九齊雲樓遙見東山頂野人登臨飮酒至薄暮或坐或立或扶携下山或偃臥枕籍望之如畫忻然復和許學長韻〉〈구월에 서리가 많이 내려서 낙엽이 지자 감의 풍성함을 더욱 깨닫게 되는데, 고을 사람이 말하기를 "십년 이래로 금년 같은 해가 없었다."고 한다 九月霜重葉脫尤覺柿實之繁邑人云十年以來無今歲之比〉〈허 학장에게 차운하다 次許學長〉〈극기가 수박을 보내면서 지은 시운에 화답하고 겸하여 어제 숲속에서 즐겁게 노닐던 일을 서술하노니, 구월 이십 오일이다 4수 和克己饋西瓜韻兼敍昨日林下之歡九月二十五日也〉〈금대사에서 묵다. 금대사는 일찍이 고승 행호가 머물렀던 곳이다 宿金臺寺寺曾爲高僧行乎所住〉〈마천에서 본 바를 기록하다 馬川記所見〉〈의탄 마을에서 義呑村〉〈용유담에서 노닐고 저녁에 돌아오다 遊龍遊潭夕還〉〈덕봉사에서 중용형 · 극기 · 백옥과 함께 짓다 德奉寺與仲容兄克己伯玉同賦〉〈덕봉사 아래 계곡의 맑은 물이 세

선생은 1471년 함양에 와서부터 가뭄을 극복하기 위하여 '성모 사당', '용유담(龍遊潭)'에서 비 내리기를 성모(聖母)와 용왕신께 기원하였다. 그리고 함양 서쪽으로 방곡(坊谷, 西谿)으로 순시를 갔고, 마천(馬川)의 마을, 의탄(義呑) 마을을 찾았다. 엄천사 인근에 다원(茶園)을 조성하여 군민들의 공납 걱정을 들어주었다. 가을이 되면 감나무에 달린 감을 보고 시를 짓기도 하였다. 그리고 함양읍성의 학사루(學士樓)에 올라 그곳에 있던 오래된 매화를 보고 시를 지었으며, 나중에는 그 매화나무가 말라 죽자 그를 안타까워하는 시를 지었고, 읍성 동쪽에 있던 제운루(齊雲樓)에 올라 감상을 표현하였다. 함양 관내에서 찾아간 사찰은 '엄천사(嚴川寺)'에서 자기도 했고, 두류산을 유람하는 도중에 '선열암(先涅庵), 고열암(古涅庵), 향적암(香積庵), 영신암(靈神菴)'을 찾았다. 진산군(晉山君) 강희맹(姜希孟, 1424~1483)과 화장사(花長寺)에서 묵기도 하고, 그밖에 금대사(金臺寺), 덕봉사(德峯寺)였다. 함양 향교에는 그곳에 행사가 있을 때마다 찾아서 시로 행적을 남겼다.

그리고 함양에서 창작한 319수 중 칠언절구는 자연에서 철학적 이치를 나타낸 설리시(說理詩)도 있고, 상대방이 보내온 시운(詩韻)을 이용하여 차운(次韻)여 표현한 시도 있다. 유형별로는 증별시(增別試), 영지시(詠志

차게 흐르는데, 곁에는 우뚝한 바위가 있고 그 위에는 소나무 두어 그루가 있어, 네 사람이 그 밑에 벌여 앉았노라니, 이윽고 매를 부리는 사람이 꿩 두 마리를 잡아왔으므로, 중용형이 날것으로 먹자고 하여 마침내 다시 술 두어 바가지를 마시고 나니, 날이 이미 저물었다 德峯寺下溪水淸激傍有石嵯峨上有數松四人列坐其下俄而調鷹人捕兩雉來仲容兄敎以生啗復酌數瓢日已昏矣〉〈대허의 운을 사용하여 겸선에게 부치다. 겸선이 이 때 함창에 있었다 2수 用大虛韻寄兼善兼善時在咸昌〉〈도연명의 술주시에 화답하다 和陶淵明述酒〉〈박 삼가와 함께 표소유를 찾아갔는데 이 때 한겨울인데도 매우 다수우므로 소견을 기록하다 與朴三嘉訪表少游時盛冬暖甚記所見〉〈황당에서 원일에 이민들이 예를 마치고 잔치를 벌인 자리에서 백옥에게 보이다 黃堂元日吏民禮罷說酌示伯玉〉〈군의 아전 연남이 서울에서 관교를 받들고 왔는데, 십고의 성적에 따라 통훈 품계에 승진되었고, 특지로 지승문원사를 제수하였다 郡吏延男自京捧官敎來以十考陞通訓特旨拜知承文院事〉.

詩), 영회시(詠懷詩), 영사시(詠史詩), 영물시(詠物詩), 등림시(登臨詩), 풍간시(諷諫詩), 만사(輓詞) 등이 있다.

설리시로는 〈용유담곡 네 절구를 짓다. 이 때 극기와 정숙이 따라왔다 龍遊潭曲四絶時克己貞叔從焉〉[34]가 있다.

용유담 아래는 물이 기름같이 맑아	龍遊潭下水如油
하늘 그림자 맑고 나무 그림자는 빽빽한데	天影澄澄樹影稠
사람의 한 치 마음의 참모습과 똑같아	方寸人心眞箇樣
거센 물결 지나자마자 안온한 흐름이로다	纔離激盪卽安流

이 시는 유호인(兪好仁), 임대동(林大仝)과 함께 함양군 휴천면에 있는 용유담(龍遊潭)에서 지은 네 수 중의 네 번째 시다. 전구(轉句)에서 용유담의 맑은 물이 사람 마음과 같다고 했다. 사람의 본성은 본디 맑고 선하다고 한 맹자의 성선설(性善說)을 떠올리게 한다. 마음이 맑고 깨끗하므로 수면의 거친 물결이 지나자 안온한 마음이 되었다고 한 것도 도학자가 표현할 수 있는 시구다.

선생은 "문장은 작은 기예이고, 시부는 더욱 문장의 그 일부일 뿐이다. 그러나 성정을 다스리고 풍교를 이루어 당세에 울리고 무궁토록 전하는 데는 시부에 힘입을 것이 있다."[35]고 하여 문예는 성정(性情)을 다스리고 풍교(風敎)를 이루는 데 소용된다고 했다.

조선 초기 문예에서는 대체로 풍교의 실현을 주된 관심사로 인식하였으나 중종~선조 대에 이르는 시기의 조광조(趙光祖)와 이황(李滉), 조식(曺植)에 이르러서는 성정(性情) 문제가 주요 표현 내용으로 다루어졌다[36]는

34 김종직, 『점필재집』 〈시집〉 7권.

35 김종직, 『점필재집』 권지일, 〈永嘉連魁集序〉. "文章。小技也。而詩賦。尤文章之靡者也。然而理性情。達風敎。鳴于當世。而傳之無窮。詩賦實有賴焉。

점에서 점필재의 이 시는 성정 문제를 다룬 초기 작품이라 할 수 있겠다.

증별시도 있다. 〈혼인을 하러 함창에 가는 표 상사를 보내다 送表上舍之咸昌成親〉라는 시는 혼인을 하러 상주 함창으로 가는 표연말에게 준 시이다.

사월이라 함녕(함창) 고을에는	四月咸寧縣
부귀한 집에 상서로움이 모였네	祥鍾富貴家
응당 중매의 약속을 찾았거니와	應尋薪斧約
금슬의 화락을 얼마나 기다렸던고	幾竚瑟琴和
길사에겐 매화의 열매를 읊었고	吉士吟梅實
큰 소나무엔 담쟁이가 타고 오르리	長松托女蘿
알건대 청운이 멀지 않으려니와	青雲知不遠
위하여 소과(사마시)에 오름을 축하하노라	爲賀小登科

사마(司馬) 양시(兩試)에 급제한 표연말의 혼인을 축하하면서 길 떠나는 상사(上舍, 성균관 유생)에게 이제 청운의 희망이 멀지 않았다고 호방한 기상으로 축하한 시다. '길사에겐 매화의 열매를 읊었고'는 『시경』 〈소남 표유매〉에서 혼기가 늦어지는 처녀에게 좋은 시기를 놓치지 말라는 뜻이고, '큰 소나무엔 담쟁이가 타고 오르리' 구절은 친척들이 모여서 잔치를 여는 것을 비유적으로 표현한 것이다. 함양 청년 표상사에게 거는 선생의 꿈이 서려있다.

두류산(頭流山)을 유람하며 중봉(中峯)에서 여러 섬들을 바라보며 가슴 속에 일어나는 회포를 나타낸 영회시(詠懷詩) 〈중봉에서 바다 가운데 여

36 이종호, 「조선 초기 낙동강 중류 지역 사림파의 문학과 사상—점필재 김종직의 문학사상을 중심으로」, 『한국학연구원학술대회논문』, 계명대 한국학연구원, 2010, 33쪽.

러 섬들을 바라보다 中峯望海中諸島〉도 있다.

앞 섬들은 비스듬하고 뒤 섬들은 서 있는데	前島庚庚後立立
아득하게 하늘과 물이 서로 잇닿았네	蒼茫天水相接連
돛 같은 구름은 새보다 빠른 듯한데	似有雲帆疾於鳥
예로부터 전하기를 뗏목 탄 신선이라 하네	古來說得乘槎仙
대여, 원교 삼신산은 다시 어디에 있느냐	岱輿員嶠更何處
큰 자라 신산은 가만히 응당 깊이 잠들었겠지	巨鼇不動應酣眠
궁궐에 글 부쳐 옛 동료들에게 묻노니	寄書紫鳳問舊侶
지금 나 또한 방장산 꼭대기에 올라 왔다오	我今亦在方丈巓

지리산에서 천왕봉 다음으로 높은 산이 중봉이다. 지리산을 유람하면서 중봉에 올라서서 바다에 떠 있는 여러 섬을 보면서 삼신산을 생각하고, 자신 또한 방장산에 올라있는 신선 같다는 소회를 밝히고 있다. 이는 궁궐에 묻혀 사는 옛 동료들이 넘볼 수 없는 기상을 느끼고 있다는 도학자적 자긍심을 보이는 한편, 국토를 돌아보며 나라를 생각하는 마음을 읽을 수 있어서, 선생의 애국심 속에 감추어진 큰 도량을 볼 수 있는 시다.

영물시는 강산, 풍월, 초목에서 사람이 느낀 감정을 표현한 시다. 〈학사루 못가에 철쭉꽃이 활짝 피었다 學士樓池上躑躅盡開〉라는 시에서 선생은 가을이 되었는데 철쭉이 핀 데 대한 느낌을 적고 있다.

작은 동산에서 한가히 하늘의 뜻을 탐색하며	閑搜老物小園中
굽은 못 동쪽에서 그윽한 난간에 기대노니	徙倚幽欄曲沼東
천 줄기 연들은 이미 모두 사그라졌는데	千柄芙蕖俱已倒
두 그루 철쭉꽃은 갑자기 붉게 피었네	兩株躑躅忽能紅
마치 국화를 따라 절기를 다투는 듯하나	似從黃菊爭時令

서리 귀신이 조화를 희롱할까 두렵구려	可怕青姨弄化工
듣자니 서울에는 일기가 다시 따스해져서	聞說神京更融煖
복숭아, 배, 앵두, 살구가 춘풍에 변환했다네	桃梨櫻杏幻春風

이 시 아래에는 '이때 서울에는 복숭아, 배, 앵두, 살구꽃 등 모든 화훼가 다 성대히 피어서 그 무성하고 화려하기가 마치 봄과 같은데 사람들이 푸른 열매를 따 먹는다고 한다.'는 설명이 있다.

여기서 서울의 일기가 다시 따스해졌다는 것은 무엇 의미하는 말일까? 자연의 기온변화인지, 서울 정계의 온도인지 정확하게 분간하기 어렵지만 조선 성종(成宗) 초기는 문학이 진흥되고 임금과 신하가 경연에서 마주 앉아 공부를 하는 모습이 자주 있었으니, 많은 사림파가 그랬듯이 관직에 나가 큰 풍교(風教)를 실천하고자 하는 이상을 갖게 되었다. 선생은 이 무렵 전원을 동경하는 한편[37], 후학들이 정계에 진출하여 도학을 진작시키기를 긍정적으로 수용하는 태도가 아닐까 싶다.

사실 위의 시들은 도체문용(道體文用)의 도학겸전(道學兼全)을 추구[38]하는 점필재 선생의 문예에다 향토성 있는 소재를 접목하여 영남 사림파의 문학정신을 표방한 시라고 할 수 있다.

4) 교유활동

점필재 선생이 함양에 부임하여 교유한 인물은 천민에서 정승까지 망라되어 있다. 그 중에서 가장 가까이서 자주 만난 사람은 유호인(俞好仁)이었고, 그와 주고받은 시는 〈생원 유호인이 낙제하여 고향에 돌아왔다

37 정숙인, 「김종직의 〈和陶淵明述酒詩〉 고찰」, 『語文論集』 40집, 중앙어문학회, 2009, 196쪽.
38 이구의, 「조선 초 영남 사림파의 도학적 문학사상」, 『한국학논집』 45집, 2011, 201쪽.

는 소식을 듣고 시를 지어 부치다 聞兪生員好仁落第還鄕寄詩〉〈극기가 매화를 읊은 시 다섯 절구에 화답하다 5수 和克己詠梅五絶〉 등 21편이나 된다. 그리고 부임 초기에는 함양 사람 박영덕(朴盈德)이 시문과 무예에 뛰어난 솜씨가 있어 선생과 자주 만났고, 서로 주고받은 시가 〈박영덕에게 화답하다 和朴盈德〉〈박영덕이 호남에서 돌아와 어머니에게 드리라고 감귤을 보내왔다 朴盈德自湖南還饋以甘子奉母〉 등 8편이 있다.

그밖에 문하에서 수학한 표연말, 정여창, 김굉필, 조위, 유호인 등 영남학파 인맥이 대부분 함양군 재임시절에 선생을 배알하고 도통(道統) 학문을 전수 받으며 시를 주고받았다.

이들은 사림파(士林派)의 심성수양(心性修養)을 통한 도학의 실천을 표방하고, 어진 임금이 나타나 몸소 도학을 실천하고 교화를 밝혀 사문(斯文)을 진흥시킨다면 격물(格物)에서 시작하여 평천하(平天下)에 이르기까지 가능해질 것이라고 믿었다.[39]

실제로 권오복(權五福)의 「무오당적(戊午黨籍)」에서는 '김종직은 후학 양성하기를 좋아하여 성취한 사람이 많았다. 정여창 · 김굉필은 도학으로 이름났고, 김일손 · 유호인 · 조위 등은 문장으로 뛰어났다.'[40]고 평가하였다.

선생께 수학하러 온 이런 명류와 곽승화를 위시한 관자(冠者)와 동몽, 진사 한인효, 한종유, 안음현감 배계후, 거창현감 유자충, 진주목사 권량 외에 중앙 관료였던 진산군 강희맹과도 시로써 각별한 교분을 나누었다.

그 밖에도 강태사(姜太史)와 같은 퇴직 관리, 진주판관(晉州判官) 최영(崔榮), 첨정(僉正) 강귀손(姜龜孫), 사마시에 급제한 도생원(都生員) · 정희소

39 이구의, 「조선 초 영남 사림파의 도학적 문학사상」, 『한국학논집』 45집, 2011, 197쪽.

40 권오복(權五福), 『수헌집(睡軒集)』 3권 부록 「무오당적(戊午黨籍)」. "宗直 (中略) 喜奬進後學, 多有成就. 鄭汝昌金宏弼, 以道學名, 金馹孫俞好仁曺偉李宗準南孝溫洪裕孫等, 以文章顯."

(鄭希韶) · 윤효해(尹孝諧) · 이녹숭(李祿崇) · 이정(李楨), 하급관리였던 훈도 도영창(都永昌) · 박관인(朴寬仁) · 변백옥(卞伯玉) · 운봉 훈도 김안성(金安成), 서리 이순지(李順之) · 박유효(朴由孝), 향교에 출입하는 정보(貞甫) · 언승(彦升) · 허학장(許學長)[41], 사근역(沙斤驛) 역리(驛吏) 계중(繼中) 등에게 시를 주었고, 평민 한종유(韓從兪) · 박영덕(朴盈德) · 윤료(允了) · 세륭(世隆) · 신전직(愼殿直), 승려 적연(寂然, 花長寺) · 통상인(通上人, 마천 君子寺) · 명상인(明上人, 가야산 內院寺) · 공상인(空上人, 寶蓮寺) · 열선사(悅禪師, 金臺寺) · 고열승(古涅僧) · 무비(無比) 스님, 천민에 해당하는 도공(陶工) 이륵산(李勒山)[42] 등에게 시를 증정하는 등 신분을 따지지 않고 선생이 문예로서 함양군민에게 친근하게 다가간 것은 도학자로서 풍교를 중시했던 선생의 태도와 밀접한 관련이 있다고 하겠다.

그 결과 선생은 함양군을 다스림에 학문을 진흥시키고, 인재를 양성하였으며, 백성을 편안하게 하고, 백성과 화합하는 것을 급선무로 삼아 정사의 서열이 가장 높았다. 이런 사실로 십고십상(十考十上)의 근무 평정을 받았고, 성종이 이를 알고 통훈대부(通訓大夫)로 승급시키고 특별히 승문원사(承文院事)라는 내직으로 임명하였던 것이다.[43]

함양군민도 이러한 선생의 노력에 감화되어 고을 사람들의 민의를 모아 살아있는 사람의 사당을 세우는 생사당(生祠堂)을 건립하여 참배하고, 백연서원(栢淵書院)에 배향하여 추모하였다.

---

41 선생은 1472년 4월 〈안의형신창향교기(安義縣新創鄕校記)〉를 짓는 등 향교 교육에도 관심을 기울였다.

42 도공 이륵산은 도자기로 제기(祭器)를 만들자 선생이 시를 써 주었다.

43 김뉴 편 / 이간옹 교정, 〈점필재선생연보〉45세 조.

4. 마치며

점필재 김종직 선생은 1471~1475년까지 함양군수로 재임하면서 위민정사(爲民政事) 활동, 후학교육(後學教育) 활동, 문예(文藝) 활동, 교유(交遊) 활동에 힘썼다.

위민정사 활동으로는 관청의 공문서 처리와 장부정리를 하면서 백성들이 고통 받는 가뭄에 기우제를 올려 농수(農水)를 해결하고자 했고, 매년 공납하는 작설차를 직접 재배하여 공납하도록 했으며, 함양성의 나각 지붕을 기와로 바꾸어 해마다 백성들이 힘든 문제를 해결하는 행정을 펼쳤다. 한편으로는 봄·가을로 향음주례(鄕飮酒禮)와 양로례(養老禮)를 행하여 경로효친 사상을 실천하여 풍교(風教)에 힘썼다.

후학교육 활동으로 함양 관내의 관자(冠者)와 총명한 동몽(童蒙)을 뽑아 유학 경전을 순서대로 가르치되 도학의 근본이 되는 『소학』을 중시하였다. 선생의 소식을 듣고 수학한 표연말, 정여창, 김굉필, 유호인, 조위 등은 뒷날 이름난 관료나 도학자가 되어 영남학파(嶺南學派)의 중추로서 학문을 진작하였다. 이로써 선생은 '이색－정몽주－길재－김숙자－김종직－정여창(김굉필)'으로 이어지는 계보를 완성하였다.

문예활동은 어디서나 왕성하게 이루어졌다. 특히 함양에 부임하여 작성한 시는 모두 319수인데, 그 중에서 함양과 직접 관련 된 장소나 정서를 시로 표현한 작품은 126편 174수이다. 선생은 문학을 통하여 성정을 다스리고 풍교를 이룬다는 도학적 목표를 가지고, 도체문용(道體文用)의 입장에서 도학겸전(道學兼全)을 추구하였다. 특히 〈용유담곡 네 절구를 짓다(龍游潭曲四絶)〉는 조광조나 이황, 조식의 문학에서 나타날 수 있는 성정(性情)의 문제를 다룬 초기작품으로 볼 수 있어, 향토성 있는 문학 소재를 활용한 도학의 심화라는 입장을 견지한 시라고 할 수 있다.

교유활동은 선생이 함양 수령 재임 시 교유한 인물은 정승에서 천민에 까지 펼쳐졌다. 그 중에서 가장 많이 만나고 시를 주고받은 인물로는 유호인으로 선생이 준 시만 해도 21편이다. 정승으로는 진산군 강희맹과 교분이 깊었고, 선생께 수학한 정여창, 김굉필, 표연말, 조위에게는 사림파의 심성수양을 통한 도학의 실천을 표방하는 입장에서 교유가 지속되었다. 그밖에도 선생이 시를 써 준 대상은 현감, 판관, 사마시 급제자, 훈도, 향교 학장, 역리, 평민, 승려, 도자기를 굽는 천민에 이르기까지 시로써 풍교 활동을 지속하였다.

그 결과 선생은 함양군민을 위해 학문의 진흥, 인재 양성, 백성의 편안과 화합을 급선무로 삼아 십고십상(十考十上)의 평가를 받아 영전하였다. 또 함양군민은 그의 노고에 감동을 받아 이임 후 생사당(生祠堂)을 지어 참배하고, 백연서원(栢淵書院)에 배향하여 선생을 추모하였던 것이다.

이러한 사실은 선생이 함양에 부임하여 애민, 도학정신을 바탕으로 함양군민의 풍교에 크게 이바지 하였다는 의의가 있다.

참고문헌

1. 자료

『성종실록』 6년 을미(1475) 12월 28일(계묘) 조.

『세종실록』 〈세종 지리지〉경상도 진주목 함양군 조.

권오복(權五福), 『수헌집(睡軒集)』 3권 부록 「무오당적(戊午黨籍)」.

김뉴 편 / 이간옹 교정, 〈점필재선생연보〉.

김종직, 『점필재문집』〈부문인록〉.

김종직, 『점필재집』 〈시집〉 7, 8, 9, 10, 11권.

김종직, 『점필재집』 권지일.

정수민, 『천령지』.

조위, 『매계집』,〈매계선생연보〉.

표연말, 『남계집』 〈남계선생연보〉.

한국학중앙연구원, 『한국구비문학대계』 〈무오사화의 동기가 된 김종직의 행적〉 (정순오, 함양군 지곡면 개평마을), 2009.

홍귀달, 『점필재집』 〈신도비명(神道碑銘)〉.

2. 논문 · 단행본

권인호, 「慶尙右道 士林派와 선비의 본고장 함양의 얼―일두 정여창과 그 후예 및 서원을 중심으로」, 『유교사상문화연구』 58, 2014.

김용헌, 「도학의 형성, 점필재 김종직과 그의 문생들의 도학사상」, 『한국학논집』 45집, 계명대 한국학연구원, 2011

이구의, 「조선 초 영남 사림파의 도학적 문학사상」, 『한국학논집』 45집, 2011.

이종호, 「조선 초기 낙동강 중류 지역 사림파의 문학과 사상―점필재 김종직의 문학사상을 중심으로」, 『한국학연구원학술대회논문』, 계명대 한국학연구원, 2010.

정숙인, 「김종직의 〈和陶淵明述酒詩〉고찰」, 『語文論集』 40집, 중앙어문학회, 2009.

정재경, 「함양문화사전」, 한솔미디어, 1996.

함양향교, 「함양군지」, 함양향교 명륜당, 1956.

영남 사림파 형성기 함양 유학자들의 활동과 교훈
—表沿沫 · 盧禛 · 姜翼을 중심으로

김낙진

1. 들어가는 말

진주목은 본래 인재의 보고라고 불린 곳이다. 謙齋 河弘度(1593~1666)는 진주목사에게 올린 글에서 "진주는 본래 인물의 府庫라고 하였고, 또한 鄒魯의 고장이라고 지목되었다"고 함으로써 지역민의 자긍심을 표현하였는데, 이때의 진주는 진주목을 가리킨다.[1] 그 중에서도 함양은 특별한 지역이었으니, 조선 중기 이후 영남 유학의 중심지가 된 안동에 비견될 만큼 이곳의 유풍은 강했다. 함양유학이라는 용어를 쓰면서 일관된 계통을 찾는다고 하여도 지나치지 않다고 느낄 만큼 이곳의 유학과 유교문화를 대표하는 인물들이 세대를 이어 많이 배출되었다.

이런 모습이 본격화된 것은 佔畢齋 金宗直(1431~1492)이 군수로 재임하면서 다수의 제자들을 양성한 뒤라고 보인다. 괄목할 만한 최고의 성과는 一蠹 鄭汝昌(1450~1504)의 출현이다. 문묘에 제사되었기 때문인지 함양인들은 그의 시호를 따서 이곳을 文獻의 고장이라고 지칭하였다.[2]

1 河弘度, 「代慕寒齋諸生上牧使」, 『謙齋集』 권3, 한국문집총간, 1992, 75하b.

그뿐 아니다. 특히 본고가 대상으로 삼은 사림파 형성의 시대의 함양에는 文學과 道學을 겸비한 인물들이 다수 배출되었음이 눈에 띤다. 灆溪 俞好仁(1445~1494)과 梅溪 曺偉(1454~1503)는 물론 藍溪 表沿沫(1449~1498)·玉溪 盧禛(1518~1578)·介庵 姜翼(1523~1567) 등이 그 사람들이다.

상대적으로 존재가 가려져 있던 사람이 표연말이다. 農山 張升澤(1838~1916)은 "남계 표 선생은 戊午史禍에 해를 당한 현인 중의 한 사람이다. 일찍 점필재의 문하에서 공부하였는데, 문학과 道義가 寒暄堂(金宏弼, 1454~1504)·일두와 이름을 나란히 하였는데, 불행하게도 때가 돕지 않아 화에 연루되어 元祐의 完人이 되지 못하였으니, 슬프다!"[3]라고 하였다. 宋나라 哲宗 元祐年間(1086~1093)에 활동한 劉安世(1048~1125)는 司馬光(1019~1086)을 따르고 王安石(1021~1086)의 新法에 반대한 元祐黨人의 일인이었다. 박해를 당했던 이들과는 달리 正道를 지키면서도 해를 당하지 않아 원우완인의 칭호를 얻었다. 장승택은 정도를 지킨 그가 해를 면치 못했음을 안타깝게 여겼다.

深齋 曺兢燮(1873~1933)도 유사한 견해를 가지고 있었다. 김종직에서 靜庵 趙光祖(1482~1519)로 이어지는 道統의 전수과정에서 매개자의 역할을 한 이가 김굉필과 정여창이었고, 표연말이 이들과 "伯仲의 반열에 있었다"고 진단한 그는 "백년 뒤에 드러나고 감추어짐의 다름이 조금 없을 수 없었다. 어찌 화난을 당한 나머지 문헌에서 紹述한 것이 부족해서가 아니겠는가?"[4]라고 안타까움을 표하였다. 장승택이 문학과 도학을 겸

---

2 盧禛,「司馬齋題名錄序」,『玉溪集』卷5, 한국문집총간, 1989. "吾鄕, 素稱文獻之區……"

3 張升澤,「藍溪先生文集序」, 表沿沫,『藍溪集』, 한국문집총간, 1988.

4 曺兢燮,「藍溪表先生遺集跋」,『남계집』. "國朝人才之興，莫盛於康靖恭僖之間，前有畢齋爲之倡焉；後有靜庵爲之繼焉. 然至論道學之醇德行之懿，上受畢齋之傳而下啓靜庵之統，則惟寒暄一蠹二先生, 至今爲星日江河於吾東. 若藍溪表先生, 則在當時固已與數賢者，爲伯仲之班，而百年之外，不能無少顯晦之殊，豈其禍難之餘，文獻紹述之不足歟?"

비한 사람으로 파악했음에 비해, 조긍섭은 도학만을 거론한다. 그에 대한 인식이 달라졌기 때문이 아니라, 이 시대를 뒤로 하여 문학이 도학에 완전히 종속된 현상을 반영한다고 보인다.

도학의 시대에 특정인을 文學으로 평가할 것인지, 道學으로 평가할 것인지에 따라 그 사람의 무게감이 달라진다. 문학이 책을 많이 보고 글을 잘 쓰고 善을 행한 사람이었다는 정도의 의미를 지닌 말임에 비하여, 도학은 매사에 中庸에 맞게 행위 한 완인이었다는 평가어이다.[5] 文以載道라 하여 문학 작품은 도학적 성취를 표출하는 수단으로 간주되었으니, 표연말은 당대의 문학을 대표하면서도 도학을 겸비했던 인물이었다.

같은 모습이 약간 시대를 뒤로 하여 노진과 강익에게 그대로 나타난다. 노진의 도학적 수준과 문학적 깊이가 가볍고 얕지 않았음을 그의 작품을 읽어보면 알게 되는데, 桐溪 鄭蘊(1569~1641)은 그의 문장을 평가하면서 다음처럼 말했다.

> 우리 동방의 名公 碩士에 文章으로 세상에 이름을 떨친 사람이 어찌 적었겠는가? 그러나 이른바 '마음으로부터 쏟아져 나와 성현께서 이치를 밝힌 문장과 같다'는 말에 해당하는 것을 구하여 보면 많이 얻을 수 없다. 우리 玉溪 선생의 문장이 이에 가깝다고 하겠다. 일찍이 朱子의 말을 들으니 "마음속에 진실함이 있으면 반드시 밖으로 이 문장이 있게 된다"고 하였다. 시험 삼아 이 말로써 선생의 문장을 보고 이것이 나온 本源을 소급해 찾아보면 침잠하고 돈후하며, 순수하고 정명하여 한 터럭도 輕薄浮躁하거나 잡박한 기운이 그 마음에 없었다.[6]

문장은 마음속에 있는 생각과 인품의 표현이다.[7] '마음으로부터 쏟아

5 김낙진, 「兪好仁의 문학과 鄭汝昌의 도학: 15세기 함양 유학의 한 국면」, 『경남권문화』 26, 진주교육대학교 경남권문화연구소, 2018을 참고.

6 鄭蘊, 「玉溪先生文集序」. 노진, 『玉溪集』.

져 나온다'는 말에는 의도적으로 그렇게 하고자 하여 그 결과가 나오는 것이 아니라, 쌓인 그대로, 있는 그대로의 인격이 발산된 것이 문장이라는 뜻이 내포되어 있다. 따라서 노진의 시문을 보면 내면에 도학적 덕성이 쌓였음을 짐작할 수 있다는 것이다. 위 인용문의 마지막 문장이 그의 인품에 대한 표현이고, 정온의 평가는 최고의 극찬이다.

姜翼의 문집에 서문을 쓴 鄭岐胤도 문장을 통해 그의 인품을 엿본다. "선생의 시를 보니 性情에서 유출하여 법도가 있되 우아하고, 화기가 있되 음란하지 않아 한 점의 더러운 기상이 없다. 中和롭게 사람의 선한 마음을 감발하고, 사람의 게으른 생각을 경계하니 『시경』 300편의 遺志이구나!"[8] 文獻의 고장인 함양에 태어나 정여창이 남긴 餘緖를 듣고 기뻐하였고 南冥 曺植(1201~1272)에게 마음을 닦는 경전 즉 洗心經으로도 불린 『周易』을 배워 도학을 창명하는 것을 자기 임무로 삼았다고 말해지는 강익의 문장은 도학으로 연마된 성정의 표출이었다.[9]

문학은 함양 유학의 전통이었다. 유호인과 조위, 표연말은 영예로운 賜暇讀書의 기회를 얻었을 만큼 그 능력을 인정받은 선비들이었다. '사가독서에 선임된 학사들은 유교 경전 이외에도 천문, 지리, 의약, 점술, 그리고 농업과 같은 제자백가의 서적에 이르기까지 방대한 주제들을 섭렵했'으니, 다양한 학문 영역에 두루 해박한 학자들이 양산되었다. 조선 초기 관료학자들의 이상으로 간주되던 通儒는 이런 분위기에서 나왔다."[10] 여기에 정여창·표연말을 필두로 하여 도학의 학습과 실천의 전

---

7 李珥, 「精言妙選序 癸酉」, 『栗谷集』 卷13, 한국문집총간, 1989. "人聲之精者爲言, 詩之於言, 又其精者也. 詩本性情, 非矯僞而成, 聲音高下, 出於自然. 三百篇, 曲盡人情, 旁通物理, 優柔忠厚, 要歸於正, 此詩之本源也."

8 鄭岐胤, 「介庵先生文集序」, 姜翼, 『介庵集』, 한국문집총간, 1989.

9 鄭岐胤, 위와 같은 곳. "生于文獻之鄕, 聞其緖而悅之, 又受易於南冥曺先生, 遂以倡明道學爲己任, 道旣通矣, 德旣成矣, 則遠近學士, 聞先生之風, 坌集其門."

10 김성우, 「15세기 중·후반 훈구관료 서거정의 관직생활과 그에 대한 평가」, 『대구사학』 83, 대구사학회, 2006, 88쪽. 따옴표 안의 인용문은 徐居正, 『筆苑雜記』 1권 24장.

통이 더해져 이것이 함양의 새 전통으로 자리 잡았다.

논자는 전고에서 정여창의 도학과 유호인의 문학에 대해서는 살펴봄으로써 함양유학을 이해하는 단초로 삼은 바 있다. 본고에서는 이 시기를 전후하여 문학과 도학이 어우러지고, 다시 도학과 도학적 문학관으로 방향성을 정립해 가던 함양의 현상을 살펴보려 한다. 본고에서 필자가 기울인 관심은 이론이 아니다. 이론을 통해 정리된 형태로 나타나기는 하지만, 그 이론적인 글을 풀이하였을 때 드러나는 구체적인 현상 즉 이 시기 함양에서 실제로 어떤 생각이 자리 잡고 어떤 생활방식이 정착되었는가를 알아보고자 한다. 그 대상은 표연말과 노진, 강익 세 사람이다.

2. 성리학적 인간관계의 실천

본고의 대상 세 사람은 공통적으로 효성이 지극했다고 전해진다. 가장 자연스러운 인간행위의 하나가 부모에 대한 효도라고 하지만, 그것을 어떻게 수행할 것인지는 시공과 문화마다 다르다. 유학자들은 자신들의 방식이 보편적인 것이 되어야 한다고 주장하나, 여타 문화권과 비교해 보면 그 방식은 특정한 문화적 指向(orientation)의 결과일 뿐이다. 그래서 이들의 효행은 성리학이 지향하는 윤리문화라는 틀에서 보아야 한다. 성리학적 효행은 도학을 하였다는 최소한의 필요조건이었으므로, 자료가 많지 않은 표연말의 경우 도학자의 반열에 있었다는 증거의 하나로 여겨진다.[11]

---

11 조긍섭, 「藍溪表先生遺集跋」. "然畢齋之於先生, 其表章推詡, 蓋未始不以爲禮義由出之賢者, 而靜庵之在經筵也, 請褒奬儒賢, 以正士習, 而必以寒蠹及先生爲言, 夫豈無實而兩先生之前後惓惓如此哉? 然先生德行之懿, 則師門一書, 足以徵之矣. 若其道學之正, 則未有考信, 雖若可憾, 而感興數什論學一篇, 亦足以齊亞於小學之詠知心之詮, 尙論者, 猶有據焉."

표연말은 2살과 18살 때 아버지와 어머니를 각각 여위었고, 게다가 사화의 여파로 자료가 인멸되었기에 구체적인 효행을 알기 어렵다. 대신 그의 스승 김종직이 그에게 보낸 편지(「答表少游書」)는 중요한 정보를 제공한다. 사제가 처음 만난 곳은 함양이 아니라 서울이었던 듯한데, 스승은 처음에 제자가 문학의 재능이 뛰어난 선비라는 점만 알았지, 행실에 대해서는 잘 몰랐던 모양이다. "내가 서울에서 족하를 처음 안 후 여러 해가 흘렀으나 다만 文學으로 서로를 존중했을 뿐, 일찍이 이와 같은 至性이 있음을 듣지 못하였다"고 고백하였다.

스승은 제자의 행실에 세 가지 어려운 점(三難)이 있다고 분석한다. 첫째, 모친의 삼년상을 예법—朱子家禮—에 맞게 지낸 것이 어려운 일이라고 말한다. "우리나라는 喪制가 무너지고 결여되어 비록 文獻이 있는 故家일지라도 세속의 풍습에서 벗어나지 못해, 不孝한 사람이 되어도 근심하지 않습니다. 足下가 상을 치름에 형식을 갖추는 것을 위주로 하지 않고 슬픔을 위주로 하였으면서도 禮 또한 결여된 것이 없었으니, 이것이 그 어려운 점입니다." 여기서 우리나라의 상제가 무너졌다는 말은 과장이다. 유교의 상제가 일반 풍속으로 정착된 바는 없었던 것이 사실이다. 그는 성리학의 입장에 서서 중국의 옛 喪制가 인간본성에 기초한 보편적인 제도이기에 사람이라면 당연히 해야 할 일인데, 우리나라에서는 붕괴되어 불효한 현상이 나타났다고 말하고 있다.

따라서 표연말의 행위는 문화가 새롭게 정착되는 과정에서 나타난 돌출 현상이라고 보아야 하고, '어렵다(難)'는 말에 주목해야 한다. 이는 지금까지 없었던, 많지 않았던 일을 하였음을 시사한다. 새로운 문화방식을 실천하고자 하면 무지한 사람들로부터 비웃음을 당한다. 또 동일한 이념과 지식을 소유하였더라도 구체적인 행위에 대한 해석과 선택은 사람마다 다를 수가 있다. 특별한 판단으로 비상한 행위를 하고자 하면 불편하다는 느껴 불만을 표하고 배척한다. 기득권에 배치된다고 생각하면 안전을 위협할 수도 있다. 다른 생각을 가진 사람들이 모여 사는 일은 어렵기에 신문화의 선구자가 되는 일은 쉽지 않은데, 표연말은 삼년상으로 상징되는 유교문화 정착의 선구자였다.

옳고 그름을 떠나 타인을 대접하는 방식이 변하고 있음이 이에 나타난다. 그는 상을 치르면서 예제와 슬픔을 함께 온전히 하였다. 이것이 유교에서 말하는 中庸이다. 슬픔을 다하였다는 것은 타인(모친)에게 최선을 다했음을 뜻한다. 이런 일을 당연시하는 유교 윤리관을 상징하는 말이 義理이다. 이 용어는 의미 있는 관계자에게 최선의 헌신을 다하는 태도를 의미한다. 때로 許身 즉 목숨도 바칠 수 있어야 하므로, 부모를 위해 삼년상을 치를 수도 있다.

어려운 점의 두 번째는 좋은 행실을 남에게 알리지 않으려 한 태도에서 찾는다. 조그만 선행이라도 하면 남이 모를까 걱정하는 것이 人之常情이다. 孝子·順孫·忠臣·烈女를 찾아 보고하라는 조정의 명령을 따라 효자로 그를 추천고자 한 김종직을 제지하려 하였으니, 남들이 자기 행실에 대해 알기를 원치 않은 표연말은 인지상정을 극복한 사람이다. 이것은 성리학자들이 생각하는 의리의 또 다른 측면과 관계된다. 의리는 功利—利害와 결과—라는 말과 대비된다. 그런 만큼 공리를 전혀 고려하지 않고 당연히 해야 할 일이라고 여겨 행하는 것만이 의리행이라고 인정된다. 표연말은 자식이 행할 當爲를 행하였다고 생각하였으므로 남이 알아주기를 바라지 않았다. 그는 제도를 따르는 행위를 보임에 만족하지 않고, 남이 알아주든 말든 의리를 실천하는 사람이었다.[12] 이런 점에서도 그는 진정한 성리학 문화의 실천자이다.

---

12 藝文館에 배속되었을 때 禁肉과 女樂으로 선배들에게 酒宴을 베푼 사실이 알려져 파직된 일이 있던 그는 이후 鄕會일지라도 금육을 차린 것을 보면 聖法을 어길 수 없다 하고는 동석하지 않았다. 이는 단속을 겁냈다기보다는 누가 보든 안 보든 도리를 지키겠다는 태도로 읽어야 한다.

셋째의 어려움으로 상을 치르는 중 예법에 맞지 않는 작은 실수를 저질렀다고 자책한 것을 들었다.[13] 성리학의 예제를 철저하게 실천하려는 의지와 함께 작은 실수일지라도 스스로 용납하지 않으려는 성리학의 純正주의 의식의 발현이다. 자책은 개선의 의지를 불러오니 다음 장에서 논할 깨끗한 인격의 추구와 밀접한 관계가 있다.

노진의 효행은 『조선왕조실록』의 卒記에도 실려 있을 정도다.

> 노진은 여섯 살에 아버지를 여의고 삼년 동안 복제를 어른처럼 지켰으며 장년이 되어서는 문학이 일찍 성취되어 그 명성이 대단했다. 과거에 급제하자 두 번이나 史館에 천거하였지만 나가지 않았으며 예조 좌랑으로서 知禮縣監을 자청하여 모친을 봉양하였다. 벼슬살이 30년 동안 淸顯의 관직을 두루 역임했지만 일찍이 內職에 오래 있지 않고 네 번 목사와 군수가 되었고 두 번 감사가 되었던 것은 모두 모친을 위한 때문이었다. 그는 천성이 지극히 효성스러워 잠깐 사이도 모친의 곁을 떠나지 않았으며 손수 甘旨를 갖추어 봉양하기를 끝내 게을리 하지 않았다. 모친의 나이 70세가 되자 전적으로 노모를 봉양할 수 있도록 해줄 것을 간청하여 여러 번 불렀으나 나오지 않았다. 늘그막에 모친의 상을 당하여 복을 입었는데 여묘를 하면서 슬픈 각고 속에 조석으로 묘소에 오르는 일을 비바람을 피하지 않고 시행하다가 결국 그로 인하여 병이 들고 말았다.[14]

이런 효행의 이면에는 어머니의 극진한 자애로움이 있었다. 父慈子孝라는 말이 있다. 부모는 자애롭고 자식은 효성스럽다는 말인데, 노진과 어머니는 그런 모습을 보여준다.

---

13 이상의 세 가지 어려움에 대해서는 金宗直, 「答表少游書」, 『佔畢齋集』 권1, 한국문집총간, 1988.

14 『선조수정실록』 11년 무인(1578) 8월 1일(경진) 이조 판서 노진의 졸기.(『국역 조선왕조실록』 CD)

臣이 본성을 받음은 허약하였는데, 어려서 질병에 걸쳐 누차 죽을 지경에 이르렀으나, 신의 어머니의 신근한 간호에 힘입어 겨우 삶을 온전히 할 수 있었습니다. 6살이 되었을 때 아버지가 돌아가셔 신의 어머니는 도움 받을 곳도 없는 과부로서 고통스럽게 살았는데, 밤낮으로 신을 어루만지며 길러서 사람이 되도록 하였습니다. 신이 비록 장성하였으나 어머니는 항상 갓난아이처럼 어루만지고 바라봅니다. 신이 외출하면 아침에는 문에 기대어 기다리고 저녁이 되면 동구 밖에서 기다리면서 밤에도 잠을 이루지 못합니다. 신을 이야기를 하지 않은 때가 없고 신을 잊은 일도 없어 잠시라고 곁은 떠나는 것을 원치 않습니다.…그러므로 신이 出身하기 전에도 출입함에 감히 때를 넘기지 못하였고, 학문을 배우러 다닐 때도 조금 멀리가지도 못하였으며, 평생 시일이 지났음에도 집에 돌아가지 않은 것은 한번 성균관에 유학할 때 외에는 없었습니다.[15]

30년 동안 벼슬하였지만, 중앙의 조정에서 벼슬한 시간은 30개월이 되지 않았던 것은 어머니 봉양 때문이었다. 그가 사망한 후 국가는 곧바로 정려가 내려 효행을 인정하였다.

姜渭琇가 쓴 「행장」에는 강익의 효성이 특기되었다. 겨우 9살일 때 어머니가 설사병을 앓자 대변을 맛보아 건강을 살폈고, 밤이 되면 향을 피우고 북극성에 기도하였다. 사람들이 "효자로구나! 이 아이는."이라고 감탄하였다고 한다. 22살 때 부친상을 당하자, "크게 슬퍼하는 정이 禮의 규정에 지나쳐 정신을 잃었다가 깨어났다. 이미 장사를 치르고는 廬墓하였는데 모친을 문안하는 외에는 几筵을 벗어나지 않았다. 모든 送終의 예와 장례·제사의 절차를 한결같이 주자의 『가례』를 법도로 삼았으니, 마을사람들이 그 효성에 모두 감복하였다"고 전한다.[16]

15 노진, 「辛酉歸養疏」, 『옥계집』 권4.
16 姜渭琇, 「行狀」, 『개암집』 하.

효행자는 부모 이외의 다른 이들에 대해서도 헌신적인 태도로 대접할 것이라고 기대된다. 어머니를 봉양하면서 마음을 기쁘게 하고자 하였던 강익이 외할아버지에게도 조석으로 문안하고 절하였으며, 書樓에 있다가도 외조부의 말소리가 들리면 반드시 일어나 경의를 표하였고, 외부 출타를 알면 반드시 서루에서 내려가 손을 공손이 마주잡고 지나가기를 기다렸던 것[17]은 의리실천의 범위가 주변인에게 확대하였음을 알려준다. 또한 마음 깊은 곳에서 우러나는 효도의 실천이 주변인들에게 감화를 주면 향촌의 문화가 底邊에서부터 변하고 사람은 心裏에서부터 변화한다.

더 나가면 국가 및 국왕과의 관계에서도 신의를 지키면서 誠心誠意를 다하는 태도도 기대할 수 있다고 여겨진다. 노진이 "임금과 어버이는 一體이니 충효에는 구분이 없다"고 말하고, 김종직이 "충신은 반드시 효자의 집안에서 구해야 한다"(傳曰, 求忠臣, 必於孝子之門)는 경전의 말을 표연말에게 전한 것에서 이를 알 수 있다. 부모형제에게 孝悌할 수 있는 사람이 임금에게 충성할 수 있다는 것은 성현의 가르침인 것이다.[18] 타인에게 신의 있게 행동하는 것을 아름답게 여기는 풍속이 정착되어 가면, 의미 있는 복수의 대상들과 의리의 관계를 맺어야 한다. 그 중심에는 다섯 가지 인간관계—부자, 군신, 부부, 장유, 붕우—에 대한 신의의 실천이 있으니, 오륜이 그것이다. 관계자들에게 성심성의를 다하는 사람들의 집단을 만드는 것이 유교 정치이자 윤리이다.

---

17 위와 같은 곳. "奉養孀母, 左右無方, 每於定省之際, 從容侍坐, 歷陳古今嘉言善行, 冀其聞而喜悅焉, 舅氏梁公悅居與之近, 朝夕必省拜, 而在書樓, 聞其語聲, 必起敬, 認其出外, 必下樓拱手, 以俟其過."

18 노진, 위의 「辛酉歸養疏」. "伏以君親一體, 忠孝無間. 夫生育我者父母, 而食養我者君也, 家焉而主恩, 國焉而主義, 未嘗有輕重之殊, 而如或孝有不及而忠且有待, 事親日短, 而報主日長, 則古之人, 亦必於是而知所處矣, 況求忠臣必於孝子之門, 而聖人之教, 必自孝悌而推, 若不圖報所生, 而所厚旣薄, 則凡百所爲, 乖舛失序, 況望其事君而從政也哉?"

3. 깨끗한 인격의 추구

忠孝不可兼全이라는 격언이 있다. 군주와 부모에 대한 의리 즉 충효의 의리는 상충되는 경우가 있다. 어머니에 대한 효성을 다하고자 한 노진이 벼슬에 나오라는 군주의 소환을 받고 고통을 겪은 것은 이 때문이다.

사정을 아뢰기 14년 은혜로운 사퇴 허락 받기 바랐으나, 陳情十四靳恩許
한 일 없이 고관의 지리에 올랐네. 階秩居然到列卿
나가기 어려움은 서산의 해가 급박하기 때문인데, 難進縱緣西日迫
시대 바로 잡을 계책도 없으니 얼굴 붉어짐을 어쩌랴? 匡時無策奈顏赬[19]

어머니의 연로함을 걱정하여 사퇴를 바랐으나 허락받지 못하고 벼슬만 높아지는 난처한 처지를 그는 이처럼 시로 표현하였다.

다른 어려움도 있다. 효는 가족을, 충은 국가 성원을 결집하는 윤리다. 만약 가족의 결집이 가족의 배타적인 이익을 얻기 위는 계기로 작동하면 공익을 침탈하는 힘이 될 수 있음은 많이 보이는 현상이다. 반면 국가를 비롯한 집단을 위한다는 명목(충)으로 가정(부모, 자식)을 소홀히 해도 문제가 된다. 그래서 유학은 仁義이라는 덕목의 중화와 의와 利의 균형을 추구한다. 인은 사랑의 덕목이고 포용력의 원천이다. 자기를 버리고 남을 위해 헌신하는 일, 작은 우리가 아닌 보다 큰 우리를 만들고자 하는 마음가짐은 이 덕성이 있을 때 실천될 수 있다. 자기의 利를 추구하되 남에 대한 배려, 집단생활의 영위를 고려함으로써 합법적, 합도덕적인 선에서 이익을 얻으려는 덕성이 의이다. 이 인의가 중절하는 상태를 가장 높이 치는 것이 유교다.

---

19 노진. 「封疏章. 仍吟一絶」, 『옥계집』 권1.

그러나 인이 항상 다른 사람들을 포용하는 방향으로 작동하는 것도 아니고, 의가 자기나 자기 집단의 이익을 정당화하는 도구가 될 수 있음도 자주 목도하는 현상이다. 포용할 우리의 범위가 좁아 그 작은 집단 성원끼리의 이익만을 도모한다면 조직폭력배의 의리로 전락할 수 있다. 그래서 인간이 비록 친밀성이 강한 집단에 사랑의 느낌을 강하게 갖는다는 사실은 부인할 수 없더라도, 적극적으로는(positive) 삶에 유용한, 더 큰 집단이 존재함을 인식하고 공익과 화합을 추구하는 훈련을 해야 한다. 이와 함께 소극적(negative)으로는 작은 자아, 작은 집단에의 집착을 버리는 훈련도 해야 한다.

두 번째의 소극적인 측면에서의 훈련을 말할 때 지목되는 것이 邪이고, 이를 없애는 훈련을 유교에서는 매우 중시한다. 예를 들어 효도 실천이 어려운 것은 자기 이익과 행복, 권리로 대표되는 자기 삶에 관한 의식이 강하기 때문이다. 孝·悌·慈를 실천하라면 이것들을 없애거나 축소시켜야 한다. 그럴 때 관계자에게 행할 도리를 나의 책임이라고 수용하고 실천하게 되는데, 관건은 邪를 없애는 것에 있다. 그렇다면 邪는 구체적으로 무엇을 가리키는가? 원나라 학자, 草廬 吳澄(1249~1333)의 말을 들어보자.

> 程子가 "생각에 사악(邪)함이 없는 것이 誠이다"라고 하였다. 이때의 邪라는 글자는 私欲, 惡念을 가리켜서 말한 것이다. 이치에 맞고 사욕이 없으며 선만 있고 악이 없는 것이 이때 無邪라고 이른 것이니, 無邪하면 이에 거짓되지 않는 것이요, 거짓됨이 없을 성이라고 하니, 『대학』의 조목으로 말하면 誠意에 해당하는 일이다. 『周易』 文言傳에서 "사악함을 막으면 誠이 보존된다"고 말하였다. 이때의 사라는 글자는 사욕 악념을 일컫는 것이 아니다. (여기서의) 誠은 성인만이 가질 수 있는 거짓됨이 없이 진실한 마음이니 사물이 밖에서 접촉하더라도 그것을 막아 마음에 관여하지 않도록 하여 내심이 둘로 갈라지지 않고 잡념

에 휩싸이지 않으면 誠이 저절로 보존되니, 『大學』의 조목으로 말하면 正心에 해당하는 일이다. ……한 마음(一念)이 일어나자마자 다른 한 마음이 다시 싹트고, 한 마음이 없어지지 않았는데도 여러 마음이 서로 이어지면 이것이 둘이요, 이것이 잡스러움이다. 사욕도 아니고 악념이 아닐지라도 또한 일러 사악하다고 하니 이것이 『역전』의 '사악함을 막는다'고 할 때의 사악함이요, 『논어』에서 말한 '사악함이 없다'고 할 때의 사악함이 아니다. 반드시 먼저 사욕과 악념의 사악함을 막아 끊은 후에야 둘이 되고 잡스러운 사악함을 치료할 수 있다. 성의하고 나서 정심하는 것이니, 그 차례를 떼어넘을 수 있겠는가?[20]

이 글은 『대학』의 성의 · 정심에 맞추어 사악함을 둘로 분석하고 있다. 하나는 사욕 또는 악념이고, 하나는 잡념—근거 없는 뜬생각(浮念)이라고도 한다—이다. 전자에 대하여 우리는 쉽게 동의할 수 있다. 남을 해쳐서라도 자기 이익을 추구하는 욕망을 사욕이라고 일컬으니 그것을 사악하다고 보는 것은 당연하다.

반면 후자는 일견 사악하다고 말할 수 없다고도 볼 수 있다. 그러나 잡념 · 浮念이 마음의 한 쪽에 자리 잡고서 작동하면 거대한 악념으로 자랄 수 있다. 이미 지나간 일을 마음에 쌓아두어 생각이 꼬리를 물고 일어나면 그것에서 헤어나지 못한다. 이리 되면 새롭게 경험하는 일도 마음에 축적된 피곤함과 생각들에 지배를 받게 된다. 머릿속에 잡념이 가득차면 별 잘못도 하지 않은 사람에게 화를 낼 수도 있지 않은가? 명나라의 유학자 설선(薛瑄, 1389~1464)은 거악도 작은 사심에서 나온다고 하였다.

성리학자들은 이와 같은 사욕과 잡념을 마음에 낀 때처럼 더럽게 여겼다. 이것을 씻어내고 깨끗한 마음을 가지고자 하였는데, 사욕은 물론

20 程敏政 編, 『心經附註』.

잡념마저도 뿌리 뽑고자 하였다는 점에서 철저함이 있었다. 표연말은 「故人亭記」에 이 생각을 드러낸다. 산음현에 귀양 와 있을 때 썼고 『續東文選』에도 실린 이 글은 草谷이라는 동네의 동구에 서 있던 사당나무(社樹)에 정자를 짓고 쓴 것인데, 다음은 그 한 대목이다.

> 이 나무는 세상의 쓰임이 되지 않았으나 빼어나게 우뚝하고, 하늘 높이 치솟고 계곡을 뛰어넘으니, 늠름하여 범할 수 없다. 나는 비록 시대에 합치하지 않았으나, 또한 자못 고상한 운치로서 나를 지켰고, 홀로 서서 흔들지 않으면서 남에게 아부하지 않았으니, 혹 군자가 취할 것이 있을 것이다.[21]

쓰임이 되지 못하면 의기소침할 수 있고, 쓰임이 되고자 남에게, 시대에 아부할 수 있다. 표연말은 그런 것을 바라지 않는다고 함으로써 깨끗한 정신을 추구하는 심경을 기술하였다.

노진의 추향은 시를 통해서도 엿볼 수 있다.

끝없는 세상 일 절로 어지러우니,	無端世事自紛更
사람들은 이에 편벽한 감정을 갖는다네.	人却於斯偏有情
서재에 고요히 앉아 있으니 하늘이 밝아오는 듯,	默坐書囱天欲曙
어지러이 우는 동네 닭소리 기쁘게 듣는다.	喜聽村巷亂雞聲[22]

닭 울음소리는 전통 시대의 시에 자주 등장하는 용어이다. 시간을 상징하는 외에도 여러 기능이 있다. 특히 새벽닭울음소리는 깨달음의 체험을 표현하기도 한다. 그는 분잡한 세상일에 시달리는 가운데 그로부

21 표연말, 「故人亭記」, 『남계집』 권1. "樹雖莫爲世用, 而挺特魁梧, 昂霄聳壑, 凜然不可犯. 余雖不合於時, 亦頗以雅致自守, 孤立不撓, 而無所附之, 或者君子其亦有所取也."

22 노진, 「報應吉公 李有慶」, 『玉溪集』 卷一.

터 생긴 잡념이 감정의 편향성을 야기하고, 이것이 사고에 악영향을 미치고 처신의 정당성을 파괴한다고 괴로워했다. 새벽 일찍 일어나 자신을 다스리던 그는 마음이 고요해진다는 느낌, 즉 잡념이 없어지고 마음이 깨끗해진다는 느낌을 얻고 기뻐한다. 강익에게서도 같은 취지의 시문을 발견된다.

하늘 우러러 보면 흰 달에 부끄럽고,	仰天慙白月
물가에 서니 맑은 물에 부끄럽다네.	臨水愧淸流
몸과 마음에 쌓인 허물들,	多少身心累
어찌 하면 모두 깎아낼 수 있을까?	何能刮盡休[23]

이 시에서는 조식의 浴川이라는 시의 느낌이 난다. 공감대가 있었다고 보면 이런 깨끗한 인격을 추구하는 것이 선비문화로 정착되어 가고 있었다는 추정이 가능하다. 깨끗함의 추구는 반성을 일상화한다. 강익은 東岡 金宇顒(1540~1603)에게 이런 편지를 썼다. "저는 기질을 받음이 타인에 비해 가장 하류에 속하고, 學力은 또한 박약하여, 나날이 鹵莽함으로 달려가지만 용감하게 빠져나오지 못합니다. 40년 전의 허물을 점검해 보면 땀이 등을 적시고 얼굴이 붉어지니 진실로 하늘과 태양 아래에 용납되지 못할 것입니다. 어찌하면 좋겠습니까?"[24]

이것을 문제로 느낀다면 극복하는 방법을 찾게 되는데, 居敬과 格物致知가 그것이다. 이를 간략히 설명한 것이 표연말이 쓴 「배움을 논함(論學)」이라는 글이다. 그는 거경과 격물치지의 『中庸章句』식 표현인 尊德性과 道問學의 병행을 제안한다. 程子와 朱子이래 줄곧 주장된 생각이

23 강익, 「月夜, 玩溪有感」, 『介庵集』 上.

24 姜翼, 「與金東岡肅夫書」, 『개암집』 상.

지만, 다음 글은 표현말의 체험에서 우러나온 것으로 보인다.

> 천하의 일은 천변만화하여 그 단서가 무궁하니 길흉선악의 다름이 있고, 시비사정의 다른 추향이 있다. 만약 不明하다는 것을 알기는 하나 구분하여 선택함에 정밀하지 못하면 眞妄이 잡스럽게 섞이고 호오가 밝혀지지 않아 이 마음의 온전한 본체를 극진히 할 수 없고, 보는 바가 간혹 사욕을 이치라고 오인함에 빠지게 된다. 반면 널리 학문하라는 가르침에만 종사하고 約禮하는 경지에 힘쓰지 않으면, 급박하게 성취하려는 병통이 있고 침잠하는 맛이 없어 행하는 바에 간혹 私意에 累가 있고 지키는 바가 간혹 한 가지 간곡한 것에 가려짐이 있을 것이니, 知行의 한 쪽에 편중되고 體用이 모두 갖추어지지 않아 종내는 편파하고 사악하며 음란하고 회피함에 돌아감을 면치 못한다.[25]

존덕성 곧 거경의 구체적인 방법으로는 端莊靜一, 또는 整齊嚴肅을 든다.[26] 정제엄숙은 외양을 가지런히 하고 엄숙한 마음으로 다스림으로써 깨끗한 마음을 길러야 한다(制於外養其中)는 程頤의 방법이다. 행동거지를 가지런하고 엄숙하게 함으로써, 서서히 마음이 깨어나고 인간에게 잠재된 본질적 경향성이 실현되어 나올 수 있도록 하는 것이 이 방법이다. 이에 더해 노진이 『맹자』에 나오는 夜氣를 기름에 대해서도 노래하고 있음이 눈에 띤다.

이불 끌어안고 베개에 기대 닭울음소리 들으니,	擁衾欹枕聽鷄呼
夜氣가 무성하여 客念이 사라진다.	夜氣團團客念消
소와 양이 내 목장에 오는 것을 깊이 두려워하니,	深懼牛羊來我牧
경과 의를 실천하며 아침을 기다린다네.	要將敬義待平朝[27]

---

25 표연말, 「論學」, 『남계집』 권1.

26 표연말, 같은 글. "若能尊德性於端莊靜一之中, 而極其道體之大, 以爲窮理之本.……"

여기에도 닭울음소리라는 시어가 등장한다. 야기는 밤사이에 기르는 기운이다. 하루를 보내면 대부분 기운이 떨어진다. 기운이 떨어지면 마음이 산란해지고 집중되지 않는다. 대신 私意가 들어서고 그것에 시달린다. 이런 현상을 소와 양이 내 목장에 와서 풀을 뜯어 먹는 것에 비유한 이는 孟子(「告子上」)다. 이를 극복하고자 기운을 기르는 것이 야기를 기름인데, 방법은 경의를 벗어나지 않는다.

경 공부에는 반드시 격물치지라는 도문학의 과정이 있어야 한다는 것이 표연말의 견해다. 왜 그럴까? 마음을 비우는 수양법인 경은 잡념, 집착을 없애고자 한 선불교의 명상법에서 온 것이다. 문제는 이 빈 마음의 자리에 무엇을 채워야 하는가에 있다. 만약 빈 마음을 내버려두면 다시 사악한 마음이 똬리를 틀게 된다. 따라서 사악함이 다시 침투해 오기 전에 이곳에 올바른 정신과 사상을 채워야 한다. 격물치지는 바로 그 올바름에 관한 지식을 배우는 방법이다. 노진은 다음처럼 말한다.

송나라 시대에 이르러 文明의 기운이 열려 周元公(濂溪 周惇頤)가 스승의 전수에 말미암지 않음에도 도의 본체에 默契하였고 마침내 두 程선생을 얻어 전수함으로써 천 년 동안 전해지지 않은 실마리를 이었으니 성대하다고 할 수 있다. 河南(二程)의 가르침은 한결같이 거경 궁리를 위주로 하였으니, 마땅히 폐단이 없게 할 수 있었으나, 당시 문하에 들어왔던 군자들이 모두 선학(불교)에 빠졌고 친히 적통을 잇는 사람들마저도 이 병통을 면치 못한 것은 무슨 까닭인가? 考亭 선생(주자)이 이와 같음을 걱정하여 가르침에는 반드시 먼저 의리를 밝히고 작은 차이도 변석하도록 하여 入德의 방도에 잘못되지 않도록 하였으니, 폐단이 없을 수 있었음이 마땅하다.[28]

27 노진, 「次梁上舍涵」, 『玉溪續集』 卷一.

28 노진, 「師生傳授之流弊」, 『玉溪集』 卷5.

거경 궁리가 공부단계의 언어라면 실천의 단계에서는 敬·義, 즉 敬以直內하고 義以方外해야 한다. 밖을 방정하게 한다는 것은 바른 태도(義)를 가진다는 것과 같은 말이니 경하는 방법과 의로워지는 방법은 다른 것이 아니므로 이를 敬義夾之라고 한다. 협은 겸한다는 뜻이고, 持는 居敬의 居와 함께 지속성을 의미한다. 경이 공부와 실천에 고루 개입하는 것은 경이란 일생동안 견지해야 하는 기본태도이기 때문이다. 사욕 잡념을 없앤 위에 의리의 지식을 채움으로써 매사에 성심성의를 다하는 모습을 보일 때 誠敬의 학문을 하였다고 말한다.

4. 모범의 정립

겨우 45년을 살다 세상을 떠난 강익의 가장 큰 업적 중의 하나가 灆溪書院을 건립하는 데 앞장섰던 일이다.[29] 이 서원은 방황하던 선비들에게 依歸處를 제공하였다는 데 의미가 있거니와, 鄭蘊은 사화 이후의 사림계의 형편을 이렇게 묘사하였다.

> 한훤당과 일두가 화를 당한 뒤로 雪冤의 조치가 있기는 하였지만, 士氣는 아직 펼쳐지지 않았고 斯文은 아직 다 흥기하지 못하였다. 부형이 자제들에게 권면하고 가르치는 것이 아직 화복성패의 기틀을 깨끗이 벗어나지 못하여 도학의 일에 대해 말하기를 꺼려하였다. 선생(姜翼)이 이를 근심하여 분연히 자기의 임무로 삼았다. 시끄러운 衆議를 물리치고, 뭇 의심을 배척하면서 마음과 정력을 다하여 여러 세월을 고생하였는데 끝내 성취한 바가 있었다. 도학으로 하여

29 鄭蘊, 「行狀」, 『介庵集』 하. "歲在壬子, 先生爲一蠹文獻公, 創立書院, 時我東方書院, 竹溪之外, 無有焉."

금 다시 세상에 환히 밝게 하였으니, 이전에 시끄럽던 사람은 안정되고 의심한 사람은 믿음이 생겼으며 말을 꺼리던 사람은 의혹을 풀었으니, 儒先의 도가 선생을 얻어 더욱 밝아졌다. 그것이 세도에 도움이 됨이 어찌 얕겠는가?[30]

강익이 건립에 앞장선 이 일은 徐九淵·尹確·金宇弘 등 함양군수들의 도움을 얻어 10여 년의 세월을 거쳐 1552년 완성되었다. 紹修書院(1543)에 뒤이어 두 번째로 창건되었다. 경상도 관찰사 月浦 姜士尙(1519~1581)의 청원으로 1565년에 賜額되었다.

남계서원은 방황하던 선비들에게 依歸處를 제공하였다. 의귀처는 의지하고 귀의할 곳이다. 이 말에는 도학이라는 학문적 방향성을 알려주었다는 의미와 함께 模範을 제시함으로써 구체적으로 따를 수 있는 표본을 알려주었다는 의미가 함께 들어 있다. 사전적인 의미에서의 "모범은 본래 무엇을 똑같이 만들어내는 '틀'을 가리키는 말이었다. 나무로 만든 틀을 模라 하고 대나무로 만든 틀은 範이라 한다. 반면 흙으로 만든 것은 型, 쇠로 만든 것은 鎔이라 한다. 이렇게 만든 틀에다 만들고자 하는 재료를 넣고 찍어내면 그대로 판에 박은 듯한 물건이 나오게 마련이다. 그러니까 어떤 물건을 만들 때 그 틀이나 본보기가 되는 것, 그중에서도 나무로 만든 틀을 모범이라 했다." 본받을 수 있는 본보기가 되는 대상이나 언행을 일컫는 말이다.[31]

개인의 자유가 소중히 여겨지는 우리 시대에서는 "다른 사람들보다 특출난 능력이나 덕목을 보이는 몇 분야에서만 모범이 되는 것"이고, 한 사람이 처한 특정한 상황에게 사고와 행동에 강렬한 인상을 남겨 나아갈 방향을 정립하는 데 전부가 아닌 부분적인 도움을 준 사람들이 모범이 된다는 전 독일 총리 헬무트 슈미트(Helmut Schmidt, 1818~2015)의 정의

30 鄭蘊, 「(姜翼) 行狀」.

31 이재운·박숙희, 『뜻도 모르고 자주 쓰는 우리말 1000가지』, 예담, 2008.

가 더 적합할 수 있다.[32] 반면 세계와 인생을 관통하는 절대 진리가 있음을 믿었던 전통 유교사회에서는 모범이 있다면, 그는 마음가짐으로부터 행동방식, 가정 및 사회 활동에 이르는 모든 방식이 본받아야 할 모범이 되고, 이에 대상을 모방하는 운동이 일어나고 그 절대 기준에 합치하는 정도에 따라 한 사람의 일생이 평가된다.

함양인들에게는 정여창이 그 사람이었다. 노진은 "공은 性理의 학문을 궁구하였고, 행실은 孝義로 드높았습니다. 아름다운 선각자 되어, 사림의 師表가 되었습니다"라고 노래하였고,[33] 강익은 「灆溪書院記」(1566)에서 정여창의 인품과 행적이 "천년의 참된 유자이요, 백세토록 모범이 될 師表였다(千載之眞儒也, 百世之師表)"고 하였다.[34] 두 사람의 생각이 동일하다. 강익은 또 이렇게 말한다.

> 후학들로 하여금 의귀할 곳을 알게 하였으니, 하늘의 뜻이 또한 있는 것인가? 나는 선생보다 뒤에 태어나 비록 선생의 문하에 나가 제자가 되지 못하였지만, 선생의 遺風을 듣고, 선생의 遺訓을 마음에 새기면서 스스로 진작하고 힘써 선생의 도에 죄를 짓지 않고자 꾀하였으나, 가야할 길을 모르는 말학이 미로를 더듬은 지 오래되었다. 이제 선생의 사당을 세우고 부자의 영혼에 제사지내는데, 뜰을 가득 메운 선비들이 오르고 내려감에 절차가 있고 절하고 읍하며 나가고 물러남에 황홀히 마치 선생을 죽 늘어서 모시면서 친히 기침소리를 듣는 듯하다. 나태한 자를 일으키고 공경하는 마음을 일으키는 사이에 성대하게 자득하는 즐거움이 있으니 우리 후학들이 그 節操를 격려하고 성정을 고무함이

---

32 헬무트 슈미트, 강명순 옮김, 『구십 평생 내가 배운 것들』, 바다출판사, 2016.

33 노진, 「灆溪書院春秋享祭文」, 『옥계집』.

34 강익, 「灆溪書院記」, 『개암집』 상. "噫, 斯道之熄久矣. 惟我文獻公, 後程朱而挺生於東國, 傳不傳之學, 明久晦之道, 允蹈實踐, 而所以力行者篤, 精詣深造, 而所以體認者至, 和順積中而闇然日章, 英華發外而粹然體胖 其眞積力久之功, 心得躬行之實, 寔千載之眞儒也, 百世之師表也."

이에 있지 않음이 없다. 아 다행이로다.[35]

그들은 정여창에게 무엇을 배우고자 하였을까? 성균관에서 만난 친구이자 정여창의 후손인 鄭煥弼의 부탁으로 「風詠樓重修記」를 쓴 蘆沙 奇正鎭(1798~1879)은 남계서원의 건물들에 붙여진 扁額들에 부여된 의미를 새겨보면 교훈을 배울 수 있다고 말한다. "이 누(風詠樓)에 오르고 이 齋에 들어온 배우는 사람들이 재와 누의 편액에서 그 뜻을 體認한다면 또한 나아갈 방향을 헤매지 않을 것"[36]이라는 것이다. 동시에 그는 정환필과 자신이 부여한 의미를 소개한다.

정환필은 "聖人이 道에 있어서 한쪽 면만을 들어 말한 적이 없다"고 전제하고 여러 예를 드는데, 그 중 하나가 『論語』에서 仁者樂水, 智者樂山이라 하여 인과 지, 수와 산을 함께 거론한 것이다. 또 서원의 재실에 居敬齋와 集義齋가 있는 것은 曾子와 孟子의 가르침을 계승하여 體와 用의 학문을 일삼기 위한 것이라고 한다. 양자가 겸비되어야 한다는 것이니, 공부하거나 일상생활을 하면서 당기기만 하고 늦추지 않는 것은 성인도 하지 못한 일이므로, 마음을 긴장하고 집중하여 공부하는 시간 외에는 정신을 發散하고 성정을 休養하는 일도 필요하기에 풍영루를 지었다고 말했다.[37]

기정진은 이에 대체로 동의하면서 다음처럼 경계의 말을 더한다.

---

35 강익, 위의 글.

36 奇正鎭, 「風詠樓重修記」, 『一蠹續集』 권3. "正鎭作而對曰, 不亦善夫, 其名之也! 此固鄙生之所願聞, 學者之登斯樓入斯齋者, 卽齋樓之扁而體認之, 亦可以不迷於所從矣."

37 기정진, 위의 글. "煥弼曰, 蓋聞聖人之於道, 未嘗爲一隅語. 且言其一二, 則如山水言仁智之樂, 崇卑狀知禮之德, 堂室況造道之域者, 皆是也. 推斯義也, 曾氏之沂上風詠, 與顔子之巷居如愚, 規模氣象, 雖有不同, 而學者不可廢一而不講也明矣. 是院之有居敬集義齋者, 蓋將追曾孟之志, 以事體用之學, 是所謂學顔子之所學, 而張而不弛, 文武不能, 發舒精神, 休養性情, 又烏可無一段事乎? 此樓之所以創於後, 而命名之不得不然者也."

다만 생각건대, 風詠의 뜻은 鳶飛魚躍과 생동감 넘치는 경지가 똑같으니(동일하게 최고의 경지를 표현한 것이니), 어찌 당기고 늦추는 것으로만 말할 수 있겠는가? ……曾子는 하늘이 준 자품이 드높아서 차례를 지키지 않고도 넉넉히 큰 뜻을 보았으나, 증씨의 자품이 없음에도 증씨가 풍영한 것을 모방하려면 힘써 공부하는 것이 아니면 무엇으로 하겠는가? (孟子의 말처럼) 오직 지키기를 오래한 뒤에 거처하는 것이 편안 하고, 거처하기가 편한 뒤에 그것에 바탕함이 깊어지고, 바탕 함이 깊어진 뒤에 좌우로 도의 근원을 만날 수 있게 되니, 이 경지에 오르고 나서야 (증자가) 瑟을 놓고 (공자에게) 대답한 내용이 내 마음속에 있게 될 것이다. 지키는 방법이 어찌 다른 데 있겠는가? 敬과 義라고 이른 것에 지나지 않을 뿐이다. 일두 선생의 학문 연원과 진실한 학문은 후생의 좁은 소견으로는 알 수 없으나, 여러 선배학자들이 논의한 것을 모아 보고 상상해 보면, (『중용』에서) '말하거나 행동하지 않아도 誠과 敬이 내면에 있다'고 이른 경우에 해당하니, 그 깊고도 도타우며, 돈독하고 진실함이 어떠했겠는가?[38]

기정진이 경계하는 것이 무엇인가를 알기 위해서는 우선 風詠이라는 말이 어디에서 기원했는가를 이해해야 한다. 이 말은 『논어』「先進」편에 나오는 曾子(曾點)의 말에 근거하였다. 증자는 "늦은 봄, 봄옷이 이미 만들어지면 관을 쓴 사람 대여섯 명, 童子 예닐곱 명과 함께 沂水에서 목욕하고 舞雩에서 바람을 쏘인 뒤, 노래하며 돌아오겠다"(暮春者, 春服旣成, 冠者五六人, 童子六七人, 浴乎沂, 風乎舞雩, 詠而歸.)"라고 뜻을 밝혔고, 공자는 "나는 증점과 함께 하리라!"고 답하였다. 따라서 풍영의 편액에는 증자의 정신이 강하게 반영되어 있다.

그런데 기정진이 볼 때 증자는 타고난 자질이 뛰어난 사람으로 범인

38 기정진, 위의 글.

들이 쉽게 그가 성취한 경지를 따라잡을 수 있는 사람이 아니었다. 따라서 맹자가 가르친 바와 같이 "오직 지키기를 오래한 뒤에 거처하는 것이 편안 하고, 거처하기가 편한 뒤에 그것에 바탕 함이 깊어지고, 바탕 함이 깊어진 뒤에 좌우로 도의 근원을 만나"[39]고자 하는 단계적인 노력을 기울여야 한다는 것이다. 주자학자들이 頓悟를 멀리하고 학습과 성취의 점진성, 과정성을 중시한 이유가 이것에서 잘 나타난다. 후학들이 잊지 말아야 할 교훈이다.

5. 화해와 배제의 정치

이성을 지닌 존재인 인간의 개념적 사고는 대상의 본질을 파악하고자 하는 활동이다. 대상에 내재하는 고유한 특성을 파악하고자 하는 이것은 같은 이름으로 불리는 개체들을 대상으로 면밀한 관찰과 누적적인 경험을 통해 이루어진다. 같은 이름의 사물군이 지니는 공통점이 본질로, 특정한 개체만이 지니는 특징은 우유성으로 간주된다. 이 일에는 동시에 다음과 같은 과정도 필요하다. 대상 사물과 타물의 비교에서 드러나는 차이성을 파악하는 것이 그것이다. 차이성이 전제되지 않는다면 대상의 고유성과 우유성이 무엇인지를 가늠하기 어려우므로 차이성을 파악한 위에서 본질을 확정해야 한다. 비교의 사례가 늘어날수록 본질은 보다 분명해진다.

그런데 이런 과정이 항상 합리적이고 긍정적으로 진행되는 것은 아니다. 외양이 다른 만큼 차이성이 있을 것으로 예상하였으나, 비교하는 과정에서 동일성이 있음을 알고 같은 사물임을 인식할 수도 있다. 그러나

---

39 맹자의 원문은 다음과 같다. 『孟子』, 「離婁下」. "孟子曰: 君子深造之以道, 欲其自得之也. 自得之, 則居之安; 居之安, 則資之深; 資之深, 則取之左右逢其原, 故君子欲其自得之也."

비교는 대체로 보다 선명한 차이를 추구한다. 선명하게 드러나는 차이에 주목하다 보면—선입견일 수도 있다—, 작은 차이를 경시할 수 있고—이것이 결정적인 역할을 할 수도 있다—, 서로 다른 이름의 사물 사이에 놓인 공통점—정지 상태에서 나타나기도 하고, 시간적 변화 가운데에서 모습을 드러낼 수도 있다—에 애써 눈감을 수도 있다. 차이가 극단화되어 서로 다른 본질을 지닌 사물로 이름이 붙여지면 비교 대상들은 차이성만을 지닌 他者가 된다. 이해할 수도, 공존할 수도 없다. 여기에 선악 이분법적 사유가 개입하는 경우가 많다. 우리는 선이고 타자는 악이다.

사물들을 관찰하다 보면 무수한 차이점을 발견할 수 있다. 다양성으로 가득한 사물의 세계를 가급적이면 추상화하여 단순하게 이해하는 것이 이성이 하는 일이다. 그것을 얼마만큼이나 단순하게 줄일 것인가는 선택의 문제이나, 인류가 지금까지 많이 사용한 것은 二項對立의 관찰·정리법이다. 물론 여기에도 선악 이분법이 개입한다. 이것이 정치와 역사의 이해는 물론 개인들, 집단들에 대한 이해에서 나타난다.[40]

그것이 도식이 되면 정리된 개념은 고정관념이 되고, 사태는 실제가 아닌 개념으로 읽히는데, 대상을 볼 때마다 무의식적으로 반복된다.

이런 관점에서 함양의 유학자들이 본격적으로 활약하게 되는 사림파의 등장 시기에 어떤 일이 있었던가를 생각해보자. 함양은 사화의 피해를 크게 본 곳이다. 이곳에 군수로 와서 기라성 같은 제자들을 키운 김종직, 그 제자인 정여창과 표연말이 非命의 죽임을 당하였고, 심지어 죽은 뒤에도 모욕을 당하였다. 우리는 이들을 사림파라고 부르고 가해자들을 관학파 또는 훈구파의 일원들로 본다. 여기서 다음과 같은 의문이

40 진주교대생과 경상대생, 진주교대생과 전주교대생은 많은 공통점을 가지고 있으나, 다른 학교에 다닌다는 모습 때문에 차이가 강조되고, 서로 어울릴 수 없는 것처럼 이해하고 배타적인 태도를 취하는 것이 그 예이다.

든다. 과연 그들은 다른 진영의 사람들을 어떻게 느끼고 인식하였을까? 이항대립의 구도를 가장 선호하는 집단이라고 보이는 영화와 드라마 제작자들이 그려내듯이 권력투쟁에 혈안이 되어 서로 타자를 붕괴시키기 위해 대립하고 복수의 칼날을 휘두를 기회나 엿보고 있었을까?

이항대립으로 사물을 보는 것에서 역사가들은 결코 남에게 뒤떨어지지 않는 사람들인데, 그 대표적인 결과물이 사림파와 훈구파에 대한 이분법적 설명이다. 세조·성조 시대의 학자 문인 사이에 사상·감정·정실·향토 관계 등이 달라 파벌이 생겼다는 설명, 훈구파는 세조의 총신, 공신 혹은 어용학자로 관작이 높고 조정에 기반을 지닌 사람들이었고, 사림파는 밀양 사람 김종직을 위시한 일단의 신진학자로서 영남 출신이 많다는 설명, 전자들은 대지주들이었고 후자들은 중소지주들이었으며, 전자는 典禮·詞章에 능하여 관찬 사업에 참여하였다면 후자들은 성리학 또는 經學을 공부한 사람들이었다는 대비, 전자들이 실권 있는 고위직을 독점하였다면 후자들은 대간과 홍문관에 있으면서 훈구재상들과 대립하였다고 설명 등이 그 대표적인 주장이다. 그 결과 이를 배운 사람들은 훈구파와 사림파가 빙탄불상용처럼 대립한 것으로 인식한다.

이런 식의 생각은 현대학문의 관점에서 한국사를 연구하기 시작한 때부터 생겨 고착되어 왔다는 반성이 일어나고 있다. "김종직의 문인들이 중앙 집권세력과 다른 출신 배경을 가지고 있다거나 혹은 출신 배경이 다르기 때문에 중앙의 집권세력과 갈등을 빚었다는 설명은 실제 모습과 거리가 있다"[41]는 등 이의를 제기하는 학자들이 나타나고 있는데, 통념에 배치되는 사실들이 많이 발견된다. 이항 대립적으로 역사를 파악하다 보니 집단의 차이를 역설하고 공통점을 간과한 결과다. 이론 정립에

---

41 김당택, 「조선 성종~중종대 정치사의 이해와 '사림파' 설」, 『역사학연구』 54, 호남사학회, 2014.; 김범, 「훈구세력에 대한 공정한 인식과 평가」, 『내일을 여는 역사』 26, 내일을 여는 역사재단, 2006년 겨울 등의 논문을 참조하라.

불리한 것을 보지 않거나 애써 본질이 아니라고 여기려 한다.

기존의 견해에 배치되면서 새로운 견해에 부합하는 증거들이 함양 유학자들에게서도 발견된다. 표연말과 曺偉는 김종직의 제자이면서도 또한 四佳亭 徐居正(1420~1488)의 문인들이었다. 김종직과 문장과 관직을 두고 경쟁을 벌였던 이가 서거정이다. 우리나라 과거시험에 있던 座主門生 제도의 한 모습이기는 하지만 사제였음이 틀림없다. 이들이 관습을 이유로 사제가 되는 데 할 수 없이 동의했다고만 보이지 않는다. 서거정의 대표 수필집이 『筆苑雜記』인데, 이 책에 서문을 썼던 이들이 문인을 자처한 표연말과 조위다. 義城縣令으로 재직하던 兪好仁에 의해 이 책이 初刊되었던 것으로도 보인다.[42] 표연말의 사가독서 기회는 훈구파 거장 서거정과 學易齋 鄭麟趾(1396~1478)의 추천으로 얻어졌다.[43]

이것이 인간관계의 측면이라면, 사상의 경향이라는 측면에서는 어떠했을까? 우리는 훈구파는 사장학파, 사림파는 성리학파 내지 경학파라는 이분법적 공식을 대입한다. 관학파들이 나라를 빛나게 하는 대업(華國之大業)이라 하여 시문 작성 능력을 중시하였음도 사실이다.[44] 그렇더라도 위와 같은 공식이 곧바로 성립하지는 않는다. 김종직은 退溪 李滉에 의해 문학이나 한 사람으로 저평가되었지만, 그가 別洞 尹祥(1373~1455)의 시문집에 쓴 서문은 순수 문학이 아닌 도학의 기초가 되는 경학의 문

42 徐彭召, 「筆苑雜記序」, 『筆苑雜記』(『稗林』 5집, 탐구당) "今請義城縣令兪侯好仁, 鋟諸梓, 欲與好事者共之. 龍集丙午仲冬日南至, 猶子奉直郎行吏曹佐郎彭召序." 기묘사화의 가해자 南袞(1471~1527)이 김종직의 문인으로 자처하면서 『점필재집』 초간본의 서문을 쓴 것과 유사한 양상이다.

43 표연말의 「연보」, 成化 12년 丙辰 및 成化 19년 癸卯 조 참고.

44 『筆苑雜記』下(『패림』, 89하a). "本朝開國以後, 詞章盡廢. 歲戊午始設進士科, 中場用詞賦. 自此詩學大成, 皆二先生訓誨之力也. 柳則有泰齋集行于世." 여기서 두 선생은 세종 때 활약했던 松月堂 趙須와 泰齋 柳方善(1388-1443)이다. 무오는 1438년(세종20)인데, 제술과인 진사과의 부활을 청원하는 소리가 높다가 드디어 실현되었다는 것이고 이로 인해 시학이 대성하였다고 말하고 있다.

학에 높은 가치를 부여하고 있다.[45]

한편 관학파 慵齋 成俔(1439~1504)의 『慵齋叢話』는 다음 문장으로 시작한다. "경술과 문장은 둘이 아니니, 육경은 모두 성인의 문장이며 사업에 펼쳐졌던 것이다. 지금 문장을 하는 사람들이 경전에 근본 함을 알지 못하고, 경전을 공부하는 사람은 문장을 지을 줄 모르는데 이는 氣習이 편벽됨에서 기인할 뿐 아니라 경술과 문장을 공부하는 사람들이 힘을 다하지 않기 때문이다."[46] 사림파의 종장이라는 김종직의 생각과 하나도 다를 것이 없다.

성리학을 특정 주제와 관련하여 깊이 천착하고 성리학의 규범을 생활 속에 깊이 끌어들여 실천하던 후대의 모습과는 차이가 있으나, 그것은 집단의 차이라기보다는 개인마다의 차이였다. 그 부족함에서도 진영에 차이가 없었다. 경학과 성리학에도 조예가 깊었다고 전해지는 서거정은 자기 문장에 대한 과도한 자부심으로 인해 世祖로부터 뼈 있는 경고를 받았다. "卿의 문장에는 사심이 있다. 조금이라도 재주를 믿는 마음이 있다면, 그것이 바로 사심이다. 경은 이것을 명심하라."[47] 경술에 뿌리를 둔 문장을 중시한 김종직도 이론이 문학에까지 철저하게 구현되지는 않았다는 지적이 있다. 그 한계는 개인적인 기질과 당대의 역사적 여건에서 비롯된다."[48]

노진은 이 시기에 『論語』「里仁」에 나오는 "허물을 보면 이에 어짊을 안다(觀過, 斯知仁矣)"는 격언을 활용하여 「觀過知仁論」을 지어 인물평가에 대한 시각을 드러냈다. 그 첫머리에 "군자의 과실이 있고, 소인의 과실

45 김낙진, 앞의 글 참고.

46 成俔, 『慵齋叢話』. "經術文章非二致, 六經皆聖人之文章, 而措諸事業者也. 今也爲文者不知本經, 明經者不知爲文, 是則非徒氣習之偏, 而爲之者不盡力也."

47 『세조실록』 13년 1월 24일(辛卯)

48 우응순, 「16세기 사림파의 내적 분화와 그 문학적 지향」, 『문학과 사회집단』, 한국고전문학회, 1995, 91쪽.

이 있다. 군자의 과실은 편벽됨에서 생하고, 소인의 허물은 사사로움에서 생긴다. 군자의 허물은 지나침에서 완성되고, 소인의 허물은 불급함에서 완성된다"고 썼다. 이때 과불급은 仁義禮智의 본성에 대해 과불급하다는 말이다. 소인의 허물이 불급하다는 것은 본성의 기준에 미치지 못한다는 것, 예컨대 어질지 못하고 잔인한 행동을 하는(小人殘忍之行) 것을 가리킨다. 이에 비해 군자의 허물이 지나침에서 생긴다는 것은 지나치게 어질거나, 지나치게 의롭기에 생긴다는 뜻이다. 따라서 한 사람이 잘못을 범하는 것을 보면 그 사람이 군자 즉 선인인지 소인 즉 악인인지를 알 수 있다는 것이다.[49]

군자는 선인을, 소인은 악인을 뜻한다. 군자의 허물은 선한 본성을 실현하고자 강하게 의지하나 누구도 벗어날 수 없는 타고난 기질의 편향성이 있기에 생긴다. 따라서 그의 잘못은 사람이라면 누구나 지닌 한계에서 비롯되고 특히 선을 실현하려다 생기는 것이므로 관용의 대상이 된다. 반면 소인의 악행은 비록 누구나 범하는 것일지라도 용서할 수 없다. 그것은 선한 본성에 미치지 못하는, 남을 해쳐서라도 자기 이익을 추구하는 것이기 때문이다. 이런 구분은 같은 세상을 살면서 누구와 화해하고 누구와 배척하면서 살 것인가를 결정한다. 노진은 훈구파들을 군자로 보았을까, 소인으로 보았을까? 이에 대한 해답을 찾을 수는 없지만 다음의 德溪 吳健(1521~1574)과 관련된 일화가 시사하는 바가 크다고 생각된다.

---

49 노진은 군자는 과도함에서, 소인은 불급함에서 잘못을 범한다고 하였으나, 사실은 군자와 소인의 모든 악은 과불급에서 생긴다고 보아야 한다. 주자는 "군자는 청렴함을 지킴에 지나치고 소인은 탐오함에서 지나치며, 군자는 절개지킴에서 지나치고 소인은 두루 융통하는 데에서 지나치기"도 한다고 하였다. 주희, 『논어집주대전』, 「里仁」의 세주. "若君子過於廉, 小人過於貪, 君子過於介, 小人過於通之類, 皆是."

(오건이) 6품에 오르자, 그제야 淸官과 要職을 밟게 하여 이조낭관이 되어 公道를 펴는 데 힘을 썼다. 사람됨이 순실하고 과감하여 일을 당하면 곧바로 나아가서 굽어 들거나 흔들리지 아니하므로 원망하는 사람이 많았다. 노진이 오건과 친분이 있어, "네가 초야에서 출세하여 청관 요직에 이른 것이 네 분수에는 과한 것이니 마땅히 자신을 감추고 조심하여 남의 기대에 맞추어 주어야 할 것인데, 왜 제 소견만 고집하여 뭇사람의 원망을 스스로 받느냐."고 충고하였으나, 건은 여전히 고치지 아니하였다.[50]

그는 시비의 원칙이 분명하고 자기 입장을 굽히지 않은 오건보다는 타인을 고려하는 훨씬 부드러운 입장을 가지고 있었다. 부드럽다는 것은 무원칙함을 뜻하지 않는다. 원칙과 목적은 분명하되 그것에 이르는 방법을 대립적인 비판에서만 찾지 않았고, 점진적이고 온건한 방법을 선호했다는 말이다.

이런 성향을 보여주는 글이 그의 「범중엄이 구양수에 답하여 간하지 않음을 논한 글(范仲淹答歐陽脩論不諫書)」이다. 大臣 범중엄이 군주의 잘못을 극간하지 않자 구양수가 항의하였고 전자가 후자에게 답변서를 보낸다는 것을 가정하면서 작자가 전자를 대신하여 편지를 쓰는 형식으로 구성된 글이 이것이다. 그는 정치가의 간언은 임금이 잘못을 저지르지 않도록, 국정에 흠이 없도록 하는 것에 궁극 목적이 있다고 하면서 격렬한 간언에 절대적인 가치를 부여하지 않는다.[51] 논자의 파악으로는 이런 생각과 분위기가 일반적인 현상이었다. 사실 선과 악, 선인과 악인은 드라마처럼 쉽게 구분되지도 않고, 선 또는 악을 지속적으로 행하는 사람도 드문 것이 인간세상이므로 조심스럽게 살아야 한다.

---

50 李珥, 조규철·임창재 옮김, 『石潭日記』상, 1971(한국고전번역원). 隆慶六年壬申(1572년, 선조 5).

51 노진, 「范仲淹答歐陽脩論不諫書」, 『玉溪集』 卷5.

이런 가운데 특별한 개인들의 악행이 도드라지고, 이에 대한 비판이 거세진다. 훈구파들의 정치 경제적 독점은 민생과 괴리되어 충돌이 생긴다. 일부 권력자의 전횡에 대한 신진관인들의 비판이 일고 집요해지자 틈이 벌어지고 위협을 느낀 대신들의 반응도 거세진다. 세조의 왕위찬탈은 왕권강화, 책임정치라는 정치적 필요성이라는 측면에서 긍정되기도 하지만, 성리학적 교양을 공유한 사람들의 공분의 대상이었다가 공론장에 표출되었는데, 훈구 공신들의 권위 유지에 결코 좋은 일이 아니었다. 반성과 화해, 타협이 없는 반목이 깊어지자 위협을 느낀 이들에 의해 살상으로까지 비화되어 돌이킬 수 없는 길로 들어섰다.

6. 맺음말

서원은 유교식의 학교이며, 독특한 특성을 지닌 교육기관이다. 서원에는 반드시 제향 받는 인물이 있는데, 그 인물은 특정 지역과 연고가 있는 선비 학자인 경우가 대부분이다. 서원에서 이런 인사를 모셔 제사를 지낸다는 것은 그에 대한 흠모를 표시하는 행위이다. 그러므로 서원에서는 지역의 이름난 유현 중에서도 후인들이 공식할 만한 이를 받들어 모셨다. 하나의 문화를 체화하고 실천하려는 의지에 더해 모범으로 삼는 인물을 제향 하는 공간이 마을 한 쪽에 조성되면, 죽은 사람과 산 사람이 함께 하는 문화공동체가 형성되어 후인들의 일탈을 감시하고 반성하게 한다.

남계서원은 한국을 대표하는 서원들과 함께 유네스코 기념물이 되었다. 관광 자원이 되어 함양의 경제에 기여할 것이라고 예상된다. 이와 동시에 우리는 남계서원이 존재하게 된 이유, 정여창이 향사된 이유를 살핌으로써 교육과 정신문화에 관한 기능이 무엇인지도 생각해 보아야 할 것이다. 더욱이 유엔의 인물이 되었다면, 한 지역에만 의미 있는 인물과 건축이 아닌, 인류 차원에서의 의미를 지니는 인물이자 유산이 되었음을 환기해야 한다. 이런 일은 그가 그리고 그들이 행하였던 학문과 실천이 지닌 보편적인 의미를 찾아 정립하는 것일 터인데, 결코 쉽지 않은 과제이다.

논자는 남명학의 현대적 응용을 논하는 글에서 "시대가 변하여도 인간의 욕망-가치, 사람이 살아가는 방식은 매우 유사하다는 판단이 선행되어야 하고, 또한 시대적 환경의 변화에 따라 있을 수밖에 없는 차이성을 민감하게 느껴야 한다. 현대의 범인에게 교훈을 제시하려는 시도이므로, 완성태로서의 조식보다는 그가 매일매일 진행했던 일상적 삶의 과정에 주목할 필요도 있다. 삶을 구성하는 맥락이 다른 만큼 남명사상을 우리 시대의 환경에 맞게 재해석하고 번역하는 일은 필수"라고 주장한 바 있다.

우선 이 일은 현대인과 전통의 상호 대화다. 현대인의 필요를 중시한다고 하더라도 전통을 날조할 수는 없다. 만약 그럴 필요까지 있다면 전통이 아닌 다른 것에서 자료를 찾으면 된다. 전통 역시 현대에 기여해야 하는데, 전통이기에 존중받을 자격이 있는 것이 아니기 때문이다. 대화가 가능한 것은 전통시대나 현대에 사는 사람들에게는 인간으로서의 공통점이 있음에 기인한다. 또 서로 갖지 않은 것을 각자 가지고 있다는 차이성 때문에 대화가 필요하다. 공통점과 차이점을 가진 사람끼리의 상호작용이 대화이다.

그럼에도 현대인의 필요성이 우선이다. 전통은 아무것도 요구할 수 없는 것이다. 또 현대인의 필요성이 무엇인지는 각자 다르다. 그만큼 전통을 어떻게 해석할 것인지는 다양한 시선이 있을 수 있다. 논자는 여기서 현대인이 겪고 있는 정신적 혼란 상태를 치료할 수 있는 방법으로 전통문화를 사용하여 보자고 제안한다. 현대인들은 정보매체에 노출되어 있어 잡념 부념이 많고 이것이 정체성의 상실로 이어진다. 또 자기 이익과 관심을 마음껏 실현하는 것을 자유라고 생각한다. 이때 자유는 간섭의 부재를 뜻한다. 그러나 즐거움을 위하여 마약을 선택한 사람이 그것에 중독되었다면, 그는 자유로운가? 중독자가 마약에 의존하는 만큼 자유롭지 않다. 자유는 외물에 의존하지 않거나 욕망을 스스로 통제할 수 있을 때 얻어진다. 자유는 다른 어떤 것에 의존하지 않음이다. 타인의 눈치를 보지 않고 살아야 하고, 생물학적인 욕망에 의존하지 않아야 하고, 자기 생각과 의지에 의하여 행위를 결정하는 것이 자유이다. 더 중요한 것은 현재의 자아에 구속되지 않음이다.

이런 의존을 극복하고 진정한 자유를 얻기 위해서는 자기 마음을 바라볼 수 있어야 한다. 내 마음을 구속하고 있는 잡념, 부념, 편견, 부질없는 욕망을 직시하고, 그런 마음이 생긴 근원을 소급해 보아야 한다. 그것이 근거 없는 것임을 알 때 제거할 수 있다. 마음을 집중하여 다른 일에 정신을 빼앗기지 않아야 한다. 조식은 깨끗한 접시에 물을 담아 밤새 들고 서 있기도 하였고, 惺惺子라는 방울을 허리춤에 차고 다니기도 하였는데, 경의 태도를 습성화하기 위한 것이었다. 이런 위에 의로움을 추구하였다.

사욕과 사의를 없애는 경 공부는 현대인에게도 가치 있는 전통 유산이다. 마음을 깨끗이 하는 것은 개인의 정신 건강을 위해서도 필요하다. 더 나아가 사심이 없는 인간이 될 때, 타인들에 대한 깊이 있는 접근이 가능할 것이며, 세상의 모든 이들을 책임져야 하는 대상으로 받아들일 수 있다. 기정진이 말하였듯이 이것이 남계서원에서 배워야 할 것인데, 남계서원의 묘정에서 경 공부를 학습하는 시민들, 옳고 그름을 토론하면서 세계를 포용하는 학생들의 모습을 보았으면 한다. 이렇게 될 때 분열과 대립, 모욕과 증오가 일상화되는 것이 아닌, 화기 있고 배려하는 공동체를 만들 수 있을 것이다.

참고문헌

金宗直, 『佔畢齋集』, 한국문집총간, 1988.

表沿沫, 『藍溪集』, 한국문집총간, 1988.

盧 禛, 『玉溪集』, 한국문집총간, 1989.

李 珥, 『栗谷集』, 한국문집총간, 1989.

姜 翼, 『介庵集』, 한국문집총간, 1989.

徐居正, 『筆苑雜記』(『稗林』 5집, 탐구당)

成 俔, 『慵齋叢話』.

程敏政 編, 『心經附註』.

김낙진, 「유호인의 문학과 정여창의 도학」, 『경남권문화』 26, 진주교육대학교 경남권문화연구소, 2018.

김당택, 「조선 성종∽중종대 정치사의 이해와 '사림파'설」, 『역사학연구』 54, 호남사학회, 2014.

김 범, 「훈구세력에 대한 공정한 인식과 평가」, 『내일을 여는 역사』 26, 내일을 여는 역사재단, 2006년 겨울.

김성우, 「15세기 중・후반 훈구관료 서거정의 관직생활과 그에 대한 평가」, 『대구사학』 83, 대구사학회, 2006.

안대회, 『궁극의 시학』, 문학동네, 2015.

우응순, 「16세기 사림파의 내적 분화와 그 문학적 지향」, 『문학과 사회집단』, 한국고전문학회, 1995.

이재운・박숙희, 『뜻도 모르고 자주 쓰는 우리말 1000가지』, 예담, 2008.

최석기, 「옥계 노진의 志趣와 학술」, 『동양한문학연구』 28, 동양한문학회, 2009.

헬무트 슈미트, 강명순 옮김, 『구십 평생 내가 배운 것들』, 바다출판사, 2016.

실학자 박지원과 함양 안의에서의 활동 양상

김윤수

1. 서론

연암(燕巖) 박지원(朴趾源) 1737년(영조 13)~1805년(순조 5)은 유학자이고 실학자이고 북학파이다. 오랑캐라고 배척하는 청나라에서 배울 건 배우자고 주장하는 실용적 북학파이니 실학자일 것은 자명하다. 문장도 고문의 격식에 얽매이지 않고 자유분방한 『열하일기』 같은 문체를 구사하니 실학자 문인이다. 청나라에서 보고 배워둔 벽돌집을 안의현감에 부임하여 실행하니 실학자 목민관이다. 그의 인생에서 가장 득의의 시간을 보낸 안의현감 시절 지금은 함양에 편입된 안의현 시절의 현감 활동 양상을 고찰하여 그의 인생의 황금 시기를 떼어내 무엇을 했는지 어떻게 했는지 엮어 실학자 목민관의 삶과 공적을 부각시키고자 한다.

2. 안의현감 임명된 해 신해(1791, 정조 15)

조선시대 지방관, 목민관, 주부군현의 수령의 임기는 六期라고 하여 6

년이라고 생각하지만 실제로는 만 5년이다. 만 5년을 채우면 임기만료가 되는 것이다. 임명되고 임금님께 사은숙배하고 부임하기까지는 보통 한두 달 걸리기 때문에 임명된 해와 부임한 해가 다를 수 있다. 연말에 임명되면 통상 다음 해 부임하여 2년이 되기도 한다.

박지원은 연말에 임명되었으니 임명되고 부임하고 이임하기까지 6년을 채워 평생 처음이자 마지막 안의현감으로서 임기만료의 관직생활을 하였다. 『승정원일기』에 보면 정조 15년(1791) 12월 22일에 인사행정이 있어 朴祉源을 安義縣監으로 삼았다고 했는데 탈초과정에서 오자가 나와 朴趾源을 朴祉源으로 표기하였으나 박지원이다.

어쨌든 임명 이튿날 昌德宮 熙政堂에서 정조대왕을 알현하고 사은숙배하였다. 임금을 알현하는 자리에서 거조가 틀린 수령들은 사간원의 탄핵으로 파직되거나 추고당하였으나 박지원은 해당 사항이 없었으니 잘 마친 것이다.

3. 안의현감 부임 첫해 임자(1792, 정조 16)

박지원의 아들 박종채(朴宗采, 1780~1835)가 부친의 행적을 기록한 『과정록』에 의하면 박지원은 안의현감에 임명되고 이듬해 정월에 안의에 부임하였다. 부임하자마자 안의현 백성과 서리의 시험에 들었는데 실학자인지 현자인지 능숙하게 대처하여 평정하였다.

도임 초기 백성들이 세쇄한 비리를 들어 소송을 제기하여 소송문서가 산적하였다. 그 사악하고 바르지 못한 것을 적발하여 내치니 이후 속일 수 없다고 승복하고 포기하여 소송이 줄어들었다.

아전들도 교활하여 신임 수령이 오면 익명서를 투서하여 서로 고발하였다. 하루는 방석 아래에 쪽지가 반쯤 보였는데도 무시하고 무관심하니 이후 자연 소멸하였다. 하루는 관아에서 아무 통인을 내쫓으라는 분부를 내렸는데 그 죄가 무엇인지 몰랐다. 아전들이 물러나 추궁하니 당일 익명서를 갖다둔 자였다.

뒤에 마당에 투서한 자가 있었는데 뜯지 않고 불에 던지고 이윽고 어떤 아전을 붙잡아 태형에 처하고 내쫓았다. 그 또한 투서한 자였다. 아전들이 크게 놀라고 신명하다고 여겨 이런 악습이 드디어 사라졌다.

안의 고을 창고에 나라 곡식이 쌓여 있어야 하는데 다 비고 장부에만 기록되어 있었다. 그것을 포흠이라고 하는데 아전들이 빼먹은 것이다. 박지원이 현감으로 부임하고 아전들을 불러모아 타이르기를 "일시적으로 빼먹고 속일 수는 있지만 언젠간 탄로나 죄를 받게 된다. 일찌감치 자수하여 채워놓으라" 하니 아전들이 상의하고 실토하니 포흠이 6만석이나 되었다. 관찰사에게 보고하여 자신에게 모든 조치 권한을 맡겨달라고 하고 아전과 백성을 마당에 불러들여 일장훈시를 하였다.

아전들이 서로 상의하고 노력하여 빌려간 것을 갚고 세곡을 아껴 남는 것을 저축하여 2년 반 만에 포흠한 것을 다 채워 놓아 장부가 충실하게 만들었다. 한 사람도 곤장 치지 않고 한 사람도 가두지 않고도 포흠이 해결된 것이다. 장부 감사하는 날 아전들이 모여 우리는 살았다 하고 환호작약하였다고 한다. 실학자 박지원다운 행정 조치요, 어진 정치라고 하겠다.

이해 1월에 삼종질 朴宗岳(1735~1795)이 우의정에 제수되자 서간을 보내 축하하고 사노비 문제를 거론하였다. 그 서간이 〈賀三從姪 宗岳 拜相。因論寺奴書。〉이다. 10월에는 친구 金履素(1735~1798)가 우의정이 되자 축하하면서 인하여 전폐(錢幣)를 논한 서간을 보내니, 〈賀三從姪 宗岳 拜相。因論寺奴書。〉이다.

예수겸(芮秀兼)이 고부 군수(古阜郡守) 홍원섭(洪元燮)의 서한을 가지고 와서 그 증조 상주 회룡리 출신의 효자 모초재(慕初齋) 예귀주(芮歸周, 1639~1708)의 묘갈명을 청하니 지어주었다. 〈贈司憲府持平芮君墓碣銘〉이다.

정조 16년 임자년(1792)에 경향 각지의 제사 의식들이 경건하게 거행되지 못하고 의식에 쓰는 기물들이 훼손됨을 들어 나라 안에 영을 내려 크게 수리하도록 어명이 내렸다. 안의현(安義縣)의 여단[厲壇, 여제(厲祭)를 지내는 제단]은 현청(縣廳) 동쪽 시내 너머 언덕에 있어 장맛비에 부딪히고 홍수에 패여서 섬돌이 무너지고 내려앉았다. 이에 박지원이 현감으로서 명을 내려 벽돌을 굽고 돌을 쌓아 제단을 새로이 고치고 담장을 증축하고 네 개의 영성문(欞星門)을 고쳐 세우고 따로 신우(神宇) 두 칸을 지어 신위와 제기들을 옮겨 모셨다. 백성을 위하여 복을 구하고 재앙을 막는, 엄중한 나라의 제사 의식에 들어 있는 신에 대해 경건하게 제사를 지냈다. 〈安義縣厲壇神宇記〉에 자세하다.

박종채(朴宗采, 1780~1835)가 부친의 행적을 기록한 『과정록』에 의하면 부임 첫 해 가을에 흉년이 들었다. 거짓보고로 편리를 꾀하자는 아전들의 요청을 장사치 수작이라고 거절하고 흉년 보고를 사실대로 하여 그대로 경상도 관찰사의 인정을 받았다.

안의현 수령 집무실 정당(正堂)에서 서북으로 수십 보를 가면 열두 칸의 폐치된 관사가 나오는데 마루에 난간도 없고 계단에는 섬돌도 없었다. 박지원이 정비하고 수리하여 반듯한 집을 만들고 연못도 파고 연꽃을 가득 심고는 물고기 새끼도 넣어 두었다.

담 밖에 한 그루 오동나무가 있는데 높이가 100자쯤 된다. 짙은 오동나무 그늘이 난간에 비치고 보랏빛 오동나무 꽃이 향기를 날려 오면 때로 백로가 나래 짓하며 내려앉으니, 비록 봉황은 아니라도 족히 아름다운 손님이라 하겠다. 드디어 현판을 붙여 백척오동각(百尺梧桐閣)이라 했다. 그 기문이 〈백척오동각기(百尺梧桐閣記)〉이다.

정당(正堂)의 서쪽 곁채는 다 무너져 가는 곳간으로 마구간, 목욕간과 서로 이어져 있고, 두어 걸음 밖에는 오물과 재를 버려 쌓인 쓰레기 더미가 처마보다도 높이 솟아 있으니, 대개 이곳은 관아의 구석진 땅으로 온갖 더러운 것이 모인 곳이다. 종복들에게 일과를 주어 삼태기와 바지게로 긁어 담아 내게 하여, 열흘 뒤에는 빈 터가 이루어졌는데, 가로는 스물다섯 발에 이르고, 너비는 그 십분의 삼이었다. 떨기나무들을 베어 버리고 잡초를 쳐내고 울퉁불퉁한 곳을 깎아 내어 패인 곳을 메우고, 마구간을 다 옮겨 버리니 터가 더욱 시원해졌고, 좋은 나무들만 골라 줄지어 심어 두었다. 이에 그 터를 반으로 나누어, 남쪽에는 남지(南池)를 만들고 폐치(廢置)된 창고의 재목을 이용하여 북쪽에 북당(北堂)을 지었다.

당(堂)은 동향으로 지어 가로는 기둥이 넷, 세로는 기둥이 셋이요, 서까래 꼭대기를 모아 상투같이 만들고 호로(胡盧)를 모자처럼 얹었다. 가운데는 연실(燕室, 휴식하는 방)을 만들고 잇달아 동방(洞房, 침실)을 만들었다. 그리고 앞쪽 왼편과 옆쪽 오른편에는 빈 곳은 트인 마루요, 높은 곳은 층루요, 두른 것은 복도요, 밖으로 트인 것은 창문이요, 둥근 것은 통풍창이었다.

그리고 벽돌을 쌓아 난간을 만들어 못 언덕을 보호하고, 앞에는 긴 담장을 만들어 바깥 뜰과 한계를 짓고, 가운데는 일각문(一角門)을 만들어 정당과 통하게 하고, 남으로 더 나아가 방향을 꺾어 못의 한 모서리에 붙여서 홍예문(虹蜺門)을 가운데 내고 연상각(烟湘閣)이란 작은 누각과 통하게 하였다.

대체로 이 당의 승경은 담장에 있다. 어깨 높이 위로는 다시 두 기왓장을 모아 거꾸로 세우거나 옆으로 눕혀서, 여섯 모로 능화(菱花) 모양을 만들기도 하고 쌍고리처럼 하여 사슬 모양을 만들기도 하였다. 그 담 아래는 한 그루 홍도(紅桃), 못가에는 두 그루 늙은 살구나무, 누대 앞에는 한 그루의 꽃 핀 배나무, 당 뒤에는 수만 줄기의 푸른 대, 연못 가운데는 수천 줄기의 연꽃, 뜰 가운데는 열한 뿌리의 파초, 약초밭에는 아홉 뿌리 인삼, 화분에는 한 그루 매화를 두니, 이 당을 나가지 않고도 사계절의 경물을 모두 감상할 수 있었다.

이 당에 거처하는 이가 아침에 연꽃(荷)이 벌어져 향내가 멀리 퍼지는 것을 보면 다사로운 바람(風)같이 은혜를 베풀고, 새벽에 대나무(竹)가 이슬을 머금어 고르게 젖은 것을 보면 촉촉한 이슬(露)같이 두루 선정을 베풀어야 할 것이라고 당부하며, 이 당을 하풍죽로당(荷風竹露堂)이라 이름 짓고 〈하풍죽로당기(荷風竹露堂記)〉를 지었으니 현판에 새겨 게시하였을 것이다.

4. 안의현감 재임 두 해 계축(1793, 정조 17)

정월 16일에 규장각 직각 금릉(金陵) 남공철(南公轍) 1760년(영조 36)~1840년(헌종 6)의 서간을 받아 읽고 답신을 띄웠다. 정조대왕이 당시 문풍이 아정하지 못함을 탄식하고 박지원의 문체 탓을 하며 남공철에게 박지원에게 연락해 바로잡으라고 하자 이 서간을 보낸 것이다. 어명이니 어찌하랴, 왕명을 받들어 순정한 고문을 쓰겠다고 다짐할 밖에. 〈答南直閣 公轍 書〉이다.

박종채(朴宗采, 1780~1835)가 부친의 행적을 기록한 『과정록』에 의하면

삼짇날에 왕희지의 난정(蘭亭) 수계(修禊)를 본받아 유상곡수(流觴曲水)를 열어 풍류를 즐겼다. 박지원이 김기무(金箕懋), 처남 이재성(李在誠), 사위 이종목(李鍾穆)과 이겸수(李謙秀), 문하생 이희경(李喜經) · 윤인태(尹仁泰) · 한석호(韓錫祜) · 양상회(梁尙晦)를 초청하여 술 마시며 시를 지으니 일세에 미담 쾌사가 되었다. 박지원이 청나라 적벽돌 기술을 사용하여 지은 안의현 관아 하풍죽로당에서 이재성은 40일이나 묵으며 놀다가 돌아갔다. 이재성은 모두 세 번이나 이 모임에 초대받았다.

박지원은 어떤 이에게 서간을 보내 흥이 나면 한번 찾아와, 이 동산에 가득 찬 죽순을 나물로 데쳐 먹고 개천에 가득한 은어를 회 쳐서 초고추장에 찍어 먹으며, 맑은 못의 곡수(曲水) 위에 술잔을 띄워 흘려보내며, 진(晉) 나라 제현(諸賢)의 풍류처럼 계축년의 수계(修禊)를 통해 즐거움을 누리자고 초청했는데 누구인지 미상이다. 〈어떤 이에게 보냄, 與人〉(流觴曲水, 초청장)이다. 미리 오도록 준비하려면 해 전에 보냈을 것이다. 이 서간은 부임 첫 해에 하풍죽로당을 완공한 다음에 보내지 않았을까 한다.

박지원의 〈어떤 이에게 보냄, 與人〉(流觴曲水, 초청장)은 한국 산삼 역사상 아주 중요한 기록이다. 인삼, 산삼을 바로 불사약(古無人蔘之名。故稱不死藥。)이라고 지칭하고 자신의 관아 뜰에 산삼밭을 조성하고 캐어먹어 병을 치료하고 효과에 만족하였다.

박종채(朴宗采, 1780~1835)가 부친의 행적을 기록한 『과정록』에 의하면 전년도의 흉년으로 이해 봄에 기아가 발생하여 박지원이 자기 봉급을 털어 구휼하는 사진(私賑)을 시행하여 굶주린 백성을 먹여 살렸다. 공진을 시행하면 온갖 간섭과 감독과 조건이 까다롭기에 편리한 사진을 실시한 것이다.

박지원이 안의현감으로 정사를 보던 이듬해 계축년(1793, 정조 17)의 어느 달 어느 날에 아전들이 웅성거리어 무슨 일이냐고 물으니 통인(通引) 박상효(朴相孝)의 조카딸로서 함양(咸陽)으로 출가하여 일찍 홀로 된 이가 그 남편의 삼년상을 마치고 약을 먹어 숨이 끊어지려 하니, 와서 구환해 달라고 급히 연락이 왔는데 박상효가 마침 숙직 당번이라 황공하여 감히 사사로이 가지 못하고 있다고 하였다. 박지원이 얼른 가보라고 허락하고 저녁에 어찌되었냐고 물으니 운명하였다고 하였다. 길게 탄식하며 "열녀로다, 그 사람이여!"라고 찬미하였다.

박씨 집안은 대대로 고을 아전이다. 그 아비 이름은 박상일(朴相一)이다. 열아홉 살이 되자 출가하여 함양 임술증(林述曾)의 처가 되었는데, 그 시댁 역시 대대로 고을 아전이다. 술증이 본디 약하여 한 번 초례(醮禮)를 치르고 돌아간 지 반년이 채 못 되어 죽었다. 박씨는 지아비상을 치르면서 예(禮)를 극진히 하였고, 시부모를 섬기는 데도 며느리된 도리를 다하였다.

박씨가 아직 시집가기 몇 달 전에 '술증의 병이 이미 골수에 들어 부부 관계를 맺을 가망이 만무하다 하니 어찌 혼인 약속을 물리지 않느냐.'는 말이 있었다. 그 조부모가 넌지시 박씨에게 일러 주었으나 박씨는 기어이 혼례식을 치렀다 하나 사실은 처녀 과부였다.

박지원의 생각이다. "박씨의 마음이 어찌 이렇지 않았으랴! 나이 젊은 과부가 오래 세상에 남아 있으면 길이 친척들이 불쌍히 여기는 신세가 되고, 동리 사람들이 함부로 추측하는 대상이 됨을 면치 못하니 속히 이 몸이 없어지는 것만 못하다고." 마침내 처음 뜻을 완수했으니 어찌 열녀라 아니 할 수 있겠는가라며 〈열녀 함양 박씨전(烈女咸陽朴氏傳) 병서(幷序) 烈女咸陽朴氏傳 幷序〉를 지어 천고의 명문으로 남겼다. 이 글은 소설로 유명하지만 소설인가, 수필인가, 장르문제가 해결되지 않았다.

얼마 후 함양 군수인 윤광석(尹光碩)이 밤에 이상한 꿈을 꾸고 느낀 바가 있어 열부전(烈婦傳)을 지었고, 산청 현감(山淸縣監) 이면제(李勉齊)도 전(傳)을 지었으며, 거창(居昌) 선비 신돈항(愼敦恒)은 후세에 훌륭한 글을 남기고자 하는 선비였는데, 박씨를 위하여 그 절의의 전말을 엮었다. 벽송사 고승 경암 응윤(鏡巖應允) 1743년(영조 19)~1804년(순조 4)이 「박열부전(朴烈婦傳)」을 저술하여 그의 정절을 기렸다. 동시대 여인의 정절을 유교와 불교 측에서 모두 기린 것이다.

응윤이 지은 「박열부전(朴烈婦傳)」에선 함양군수 아들의 소실로 들이려고 협박하고 부모가 말리고 하는 등 부모 이야기는 틀리고 박열부가 독실한 불교신자인 점이 크게 다르다. 박열부와 친한 비구니 이야기를 들어서 내막을 안 것이다. 계축년(1793, 정조 17) 7월 18일에 음독자결하였다. 죽을 때 아미타불을 부르며 신랑과 함께 왕생극락하기를 빌었다고 하였다.

응윤은 충신, 효자, 열녀는 다 극락세계에 태어난다고 하는 『왕생경』을 인용하여 끝맺었는데 효를 강조하는 『부모은중경』에서 충효열 삼강을 강조하는 『왕생경』으로 불경발전사가 이루어진 것이다.

함양 상림공원 역사인물공원에 1997년 1월에 지정한 경상남도 문화재자료 제240호 함양 열녀 밀양박씨 지려(咸陽烈女密陽朴氏之閭)가 있다. 필자가 1996년 문화재 조사 때는 인당 국도변에 있었는데 후에 이전한 것이다. 이것은 박씨가 소설이 아니고 실존인물이라는 역사적 사실을 전해주는 기록 유물로서 가치가 있는 비석이다. 비문은 일두 정여창 선생의 11세손인 청하현감 출신 종암(鍾巖) 정덕제(鄭德濟, 1742~1815?)가 1797년(정조 21)에 지었다.

고을 수령이 임금 앞에서 사은숙배할 때 반드시 외어야 하는 수령칠사(守令七事)의 하나가 학교흥(學校興)이다. 수령들의 향교나 서원의 중수, 서당 건립은 다 학교 진흥책이다.

군현의 수령이 처음 제수되면 경저리(京邸吏)가 수령이 해야 할 일곱 가지 일, 즉 수령칠사(守令七事)를 기록한 홀기(笏記)를 전달한다. 그리고 임금에게 하직 인사를 올릴 때 임금이 특별히 전(殿)에 오르라 명하고 승지가 직관과 성명을 아뢰라 하면, 숨을 죽이고 엎드려 '아무 벼슬 신(臣) 성(姓) 아무개'라 한다. 다음에 칠사(七事)를 아뢰게 하면, 사항을 바꿀 때마다 일어났다 엎드리면서, 매우 조심스레 '농상이 성하다〔農桑盛〕', '호구가 늘다〔戶口增〕', '학교가 흥하다〔學校興〕', '군정이 닦이다〔軍政修〕', '부역이 고르다〔賦役均〕', '소송이 드물어지다〔詞訟簡〕', '간활이 사라지다〔奸猾息〕'를 외우고는 차례로 빨리 물러나 드디어 감히 출발하는 것이다. 그런데 이 의식을 치르는 관원이 더러는 차례를 틀리고 잘못 읽어 파면당하는 경우도 왕왕 있었다.

박지원과 동시대 함양군수 윤광석(尹光碩)이 함양군을 다스린 지 3년에 고을의 선비들이 서로 모의하기를, "정사(精舍)가 서계(西溪)의 동편에 있으니 이곳은 점필재(佔畢齋)와 남명(南溟) 등 여러 현인들이 내왕하던 곳이요, 우리 고을의 노옥계(盧玉溪)와 강개암(姜介菴) 선생이 휴식하던 곳이니 이곳에서 학문을 닦게 하면 좋지 않겠는가?" 하였다. 윤 사또가 듣고 기뻐하며, "이것이야말로 바로 내가 할 일이 아니겠는가." 하며, 이를 위해 녹봉을 털어 보조하여, 학전(學田)을 마련하고 서적을 비치하며 집과 방을 수리하여 말끔히 해 놓고 재(齋)의 이름을 흥학재(興學齋)라 하였다. 박지원이 듣고서 흥학재의 이름에 속으로 느낀 바 있어 〈함양군 흥학재기(咸陽郡興學齋記)〉를 지어주며 벽에 걸어 두게 하였다.

박지원이 다스린 안의 관내에는 안의향교, 용문서원, 성천서원, 황암서원, 구연서원, 녹봉서재 등의 학교 시설이 있었는데 학교진흥책으로 무엇을 했는지 기록이 없다.

정유재란(1597, 선조 30) 때 순국한 당시 안음현감 존재 곽준은 같이 순국한 전 함양군수 대소헌 조종조와 함께 사액 황암서원에 제향되고 있었다. 그런데도 수백 년 동안 아전들이 자기들 집무실(戶長縣司)에서 곽준을 추모하는 제향을 따로 올리고 있었다. 박지원이 안의현감으로 부임한 첫 해 8월 18일에 처음 봤을 때는 황당한 일이었으나 아전들이 모여 경건히 제사지내는 것을 보고 감동하여 이듬해 이 글을 짓게 된 것이다.

박지원은 처음 제향 이야기를 들었을 때 조정에서는 그의 훌륭한 행적을 포상하는 은전을 여러 번 더해 주어 마침내 이조 판서로 관직을 추증하였고 '충렬(忠烈)'이라는 시호를 내렸으며, 정문(旌門)을 세우고 그 후손을 녹용(錄用)하였으니, 집안에 가묘(家廟)를 세우고 대대로 불천(不遷)의 제사를 모신다.

곽후는 현풍(玄風) 사람이다. 따라서 현풍에 있는 사원(祠院)은 '예연서원(禮淵書院)'으로 사액(賜額)되었고, 본현(本縣)에 있는 것은 '황암사(黃巖祠)'로 사액되었으니, 두 고을이 모두 제사를 올려 받들고 있다.

무릇 현사(縣司)라는 것은 구석지고 누추한 장소요, 아전들이 거처하는 곳이니, 현사에서 곽후를 사사로이 제사한다는 것 자체가 이미 그분에 대한 모독이 아니겠는가라고 여겼었다.

그러나 다른 고을의 부군당 제사처럼 외잡스럽지 않고 경건히 정성껏 지내는 것을 보고 격려의 글을 지어주게 된 것이다. 시골 아전들의 처사를 못 마땅하게 여긴 국제신사, 국가적 거물 박지원도 안의 아전들의 행위에 감동한 것도 있어 지은 글이 〈안의현(安義縣) 현사(縣司)에서 곽후(郭侯)를 제사한 기(記) 安義縣縣司祀郭侯記〉이다.

박지원이 안의현감일 때 거창현감은 유한기이고 함양군수는 윤고아석이었다. 그들의 부탁으로 많은 기문을 지어주었다. 兪漢紀는 1790년(정조14, 경술)에 부임하여 1793년(정조17, 계축) 6월에 아전들의 농간을 바로잡지 못한 죄로 파직되었다.

거창(居昌) 관청 소재지의 왼쪽 영계(瀯溪)라는 시냇가에 신씨(愼氏) 성을 가진 다섯 사람을 나란히 제사 드리는 곳이 있는데,—경충사(景忠祠)—모두 추증된 벼슬이 좌랑(佐郞)이고 이름은 석현(錫顯), 극종(克終), 덕현(德顯), 치근(致勤), 광세(光世)이다. 이 다섯 사람은 그 고을의 아전으로서 충의의 공적이 국사(國史)에 드러나고 읍지(邑誌)에 기록되어 있다.

영조(英祖) 4년 무신년(1728)에 정희량의 난이 크게 일어나자, 당시 거창현감은 인끈을 버리고 달아나 초야에 숨어 버렸다. 이 향리 5인이 역적의 흉봉(凶鋒)을 꺾어 역적들이 우치령(牛峙嶺)을 넘어 충청도를 유린하고 북으로 향하지 못하게 한 공이 있다.

정조 즉위 12년(1788)에 무신년이 다시 돌아와 선왕 때 반란을 평정한 업적을 추억하고 당시 적의 내습을 격퇴한 공적을 위대하게 여기어 표충윤음(表忠綸音)을 선포하고 정려(旌閭)와 포상(褒賞)의 은전이 먼 고을 서민의 집에까지 미쳤다.

박지원이 안의현감으로 매양 오신사(五愼祠)를 지나게 되면, 감회가 깊어 서성거리며 선뜻 떠나지 못하였다. 거창현령 유한기(兪漢紀)가 기를 부탁하기에 마침내 그 느낀 바를 써준 것이 〈거창현 오신사기(居昌縣五愼祠記)〉이다. 오신사는 창충사(彰忠祠)로 개칭되었는데 대원군 때 훼철되었다가 복원되었다. 경내에는 강재(剛齋) 송치규(宋穉圭) 1759(영조 35)~1838(헌종 4)가 1837년(헌종 3)에 지은 글로 1897년(광무 1)에 세운 창충사 사적비, 면우 곽종석(郭鍾錫, 1846~1919)이 지은 글로 1917년에 세운 오충비(五忠碑)가 있다.

5. 안의현감 재임 세 해 갑인(1794, 정조 18)

함양군(咸陽郡)의 관청 소재지에서 동쪽으로 백 걸음쯤 떨어져 성벽 가에 몇 칸짜리 누각이 하나 있는데, 세월이 오래됨에 따라 퇴락되어 서까래가 삭아 부러지고 단청은 새까맣게 되었다. 정조 18년 갑인년(1794)에 군수인 윤광석(尹光碩)이 개연히 녹봉을 털어서 대대적인 수리 공사를 일으켜 누각의 옛 모습을 모조리 복구하고 옛 이름을 그대로 써서 '학사루(學士樓)'라 하였다. 그리고 박지원에게 부탁하여 글을 엮어 사실을 기록하게 하였다. 〈함양군 학사루기(咸陽郡學士樓記)〉이다.

함양은 신라 시대에 천령군(天嶺郡)으로 불렸다. 문창후(文昌侯) 최치원(崔致遠)은 자가 고운(孤雲)으로 일찍이 천령의 수령이 되어 이 누각을 만들어 놓았으니, 이미 천 년이 지난 것이다. 천령의 백성들은 문창후가 끼친 은혜를 생각하여 지금도 그 누각을 학사루라 부르고 있으니, 이는 그가 이곳을 거쳐 갔음을 들어서 기념한 것이다.

함양군과 이웃 고을인 안의현은 겸관(兼官, 유고시 직무 대행)이기도 하여 자주 왕래하며 친하게 지냈는데 안의현감 박지원은 노론, 함양군수 윤광석은 소론에도 불구하고 같은 관심 사항에 대해 글도 지어주고 일도 도와주고 하였다. 그러나 윤광석이 자기 조상 후촌(後村) 윤전(尹烇) 1575년(선조 8)~1636년(인조 14)의 문집 『후촌집(윤충헌공실기)』을 간행함에 얽혀 절교하고 말았다. 다음해 사건이 터져 보낸 〈함양 군수(咸陽郡守)에게 답함 答咸陽郡守書〉에 자세하다.

9월 15일에 박지원은 차사원(差使員) 안의현감 신분으로 창덕궁성정각(昌德宮誠正閣)에 입시하여 정조와 고을 상황에 대해 문답하였다. 안의 12면이 풍년이라고 할 정도로 작황이 좋고 별문제 없다고 보고하였다. 이렇게 수령이 일로 자리를 비우면 직무 대행해주는 것이 겸관이다. 함양 군수 윤광석이 겸관으로 안의현감 업무를 대신 봐주었을 것이다.

박지원의 선조 야천(冶川) 선생 증(贈) 영의정(領議政) 문강공(文康公) 박소(朴紹) 1493년(성종 24)~1534년(중종 29)의 묘소가 합천의 화양동[지금의 묘산면(妙山面) 화양리(華陽里)]에 있으니 관청 소재지와 남쪽으로 40리 거리이다. 제전(祭田)은 사라져 상민들의 토지가 되어 버렸고 묘지기도 가난하고 단출하여 애초부터 이른바 병사(丙舍, 재실)라는 것이 없었다. 합천군수 이의일(李義逸)이 성묘차 산소에 와서 여기저기 둘러보고 탄식하며, 내가 외후손으로 이곳의 수령이 되었으니 어찌 감히 묘에 관한 일에 힘을 다하지 않겠는가고 하고, 선생의 8대손인 안의 현감(安義縣監) 박지원에게 찾아와 제전을 되돌려 받을 방책을 의논했다. 이에 박지원이 감사를 표하며, 사들일 성금을 모금하였다.

박지원 종제(從弟) 선산 부사(善山府使) 수원(綏源), 족제(族弟) 문경 현감(聞慶縣監) 이원(彝源), 족질(族姪) 진주 목사(晉州牧使) 종후(宗厚)와 영덕 현령(盈德縣令) 종경(宗敬)에게 서한을 띄워, 합천군수 이희일의 의리를 칭송함으로써 그들에게 부끄러운 마음이 들게 하니, 이에 다투어 봉급을 떼어 도왔다. 대구 판관(大邱判官) 이단형(李端亨)이 이 소문을 듣고, 외후손이라며 성금을 내었고, 당시 감영(監營)에 있던 7대손 사회(師誨)와 족제 임천 군수(林川郡守) 지원(知源)도 역시 각각 돈꾸러미를 내놓으니, 전후로 모인 돈이 모두 합쳐 330냥이었다. 제전을 다시 사들이고 병사(丙舍, 재실)을 건축하였다. 그 기문이 〈합천 화양동 병사기(陜川華陽洞丙舍記)〉이다.

경상도는 충청도의 이인좌의 반란에 동조하여 정희량이 반란을 일으켰다. 무신란(1728, 영조 4년)이다. 정희량이 이인좌의 아우 이웅보(李熊輔)와 함께 거창을 핍박하자 거창 현감 신정모(申正模)가 가족을 데리고 도망침에 따라 거창의 좌수(座首)로 있던 이술원(李述原,1679~1728)이 그를 대신하여 반란군에 대항하였으나 곧바로 체포되어 정희량에게 죽음을 당하였다. 그 후 아들 이우방(李遇芳)이 우영장(右營將) 휘하에 종군하여 거창에서 반란군 토벌에 참여하였고, 아버지의 원수를 갚기 위해 체포된 정희량의 목을 직접 베었다. 반란이 진압된 후 영조는 어사 이종성(李宗城)을 보내어 제사를 지내주게 하였으며 사헌부 대사헌(司憲府大司憲)을 증직하고 관찰사에 명하여 사당을 짓게 하고는 포충사(褒忠祠)로 사액을 내렸다. 1874년(고종 11) 충강(忠剛)이란 시호가 내렸다.

정조 즉위 12년 무신년(1788) 3월 초하루에 무신년 주갑을 맞아 이술원의 포충사에 친제 사제문을 내려 사제하고 후손을 녹용하게 하였다. 이술원의 손자 이지순(李之淳)이 1794년(정조 18) 6월 20일에 청산현감(青山縣監)에 임명되었다.

박지원은 이술원 공의 손자인 당시 청산 현감(青山縣監) 이지한(李之漢)의 부탁으로 정려를 고쳐 세운 시말을 그 뒷면에 기록해 주었다. 〈충신증(贈) 대사헌 이공 술원(李公述原) 정려음기(旌閭陰記) 忠臣贈大司憲李公述原旌閭陰記〉이다.

박지원은 청산현감 李之漢이라고 하였고, 『일성록』과 『승정원일기』에는 청산현감 李之淳이라고 하였다. 『승정원일기』에 정조임금이 친히 이지한에게 질문하니 이지한이 이술원의 증손자로서 이지순과는 사촌간이라고 하였다. 박지원이 이지순을 손자라고만 한 것도 틀리고 증손자라고 해야 정확하다. 같은 현감인 이지순이 박지원에게 기문을 청탁한 것으로 추정한다.

경상남도 문화재자료 제57호 포충사(褒忠祠) 경내에는 성담(性潭) 송환기(宋煥箕) 1728년(영조 4)~1807년(순조 7)가 비문을 짓고 강재(剛齋) 송치규(宋穉圭) 1759(영조 35)~1838(헌종 4)가 글시 써서 1807년(순조 8)에 세운 포충사묘정비(褒忠祠廟庭碑)가 있다.

거창에는 무신란 충신 이술원의 포충사, 이술원과 같은 좌수 충신 신명익(愼溟翊) 1676년(숙종 2)~1728년(영조 4)의 경충사, 신석현 등 오신(五愼), 오충(五忠)의 창충사가 있다. 함양에는 일두 정여창의 후손으로 무신란 충신 정희운(鄭熙運,1678~1745)과 팔헌(八獻)을 비롯한 9인의 구충각(九忠閣), 고은 이지활의 후손으로 무신란에 의병을 일으킨 이숙, 이진, 이한필을 기리는 삼의각(三義閣)이 있다.

표충윤음(表忠綸音)에 기록된 함양 증정 박춘봉, 고 사인 정지교・임여방, 안의 고 사인 이성택, 고 호군 전근, 고 사인 전우석・하윤택・하룡서・김재경 등과 진양하씨 하옥 등 5인, 단양우씨 우홍선 등 6인, 합천이씨 이엄 등 4인이 있지만 무신란 충신을 위한 사당은 한 곳도 없는 것이 미흡하다.

6. 안의현감 재임 네 해 을묘(1795, 정조 19)

함양군수 윤광석(尹光碩)이 간행한 『윤충헌공실기 尹忠憲公實紀』로 인한 연암(燕巖) 박지원(朴趾源)의 절교 사건이 〈함양 군수(咸陽郡守) 윤광석(尹光碩)에게 보냄 與尹咸陽光碩書〉에 자세하다.

박지원의 『연암집(燕巖集)』에 「여윤함양광석서 與尹咸陽光碩書」가 있는데 이는 윤광석에게 절교를 선언하는 편지이다. 박지원은 정조 16년(1792)에 안음현감으로 부임한 뒤 그 2년 전(1790, 정조14)에 함양군수로 와 있던 윤광석과 이웃 고을 수령으로서 친하게 지내었다.

함양(咸陽)과 안의는 본래 정해진 겸관(兼官, 유고시 직무 대행)이어서, 4년 동안 서로 이웃이 되어 피차의 한계를 두지 아니하고, 한 달에 세 번 옥사(獄事)를 동추(同推)하는 모임이나 이웃 고을 원님들과 틈을 내어 만난 자리에서 흡족히 담소를 나누어 흉금의 간격이 없었다.

그런데 윤광석이 이임(1795, 정조19)에 임하여 서둘러 자기 조상 후촌(後

村) 충헌공(忠憲公) 윤전(尹烇; 1575~1636)의 실기 곧 『윤충헌공실기 尹忠憲公實紀』 일명 『후촌집 後村集』을 간행함으로써 그 내용에 박지원의 조상인 기재(寄齋) 금계군(錦溪君) 박동량(朴東亮; 1569~1635)이 윤전의 요직 진출을 방해했다고 나쁘게 묘사한 글로 인하여 관계가 악화되고 말았다.

그 연보의 인조대왕 원년(熹宗天啓三年癸亥) 경기도사 임명조 기사에, 박동량이 계축옥사의 빌미를 제공한 일을 윤전이 비판한 것으로 인해 그 당파를 사주하여 윤전이 대간이 못 되게 하고 외직으로 나가게 했다는 것이다.

박지원과 윤광석이 죄수 심문 일로 인하여 모였다가 헤어질 때 윤광석이 『후촌집 後村集』의 원고를 내주며 교열을 부탁하였는데 박지원은 원고의 교정 상태가 어지러워 대충 보고 말았는데 이것이 화근이었다. 자기 조상 이야기가 있는 것을 간과하였으니 윤광석 측에선 묵인한 것으로 오해하고 문제가 없다고 파악하고 일을 성사시킨 것이다.

뒤늦게 박지원 문중에서 내용을 보고 박지원을 힐난하니 박지원은 졸지에 조상을 욕보이는 일에 동참한 패륜아가 된 것이었다. 박지원은 이 책을 함양의 학사루에서 간행할 때 안음의 각수승(刻手僧)을 보내어 지원하였고 그 현장을 방문하여 격려한 입장이었으니 황당할 수밖에 없었을 것이다.

정조 16년(1792)에 윤광석이 함양군 서계(西溪)에 흥학재(興學齋)를 세우자 그 기문을 지어주었으니 『연암집』에 있는 「함양군흥학재기」이다. 정조 17년(1793)에 안음의 여인으로 함양의 임술증(林述曾)에게 시집간 밀양박씨가 남편을 따라 순절하자 박지원은 「열녀함양박씨전」을 지었고 윤광석과 산청현감 이면제(李勉齊) 등도 열녀전을 지었다. 정조 18년(1794)에 윤광석이 학사루가 퇴락하자 자기 봉급을 털어 크게 중수한 뒤 박지원에게 부탁하여 기문을 짓게 하였으니 그것이 「함양군학사루기」이다.

정조 19년(1795)에 윤광석이 『윤충헌공실기 尹忠憲公實紀』를 간행함에 미쳐 박지원을 연루시킴으로써 둘은 절교에 이르고 만 것이다. 인간관계는 혈연, 지연, 학연 등으로 얽혀 있으니 이것을 초월하기는 어려운 일임을 박지원의 절교 사건에서 실감할 수 있다. 『윤충헌공실기 尹忠憲公實紀』는 3권 1책으로 그 책판이 함양의 백연서원(栢淵書院 최치원과 김종직 향사)에 간직되어 있었는데 서원이 훼철된 뒤 행방을 알 수 없다.

박지원은 안의 수령이 되자 제일 먼저 고을의 문헌을 찾아보았다. 속천(涑川) 우여무(禹汝楙 : 1591~1657)가 홍범에 조예가 깊어 〈홍범우익(洪範羽翼)〉 42편과 〈홍범연의(洪範衍義)〉 8편을 지었다 하므로, 급히 가져다 읽어 보니 정연하게 구분하고 조리 있게 분류하였다. 이 책들은 크게 말하면 나라를 다스리는 이가 반드시 가져다 보아야 할 내용이요, 작게 말하면 경서 공부하는 서생이 과거 답안 작성 연습 때 반드시 참고로 삼아야 할 내용이다.

정조대왕이 오랫동안 백성들을 교화하여 숨은 이를 찾아내고 묻힌 이를 드러내어 등용하고 있으니 이 책이 빛을 볼 날이 있을 줄 알고, 우선 이 서문을 써놓음으로써 임금의 사신이 내려와 수집해 가기를 기다린다고 하였다. 1795년(정조 19) 2월에 쓴 〈홍범우익서(洪範羽翼序)〉이다.

우공의 휘는 여무(汝楙)요, 단양인(丹陽人)이다. 인조(仁祖) 갑술년(1634, 인조 12)에 문과에 합격하여, 벼슬이 하동 현감(河東縣監)에 이르렀다. 일찍이 황극(皇極)의 본지를 부연하여 조정에 상소하였던 바 임금이 특별히 비답을 내리시어 '격언이자 지당한 언론이다.' 라고 칭찬했다 한다.

9월 19일에 경상도 관찰사 겸 순찰사 이태영(李泰永) 1744년(영조 20)~1803년?(순조 3?) 이 관하를 순시하다가 가야산(伽倻山)으로 접어들어 해인사(海印寺)에 묵게 되었다. 선산 부사(善山府使) 이채(李采), 거창 현령(居昌縣令) 김유(金鍒) 및 박지원이 마중하기 위하여 절 아래 모이니 모두

가 이태영의 한동네 친구였다.

차례로 나아가 뵈자 이태영은 각각 소관 고을 농사의 풍흉과 백성의 질고를 묻고 나서 일어나 관복을 평복으로 갈아입었다. 이후 풍악 잔치가 벌어졌다.

9월 20일에 이태영이 운을 정해 율시 두 수씩을 각기 짓게 하고 박지원에게 이에 대한 서문을 지으라 명하므로, 박지원은 이태영에게 남명 조식과 동주 성제원이 해인사에서 모인 이야기를 들려주고 〈해인사(海印寺)에서 창수(唱酬)한 시의 서문 海印寺唱酬詩序〉를 지었다.

예전에 조남명(曺南冥)이 지리산으로 돌아가는 길에 보은(報恩)에 있는 성대곡(成大谷)을 방문하였다. 이때 그 고을 원이던 성동주(成東洲)가 자리를 함께하였는데 남명과는 초면이었다. 남명이 그를 놀리며

"형은 내구관(耐久官)이시군요."

하였다. 이에 동주는 대곡을 가리키며 웃으면서 사과하기를,

"바로 이 늙은이가 붙들어서 그렇게 되었지요. 비록 그렇긴 하나 금년 팔월 보름에는 해인사에서 달이 뜨기를 기다릴 테니 형은 오실 수 있겠소?"

하였다. 남명은 그러마고 하였다. 기약한 날이 되자 남명은 소를 타고 약속한 대로 가다가 중도에 큰비를 만나 간신히 앞개울을 건너 절 문에 들어서니 동주는 벌써 누각에 올라 막 도롱이를 벗고 있었다.

남명은 처사였고 동주는 이때 이미 관직을 떠난 처지였으나 밤새도록 이야기한 것이 민생 문제를 떠나지 않았다. 그래서 그 절의 중들은 지금까지도 이 일을 서로 전해 산중의 고사(故事)가 되었다.

박지원이 중국식 적벽돌로 지은 안의 관아 건물 백척오동각(百尺梧桐閣)의 남헌(南軒)이 공작관(孔雀館)이고, 남으로 수 십 걸음 채 안 가서 꼭대

기에 호로(胡盧)를 얹고 맞서 있는 것이 하풍죽로당(荷風竹露堂)이다. 북녘 담을 뚫고 도랑을 끌어다 북지(北池)에 들이고, 북지가 넘쳐 그 물이 앞을 지날 땐 곡수(曲水)가 되니, 연잎을 따서 술잔을 실어 띄워 흐르게 하였다. 이것이 바로 유상곡수의 풍류 현장이고, 공작관이 집은 같아도 주위 환경이 달라지고, 자리를 옮기면 전망이 달라지던 풍경이었다.

박지원이 열하에서 돌아온 뒤 5년이 지나, 중국에 다녀온 사람이 '공작관(孔雀館)'이란 세 글자를 얻어 왔는데 전당(錢塘) 사람 조설범(趙雪帆)이 쓴 것이었다. 조설범과는 한 번도 본 적이 없었지만 아마 다른 사람에게서 소문을 듣고 만 리 밖에서 성의를 담아 보내온 것이었다. 관(館)이란 사실(私室)에 붙이는 이름이 아니요, 조그마한 서실도 없으니, 도대체 어디다 그것을 걸겠는가 고민하다가 다행히 임금의 은혜로 명승지의 수령이 되어 아름다운 자연 속에서 지낸 지 4년 동안에 관아로 집을 삼게 되었다. 헌 책을 담은 헤진 상자에서 장마 끝에 책을 말리다가 우연히 이 필적을 발견했다. 공작은 다시 볼 수 없으나 옛 꿈을 되새겨 보니, 숙연(宿緣)이 여기에 있었던 것이나 아닌지 어찌 알겠는가 하며. 드디어 새겨서 앞기둥에 걸고, 아울러 〈공작관기(孔雀館記)〉를 지어 걸었다.

7. 안의현감 이임한 해 병진(1796, 정조 20)

언제나 어디서나 일을 하면 일은 하지 않고 구경만 한 사람이 말이 많다. 동서고금의 법칙인 모양이다. 박지원이 합천 화양동에 있는 선조 야천 박소의 묘지 지킴을 위하여 성금을 모아 제전을 다시 사들이고 병사를 지었는데 엉뚱한 시비가 일었다. 거짓을 지어내어 헐뜯으니 모함에 가깝다. 그런 부류는 언제나 어디에나 있다. 해명 서간이 〈족형(族兄) 윤원(胤源)씨에게 답함 答族兄 胤源 氏書〉이다. 요약하면 다음과 같다.

"보내신 편지에서 '화양동(華陽洞) 선묘(先墓)에 축관(祝官)을 썼다.'는 일은 아마도 아뢴 사람이 잘못 말한 것일 터입니다.

제전(祭田)을 되돌려 받은 것이 계축년(1793) 겨울이고, 그 이듬해인 갑인년(1794)에 종중(宗中)으로부터 비로소 의논이 정해져서, 본군(本郡 합천군)의 질청(秩廳)에 맡겨 해마다 한식(寒食)에 한 번 묘제(墓祭)를 지내게 했던 것입니다.

지난해(1795)의 다음 해는 바로 금년 병진년(1796)이라 호장의 행사는 의당 금년부터 비롯될 터인데, 한식(양력 4월)이 다가오지 않아 제사는 아직 멀었으니, 보내신 편지 가운데 '축관으로 호장의 이름을 썼다'는 것은 과연 누가 보고 누가 전했는지 모를 일입니다. 축관을 쓰는 것이 타당하냐 부당하냐는 고사하고, 3년 동안에 호장이 본시 한 번도 제사를 지낸 적이 없었으니 아무리 축관을 쓰고 싶은들 어디다 썼겠습니까?"

去年之明年。卽今歲丙辰也。戶長行事。當自今年始。而冷節未屆。享事尙遠。來書中祝用戶長名者。果未知孰見而孰傳之也。用祝當否。姑舍是。三年之間。戶長固未嘗一番行祀。雖欲用祝。安所施乎。

8. 결론

연암 박지원은 인생의 황금기에 안의현감으로 부임하여 득의의 시절을 보내었다. 개인의 영광만이 아니라 추위와 굶주림에 시달리는 백성들을 알뜰히 돌보고 보살피는 어진 정치를 펼쳤다. 꿈꾸던 세상을 작게나마 구현하고 유상곡수의 풍류도 즐기고 친한 친구, 낯선 이웃도 사귀고 조상치례도 하였다.

세계문화유산급 문화재도 남기었는데 왜정의 격변기에 다 사라지고 말아 안타깝다. 한국 최초 유일의 실학자 목민관이 지은 청나라식 적벽돌 관아 건축물 하풍죽로당, 백척오동각, 공작관, 연상각 등의 문화유산의 복원은 요원하니 서글프다.

박지원은 하풍죽로당 뜰에 산삼밭을 조성하고 산삼을 캐먹고 당뇨를 치료하였다. 지금 함양군이 2020산삼항노화엑스포를 역점 추진중이니 시기적으로 늦었지만 안의관아터에 산삼밭을 조성하여 연암 박지원의 불사약 산삼밭으로 포장, 선전한다면 흥미를 유발하고 〈산삼의 메카 함양〉 홍보에 보탬이 될 것이다.

연암 박지원 〈어떤 이에게 보냄, 與人〉(流觴曲水 主청장)

“진(秦) 나라 때 방사(方士)의 말에 삼신산(三神山)에 불사약이 있다고 하였으니 이것이 바로 후세의 인삼입니다. 한 줄기에 가장귀가 셋이고, 그 열매는 화제주(火齊珠 보석의 일종)와 같고 그 형상은 동자(童子)와 같은데, 옛날에는 인삼이라는 이름이 없었기 때문에 불사약이라 일컬어, 오래 살기를 탐내는 어리석은 천자를 속여 현혹시킨 것이지요.

智異爲方丈。秦之方士所言三神山有不死藥。此乃後世之人蔘也。一莖三椏。其實如火齊。其形如童子。古無人蔘之名。故稱不死藥。以誑惑貪生之愚天子。

그런데 지금 내가 돈 수백 냥을 내어서 산에서 캐다가 뒤뜰에다 길렀는데, 얼마 안 가서 갑자기 망양(亡陽)을 앓게 되어 거의 다 캐 먹었답니다. 맛은 몹시 쓰디쓰고 향기가 오래 남으나, 기실은 노상 먹는 당귀나 죽순채(竹筍菜)만도 못하더군요. 그러나 이것을 석 냥쭝 먹고 나자 여러 달 동안 계속해서 목욕하듯 흐르던 식은땀을 능히 막아주었으니, 반드시 사람을 죽지 않게 만든다고는 못하겠지만, 역시 사람을 현혹하는 요상한 풀이 아니겠습니까.”

今吾出錢數百兩。採之於山。養之於後圃。未幾而忽病亡陽。採食幾盡。味殊清苦。香有遠韻。而其實不如常食之當歸竹筍菜。然而服此三兩而後。能塞數朔如沐之虛汗。未必能令人不死。而亦豈非惑人之妖草乎。

참고문헌

한국 고전종합 db, 한국문집총간, 연암집, 고전번역서, 승정원일기, 일성록

尹忠憲公實紀(표제 後村實紀), 3卷2册, 上, 下, 尹光碩 編, 1795刊, 국립중앙도서관장서

경암집, 경암응윤, 한국불교전서, 2004

함양문화재도록, 함양군, 1996

함양구경, 김윤승 역시집, 다운샘, 2009

거창금석문대관, 거창문화원, 2009

연암집 부록 과정록, 단국대 동양학연구원, 2012

함양 지역의 성재학파와 삼원당 허원식 고찰

강동욱

1.머리말

함양은 선비의 고장이다. 일찍이 '좌안동(左安東) 우함양(右咸陽)'이라 하여 안동과 비견하기도 하였다. 일찍이 문묘에 종사된 고운(孤雲) 최치원(崔致遠, 857~?)이 신라 진성여왕 때 함양태수로 부임하여 대관림을 조성하여 위천수의 홍수 피해를 막아 애민정신(愛民精神)을 실천한 유서 깊은 고장이기도 하다. 고려 때 원나라에서 정주학(程朱學)을 직접 배워 우리나라에 보급한 이재(彝齋) 백이정(白頤正)의 제자인 치암(恥菴) 박충좌(朴忠佐, 1287~1349)의 고향으로 일찍이 성리학의 학풍이 조성된 곳이다. 고려 충신 덕곡(德谷) 조승숙(趙承肅, 1357~1417) 등 수많은 선비들이 지리산 자락 함양 땅에 은둔하면서 학문을 닦았으며, 조선조에 들어와서는 점필재(佔畢齋) 김종직(金宗直, 1431~1492), 일두(一蠹) 정여창(鄭汝昌, 1450~1504), 뇌계(㵢溪) 유호인(俞好仁, 1445~1494), 탁영(濯纓) 김일손(金馹孫, 1464~1498) 등 우리나라 기라성 같은 유학자들이 함양의 학풍을 정립하였다.

뿐만 아니라 조선 중기 대표적 유학자인 남명 조식은 1563년 3월 함양의 남계서원을 방문해 일두 정여창의 사당에 배알하고 여러 제자들

그리고 함양의 선비들과 강학을 했다. 이처럼 함양은 선비의 고장으로 성리학의 학풍이 면면히 계승되어 왔는데, 1623년 인조반정(仁祖反正)과 1728년 무신정변(戊申政變) 등의 정치적 사건으로 인하여, 다른 지역에 비해 차별을 당해 학풍이 쇠퇴되고 선비 고장으로서의 면모가 조선 후기로 오면서 상당히 상실되었다.

19세기에 들어와서 함양을 비롯한 강우지역에서는 많은 학자가 배출되어 학문이 크게 진작되었다. 당시 강우지역의 학풍은 경상도 성주 출신의 학자 한주(寒洲) 이진상(李震相, 1818~1886)의 문하에서 면우(俛宇) 곽종석(郭鍾錫, 1846~1919) 등 빼어난 학자가 많이 배출되었고, 경기도 포천 출신의 학자 성재(性齋) 허전(許傳, 1797~1886)이 김해부사로 부임하여 만성(晩醒) 박치복(朴致馥, 1824~1894), 삼원당(三元堂) 허원식(許元栻, 1828~1892) 등 많은 제자를 양성하였고, 노백헌(老柏軒) 정재규(鄭載圭, 1843~1911) 등 전라도 장성 출신인 노사(蘆沙) 기정진(奇正鎭, 1798~1879)의 학통을 전수받는 제자들이 함양을 비롯한 강우지역에서 나왔다.

함양에서는 성재의 문인인 삼원당(三元堂) 허원식(許元栻)을 비롯하여, 매산(梅山) 홍직필(洪直弼, 1776~1852)의 문인인 부계(扶溪) 전병순(田秉淳,1816~1890), 간재(艮齋) 전우(田愚, 1841~1922)의 문인인 여암(厲菴) 정도현(鄭道鉉, 1895~1977) 등 많은 학자들이 배출되었다.

본 글은 이런 점을 염두에 두고 19세기 함양지역의 성재학파의 동향을 살펴보고, 성재의 대표적 문인인 삼원당 허원식에 대해 살펴보고자 한다.

2. 함양의 학풍과 19세기 함양 학자들

함양 출신으로 조선 중기 명종과 선조 연간에 주로 활약한 문신으로,

30여 년 동안 청현(淸顯)의 관직을 두루 역임하며 청백리로 선정된 옥계(玉溪) 노진(盧禛, 1518~1578)은 "우리 고장은 예부터 문헌이 성하여 아이들도 글자를 알았네(吾鄕自古盛文獻 生兒往往能識字)"라고 하였으며 또 "백리의 마을에는 예속이 있고 집집마다 자식을 가르쳐 시서를 읽는다네(百里桑麻存禮俗 家家教子讀詩書)"라고 하였다.

조선 중기 이전에 문헌이 성하여 예속이 있고, 집집마다 시서를 읽었던 함양의 풍속은 곧 오늘날 함양이 선비의 고장으로서 명성을 얻을 수 있었던 토대가 될 수 있었다.

함양의 학문적 토대는 고려 때 지리산 자락에 은거하며 학문을 수양했던 선비들에 의해 확고하게 정립되었다. 고려 조정에서 대사헌은 지낸 유환(劉懽, 1337~1409)은 금원산 아래에 은거를 했고, 예부상서를 지낸 박덕상(朴德祥)은 안의 황곡에 은거를 했으며, 김현(金峴)은 안의 금천에 은거했고, 박흥택은 함양 백전에 은거를 하면서 불사이군의 선비정신을 지켰다.

함양의 대표적 두문동 출신 선비는 덕곡(德谷) 조승숙(趙承肅)이다. 포은(圃隱) 정몽주(鄭夢周)의 문인으로 이색(李穡) · 길재(吉再) 등과 도의로 친교를 맺고 성리학을 강론하였으며, 특히 길재와 함께 수창(酬唱)한 시는 유명하다. 두문동 72현 중의 한 사람이며, 성종은 그의 높은 절의를 추모하여 유호인(兪好仁)으로 하여금 제문을 지어 제사지내게 하였다. 조선이 개국하자 벼슬을 버리고 고향인 함양으로 돌아가 교수정(教授亭)을 짓고 두문불출하면서 후진 양성에 전념하여 많은 영재를 배출시켰다.

조선 초기 함양의 학풍을 주도한 인물은 점필재 김종직이다. 김종직은 영남 사림파의 영수이다. 관직에 있으면서도 제자들을 모아 가르쳐 문인들을 많이 배출했는데 특히 함양에서 5년 동안 많은 문인을 양성하였

1 盧禛, 『玉溪先生續集』, 권1.

으니 유호인, 표연말(表沿抹), 정여창, 조위 등이 대표적이다.

일두 정여창은 고운 최치원과 함께 문묘에 배향되어 있다. 일두의 본관은 하동이며, 이름은 여창(汝昌)이고, 자(字)는 백욱(伯勖)이요, 호는 일두 또는 수옹(睡翁)이라 하였다. 정육을(鄭六乙)과 어머니 경주 최씨의 장남으로 태어났다. 일찍이 그의 증조부인 정지의(鄭之義) 때 고려의 수도인 개성에서 지금의 함양으로 옮겨왔다. 함양으로 이주하게 하게 된 동기에는 증조부의 꿈에 선대 할아버지가 나타나 '지리산 동북향으로 자리를 옮겨라, 그러면 너의 자손이 번성하고 집안이 크게 떨칠 것이니라.'고 한 내력이 전한다. 이 꿈에 따라 지리산 동북향을 찾으니 그곳이 바로 지금의 함양이고, 함양의 중앙지가 지곡면, 지곡의 중앙지가 개평이었으므로 자리를 잡게 된 것이다.

일두는 무오사화에 연루돼 함경도 종성으로 유배되었다. 유배된 지 7년째인 1504년, 55세의 나이로 유배지에서 숨을 거두었다. 제자들이 2개월에 걸려 운구하여, 수동면 우명리 남계서원 뒷산인 승안사지 인근 명당에 모셨다. 이후 갑자사화 때 부관참시를 당하는 고통을 겪기도 하였으며, 중종 때 우의정에 추증되고 문헌(文獻)이라 시호를 받고 문묘에 배향되었다.

남계서원은 1552년(명종 7)에 지방 유림들이 함께 뜻을 모아 일두의 학문과 덕행을 추모하기 위해 창건하여 위패를 모셨다. 1566년(명종21)에 '남계'라는 서원 이름을 조정으로부터 받아 사액서원으로 승격 되었으나, 1597년(선조 30) 정유재란으로 소실되었다. 1603년에 나촌(羅村)으로 옮겨 복원하였다가 1612년 옛 터인 현재의 위치에 중건하였다. 그 뒤 숙종 때 강익(姜翼)과 정온(鄭蘊)을 추가 배향하였으며, 별사에 유호인(兪好仁)과 정홍서(鄭弘緖)를 배향하였다가 1868년에 별사를 훼철하였다.

조선중기 강우학풍을 주도해 온 남명은 일두 정여창의 학덕을 흠모하였다. 남명이 1557년 두류산 유람을 하다가 일두 선생이 만년에 거처했던 하동군 화개면 덕은리(현재 지명)를 지나면서 “선생은 바로 천령(함양) 출신의 유종이다. 학문이 깊고 독실하여 우리나라 도학에 실마리를 이어주신 분이다. 처자를 이끌고 산으로 들어갔으나 나중에 내한을 거쳐 안음현감으로 나아갔다가 교동주(연산군)에게 죽임을 당하였다(有鄭先生汝昌故居 先生乃天嶺之儒宗也 學問淵篤 吾道有緒 挈妻子入山 由內翰出守安陰縣 爲喬桐主所殺)”라고 했다.

조선전기 사림파의 영수인 점필재 김종직은 1471년 함양군수로 부임해 5년 동안 재지하면서 함양의 풍속을 바로잡고 학풍을 진작시켰다. 점필재 문인인 뇌계 유호인은 1445년(세종 27) 함양에서 태어나 1474년(성종 5) 식년문과에 합격해 1478년 사가독서를 했으며, 1480년 거창현감이 되었다. 이어 공조좌랑 · 검토관을 거쳐, 1487년 노사신 등이 찬진한 『동국여지승람』 50권을 다시 정리해 53권으로 만드는 데 참여했다. 그 뒤 홍문관교리로 있다가 1488년 의성현령으로 나갔으나, 백성의 괴로움은 돌보지 않고 시만 읊는다 하여 파면되었다. 1490년 「유호인시고(兪好仁詩藁)」를 편찬했다. 1494년 장령을 거쳐 합천군수로 나갔다가 1개월도 안돼 병으로 세상을 떠났다. 시 · 문장 · 글씨에 뛰어나 당대의 3절로 불렸다. 특히 성종의 총애가 지극했는데, 늙은 어머니를 봉양하기 위해 외관직을 청하여 나가게 되자 성종이 직접 시조를 읊어 헤어짐을 아쉬워했다.

점필재의 문인으로서 스승을 따라 함양에 왔던 조위(曺偉)는 1484년부터 1490년 까지 함양군수로 재직하였으며 유호인과는 쌍벽을 이룬 문인이며 절친한 사이였다. 시인으로 일찍부터 함양에 와서 공부하면서 스승인 점필재가 두류산을 유람할 때도 유호인과 같이 두류산 유람에 동행하며 시를 남겼다.

남계(藍溪) 표연말(表沿沫)은 약관의 나이에 문행(文行)이 세상에 알려지고 당대의 김굉필(金宏弼) · 정여창(鄭汝昌) 등과 함께 문장에 뛰어났다. 같은 문하의 조위(曺偉) · 김일손(金馹孫) 등과 깊은 교유관계를 가졌다.

1472년(성종 3) 식년문과에 병과로 급제하여 예문관에 들어가 예문관 여러 선생들이 관례로 신관(新官)들을 침포(侵暴)하여 금육(禁肉)과 여악(女樂)으로 주연(酒宴)을 베푼 사실이 성종에게 알려져 징계가 내렸는데, 그도 이 자리에 들었다가 파직되어 향리로 돌아가 지내게 되었다. 이후로 향회(鄕會)에서 금육을 차린 것을 보면 결코 성법(聖法)을 다시 어길 수 없다 하고 자리를 같이하지 않았다고 한다. 부모의 상을 주자의 『가례』에 따라 치른 일로써, 스승인 선산부사 김종직의 추천을 받아 자급(資級)이 하나 높여졌다. 1485년 사의(司議)로서 『동국통감』 찬수에 참여하였다. 1492년에는 대제학을 역임하였다. 그 뒤 『성종실록』 편찬에 참여하였고, 무오사화 때 경원으로 유배가던 중 객사하였다. 1504년(연산군 10) 갑자사화 때 부관참시(剖棺斬屍)당하였다. 1507년(중종 2)에 신원(伸寃: 억울하게 입은 죄를 풀어줌.)되어 함양의 남계서원(藍溪書院), 함창의 임호서원(臨湖書院)에 제향되었다. 1517년 이조판서에 추증되었다.

김일손(金馹孫)은 청도사람이지만 큰형 김준손(金駿孫)이 1490년부터 1495년까지 함양군수로 재직하면서 어머니를 모시고 있었다. 김일손은 어머니를 뵙기 위해서 뿐만 아니라 가깝게 지내던 벗 정여창을 만나기 위해 함양에 자주 왔다. 그리고 함양에 머물며 공부를 하였으며 정여창은 김일손에게 땅을 주어 김일손이 1495년 청계정사(靑溪精舍)를 지어 학문에 정진할 수 있도록 했다. 그 후 청계정사는 무오사화로 인해 헐리게 되었지만 경상도 관찰사와 지방 선비들에 의해 1917년 청계정사가 복원되어 1921년 청계서원이라고 고쳐 불렀다. 현재 청계서원은 남계서원과 함께 함양의 대표적 유학 문화 자산으로 선비정신의 표상으로서 역할을 하고 있다.

점필재의 문인들은 성종 때에 중앙에서 많이 활약을 했는데, 특히 함양에서많은 문인들을 양성하여 유교의 이론적인 정치를 표방하고 도학정치(道學政治)를 실현시키고자 했다. 이 때문에 상대적으로 기성세력인 훈구파(勳舊派)와 심한 갈등이 생겨 마침내 사화나 당파싸움 연루돼 목숨을 잃고 문집까지소각되는 참화를 겪어야 했다.

1551년 남명 조식은 함양 화림동을 방문해 당시 함양의 대표적 선비들인 옥계 노진, 개암 강익 등과 빼어난 산수를 즐기며 자연을 읊조렸다. 옥계는 1518년(중종 13) 함양군 지곡면 개평에서 태어났다. 자는 자응(子膺)이고 문효(文孝)라는 시호를 받았다. 15세 때 당시 향리에서 글을 가르치던 당곡 정희보의 문하에서 수업을 하였다. 48세 때는 진주목사로 부임하여 당시 덕산에 살던 남명과 왕래하며 묻고 질정하기도 하였는데 남명과 옥계는 일찍부터 교유하며 학문을 강론하던 사이였다. 옥계는 자신을 수양하기 위해 '敬'을 공부의 요체로 삼았다. "나에게 있어 태만과 공손함이 성인이 되는가 광인이 되는 하는 판가름의 기준이 된다."라는 생각을 가지고 성인이 되기 위해서는 태만하게 살기보다 공손한 마음을 간직하고 살아가려는 의지를 나타내었다. 옥계는 30여 년간 이조 예조 병조 판서 등의 관직생활을 했는데 고을을 맡아 다스릴 때 직무를 신중히 이행하였고 계획을 시행할 때는 반드시 관대한 것을 근본으로 삼았으며 조그만 이익을 엿보고 이를 욕심내지 않았으며 자신의 치적을 뽐내지도 않았다고 한다. 또한 그는 당시의 가장 큰 병폐가 빈부의 격차와 토지겸병에 있다고 말하고 빈부의 차가 심하면 정치가 잘되지 않는다고 주장하여 균전제 시행을 역설하였다. 이는 당시 토지집중과 빈부격차의 심각성을 해결하려는 마음에서 비롯된 것으로 당시 지배층인 사대부 입장에서는 좀처럼 하기 힘든 말이다.

옥계가 세상을 떠난 후, 조정에선 그의 지극한 효성에 대해 정려를 내리지 못한 것을 안타깝게 여겼는데, 예조판서 이우직(李友直)이 아뢰기를 "세상을 떠난 이조판서 노진은 어버이를 섬기는데 있어 시종일관 정성스런 효로써 하여 고향사람들 뿐만 아니라 조정의 대소 관리들이 추모하지 않음이 없으니 특별히 정표를 내려 잘못된 풍속을 바로잡는 것이

어떠하겠습니까."라고 하니 임금이 즉시 정려를 내리라고 명하였다. 선조 14년 1581년이었다. 이후 1629년(인조 7) 3월에 이조정랑 김육을 보내어 시호를 '문효(文孝)'라 내렸는데 학문을 좋아한다는 뜻으로 '文'자를, 부모를 잘 모신다는 뜻으로 '孝'자를 내린 것이다.

개암 강익은 1523년(중종 18년) 함양 효우촌(孝友村)에서 태어났다. 본관은 진양으로 아버지는 승사랑(承仕郞) 근우(謹友)이며, 어머니 남원 양씨는 함양의 명현인 청백리 일노당(逸老堂) 양관(梁灌)의 손녀이다. 32세 때 남명선생을 찾아 배웠다. 이때 남명이 개암을 데리고 학문을 의논하다가 학자들이 끝까지 성공하는 이가 드물다는 말을 하면서 이르기를 "진정코 서로 믿어 의심할 만한 것이 없는 사람은 오직 자네뿐이네"라고 하면서 칭찬을 하였다는 기록이 「남명선생편년」에 전한다. 30세 때 점필재 김종직의 제자로 이 지역을 대표할 만한 유학자인 일두 정여창을 모실 서원 창립을 주도하였다. 당시 이 지역 선비들인 소고 박승임 사암 노관 ,매촌 정복현, 남계 임희무 등과 논의하여 일을 추진하였다. 하지만 서로 의견이 분분하여 일이 난관에 봉착하게 되자 개암이 마음을 가다듬고 일을 강행해 나가니 고을의 선비들이 쌀을 가져오고 이웃마을에서도 도우는 이가 많았다 한다. 이때 함양 군수도 이 일을 가상히 여겨 도와 먼저 강당을 건립하게 되었다. 강당 건립후 흉년이 들어 재정의 어려움으로 일이 중단되고 말았다. 37세 때 함양군수인 윤확(尹確)과 중단된 서원의 일을 논의하여 강당을 아름답게 꾸미고 담을 둘러싸고 창고와 부엌을 완비하고 사당을 강당의 동쪽 언덕에 지었다. 이로부터 2년 후 1561년 39세 때 서원의 일이 완전히 마무리 되고 문헌공 일두 정여창의 위패를 봉안하였다.

개암 강익 남계 임희무 등 함양의 선비들은 남계서원을 중심으로 함양의 학풍을 진작시켜 왔는데, 선조 재위 기간(1567~1608)을 지나 광해군이 즉위한 이후 내암 정인홍을 비롯한 남명학파가 정권의 주축으로 활동하다가, 1623년 인조반정이 일어나자 남명학파는 쇠퇴의 길을 걷게 되었다. 그런 일이 있은 뒤 다시 100여 년이 지난 1728년(영조 4) 3월 정권에서 배제된 소론과 남인의 과격파인 이인좌(李麟佐)가 주동이 되어 정희량(鄭希亮) 조성좌(曺聖佐)등이 일으킨 무신정변의 여파로 합천 거창 등 강우지역의 학풍이 침체될 때 점필재 일두 등 선현들이 조성한 함양의 학풍 역시 침체되었다.

19세기에 들어와 강우지역에서는 많은 학자가 배출되어 학문이 크게 진작되었다. 경상도 성주 출신의 학자 한주(寒洲) 이진상(李震相)의 문하에서 빼어난 학자가 많이 배출되었고, 경기도 포천 출신의 학자 성재(性齋) 허전(許傳)이 김해부사로 부임하여 많은 제자를 양성하였으며, 전라도 장성 출신인 노사(蘆沙) 기정진(奇正鎭)의 학통을 전수받는 제자가 이 강우지역에서 나왔다. 노사는 함양의 대표적 서원인 남계서원 중수기를 지었는데 "증점이 기수에서 목욕하고 바람을 쐰 후, 시를 읊으며 돌아오겠다고 한 것과 안연이 누추한 시골 거리에 살면서 도를 어기지 않음이 마치 어리석은 사람처럼 보였던 것은 그 규모나 기상이 비록 같지는 않지만 배우는 자들은 그 중 하나라도 없애거나 강론하지 않아서는 안 되는 것이 분명하다. 이 서원에 거경재와 집의재가 있는 것은 대체로 증자와 맹자의 뜻을 미루어 체용의 학문으로 삼고자 한 것이다. 이는 이른바 안자가 배운 바를 배우되, 시위를 당기기만 하고 풀어주지 않는다면 문왕과 무왕도 다스릴 수 없으니, 정신을 발산시키고 성정을 안정시켜 조양하는 한쪽 편의 일을 없앨 수 있겠는가." 라고 하여 함양의 학풍 진작을 바라는 마음을 담았다.

19세기에 강우지역에서 일어난 이러한 여러 학맥의 학문적 결속과 학문 활동은 그 뒤 20세기에 들어가 곽종석 등을 중심으로 한 강우학자들이 1919년 전국 유림을 최초로 통합하여 유림의 독립운동으로 결과를 맺게 하는데 크게 기여하기도 한다.

함양에서 성재의 문인인 삼원당(三元堂) 허원식(許元栻)을 비롯하여, 매산(梅山) 홍직필(洪直弼)의 문인인 부계(扶溪) 전병순(田秉淳), 간재(艮齋) 전우(田愚)의 문인인 여암(厲菴) 정도현(鄭道鉉) 등 많은 학자들이 배출되었다.

여암 정도현은 1895년(고종 32) 7월 22일 함양의 미천(薇川)에서 정재옥(鄭在沃)과 풍천(豊川) 노씨(盧氏) 사이에서 장남으로 태어났다. 본관은 하동(河東)으로 일두 정여창의 14세손이다. 여암은 7세부터 서당에 다니며 공부를 시작했는데, 처음 배운 것이 소학이었다.

24세(1918) 때 계화도에서 간재 전우를 만나 제자의 예를 올렸다. 간재가 한번보자 마자 인재로 인정하고 가르침이 되는 말을 써주며 이르기를 "예전에 주자가 연평 선생을 뵐 때가 24세였다. 지금 그대가 나를 찾아온 나이가 마침 그 나이이다. 나는 비록 연평과 같은 선생은 못되지만 그대는 장차 주자가 되도록 하라."[2]고 격려의 설을 지어 주었다.

여암은 20세 때까지 덕행을 지닌 지역 학자들과 교유하다가 계화도에서 간재를 스승으로 섬기면서부터 본격적인 학문의 길로 들어서게 되었다. 간재로부터 성리학을 전수받았고, 스승이 세상을 떠나자 그의 유언에 따라 성리학을 더욱 심화시켜 농암 김창협-도암 이재-미호 김원명-근재 박윤-매산 홍직필-고산 임헌희-간재 전우로 이어지는 우리나라 노론학맥을 계승하였다. 여암은 스승으로부터 전수받은 '심즉기(心卽氣)'의 학설을 견지하면서 성(性)을 높이고 심(心)을 낮추어야 한다는 '성존심비설(性尊心卑說)' 및 성(性)을 스승으로 받들고 심(心)은 제자로서 성(性)을 따라야 한다는 '성사심제설(性師心弟說)'을 충실히 계승했다.

부계(扶溪) 전병순(田秉淳)은 1816년 우락재(愚樂齋) 전석채(田錫采)와 밀양박씨 사이에서 함양 안의면 추천에서 태어났다. 타고난 총명함으로

2『厲菴集』附錄「行狀」: 戊午二月 奉親命 贄謁艮齋先生于華島 艮翁一見器重之書與訓辭 申之曰 昔朱子之贄延平 在二十四歲 今君之贄賤子 適其年 吾雖不爲延平 君則將爲朱子也 作說而贈之

글방에서 통감과 사기 등을 배웠는데 이를 모두 외웠다고 한다. 부친의 명으로 서울로 가서 당시 대학자인 매산(梅山) 홍직필(洪直弼, 1776~1852)에게 나가 10년간 수학을 하면서 동문인 고산(鼓山) 임헌회(任憲晦, 1811~1876) 등과 교유를 했다. 그는 1869년 덕유산의 부계에 스승인 매산의 명으로 정사를 짓고 서학이 물밀 듯이 들어오는 시대 조류에도 불구하고 유학의 경전과 예서를 학생들에게 가르쳤다.

부계는 스승 매산의 학문을 충실히 계승해 명덕(明德) 주기(主氣)의 입장을 견지하면서 명덕은 모든 이치를 갖추고 있으며 '만 가지 일에 응한다(具衆理應萬事者)'라고 하며 명덕을 마음의 체(體)와 용(用)으로 파악했다. 뿐만 아니라 성(性)에 갖추어진 이치를 성(性), 성이 모아진 기(器)를 심(心), 심성이 발한 곳을 정(情)이라 생각하고 '성즉리(性卽理) 심즉리(心卽理)'라는 입장을 견지하였다.

그는 당시 어지러운 시대를 살아가면서 선현들의 의리에 따라 처신을 하였다. 일찍이 공자가 말한 위태로운 나라에는 들어가지 않고 혼란한 나라에는 거(居)하지 않으며 천하에 도가 있거든 나아가 벼슬하고 도가 없으면 은둔한다는 처세관을 본받아 덕유산 자락에 은거하며 학문과 후진양성에 심혈을 기울였다.

3. 성재의 학문성향과 강우지역 강학 활동

성재 허전은 가학(家學)으로 공부를 전수(傳授)받다가 21세 때 부친의 도의지교(道義之交)인 하려(下廬) 황덕길(黃德吉, 1750~1827)의 문하에 나가 학문을 익혔다. 하려는 성호(星湖) 이익(李瀷, 1681~1763) 학통을 이은 순암(順菴) 안정복(安鼎福, 1712~1791)의 제자이다. 성재는 만 4세가 되지 않아 부친에게서 효경(孝經)을 배웠다. 이때 효경 공부는 성재에게 수학의 첫

걸음으로 삶의 디딤돌이 되었다고 할 수 있다. 훗날 성재가 지은 가장(家藏)의 효경(孝經) 후지(後識)에 "이 효경은 우리 증조고께서 내 부친께 명령하여 손수 책을 베껴 쓰게 하시어 나를 가르치게 한 것이다. 그 책 끝에 '신유하서(辛酉夏書)'라고 적혀 있는 것은 내가 만 4세가 되지 않는 나이였다. 내가 다행히 큰 잘못이 없었던 것은 실로 이 경전이 배움의 첫길이었기 때문이다. 이러므로 자손을 가르침에는 반드시 이 책을 먼저 읽히기로 영원히 가법(家法)으로 정한다."[3]라고 하여 효경을 전수받은 사실과 자손들에게 효경을 수학의 첫걸음으로 삼을 것을 가법으로 정한다는 내용을 기록해 놓았다.

6세 때에는 외조부 이중필(李重泌)에게 『소학』을 배웠다.[4] 8세 때 『대학』을 9세 때에 『시경』의 「주남」「소남」과 『주역』의 건곤(乾坤) 두 괘(卦)도 대략 익혔다.[5]

1814년(18세) 정월 성재는 아우 허주(許儔)와 함께 부친의 임소(任所)인 자인현(慈仁縣)으로 내려갔다. 거기서 부친의 명으로 현성산(賢聖山) 신림사(新林寺)에서 강학(講學)을 하고 있던 옥산(玉山)의 숙유(宿儒) 김효일(金孝日)을 좇아 산사에서 독서를 했다. 1817년 봄까지 3년가량 머물며 공부를 했다. 김효일은 그들을 보며 "유현의 집안에 사람이 있었구나."라고 칭찬을 아끼지 않았다고 한다.

1817년(21세) 봄에 집으로 돌아온 성재는 가을에 부친의 명에 따라 두호(斗湖)로 찾아가 하려 황덕길에게 배움을 청하였다. 하려는 일찍이 순암 안정복에게서 배웠으며 성호 이익을 사숙하고 퇴계 이황의 진수(眞

---

3 盧相稷, 『小訥先生文集』 卷47 「年譜」, 性齋先生年譜 : 按先生所撰 家藏孝經後識曰 此孝經者 我曾祖考 命我先考 手書以我教不肖者也 其卷末有曰 辛酉夏書 是不肖未四周時也 不肖之幸免大戾者 實賴此經爲先入之門耳 是以教子孫 必以是先之永作家法

4 盧相稷, 『小訥先生文集』 卷47 「年譜」, 性齋先生年譜 : 先生六歲 讀小學往來受讀于外祖李公

5 盧相稷, 『小訥先生文集』 卷47 「年譜」 性齋先生年譜 : 先生九歲 讀詩周南召南易乾坤二卦

髓)를 이어받아 두호에 은거하면서 성리설 등을 강구(講究)하고 있었다.

성재의 부친인 일천(一川) 허형(許珩)은 황덕길과 도의(道義)로 사귄 벗으로 허전 허주 두 아들에게 그를 찾아 배우게 했던 것이다. 하려는 성재에게 인륜과 일상사부터 순서대로 가르치며 엽등(獵等)하지 않도록 하였다. 그러면서 자신이 소학을 본받아 우리나라 선현들의 좋은 말과 아름다운 행실을 모아 편집한 「동현학칙(東賢學則)」을 가르치면서 "배우는 사람이 도를 구할 때는 반드시 그 가까운 것을 취하여 자상하게 할 것이다. 가까우면 오랫동안 익히게 되고 오랫동안 익히면 순하다. 순해지면 들어감이 빠르고 자세하면 밝아진다. 밝아지면 믿게 되고 믿게 되면 따르기가 쉬워진다."[6] 라고 하여 배움의 지향점으로 삼게 했다. 「동현학칙」을 가르치고 나서 퇴계의 「수어(粹語)」를 주며 "이것은 성호 선생이 산정(刪定)한 퇴도(退陶)의 언행록(言行錄)이니 근사록(近思錄)과 같은 것이다. 주자를 배우려거든 먼저 퇴계를 배워라 내가 터득한 바가 있어서니라"[7]라고 하였다.

하려는 성재로 하여금 자신의 수학 과정을 그대로 밟게 했다. 퇴계의 학맥이 한강 정구-미수 허목-성호 이익-순암 안정복을 거쳐 자신에게 전수되었고 또 이를 성재에게 전수하고자 하는 마음을 알 수 있다.

성재가 하려에게 더 배우기를 청하자, 하려는 「일성록」을 지어 보이면서 "언어를 줄이면 오직 강학과 논례를 반드시 절실히 하게 된다. 사람이나 손님으로 인한 한가로운 시간을 줄이면 오직 도학 있는 사람에게 나아가 바로잡게 되고 글로써 벗을 모으게 되어 반드시 친절하게 될 것이다. 오직 존심양성을 반드시 하게 되어 안으로 살펴 병들지 않을 것이

---

6 盧相稷, 『小訥先生文集』 卷47 「年譜」 性齋先生年譜: 始授東賢學則曰 學者 求道 必取其近而詳 近則習熟 習熟則順順則其入也速 詳則明 明則信 信則其從也易

7 盧相稷, 『小訥先生文集』 卷47 「年譜」 性齋先生年譜: 授李子粹語曰 此星湖先生所刪定 退陶言行 如近思錄者也 欲學朱子先學退陶 吾有所受之也

다. 문자를 줄이면 오직 좋은 말과 착한 행실을 반드시 외어 익히게 된다. 하는 일을 줄이면 도를 밝히고 의를 밝히는 일이 반드시 독실하게 행해지게 된다. 이것이 이른바 내심전일(內心專一)을 주장하는 공경이란 것이다"[8]라고 하며 일성록을 통해 강학(講學) 논례(論禮) 취정(就正) 회문(會文) 존심양성(存心養性) 내성불구(內省不疚) 등의 공부를 강조하며, 그 귀결점이 敬이란 점을 강조했다. 또 「독서차제도(讀書次第圖)」를 지어 보이며 "성현이 계셨기에 도가 성현에게 있었고 성현의 세상이 멀어지자 도만 성현의 책에 남아 있는 것이다. 사람마다 다 그 책을 읽으면 사람마다 그 도를 할 수 있는 것이다. 책을 읽는 사람은 순서가 일정함이 있어야 요순우(堯舜禹)가 서로 도학을 전한 심학(心學)을 반복 체험하게 되어 밝게 내 마음 속에 묵계(墨契)하게 되어 나와 책이 하나가 되어야만 도에 가깝게 될 것이다."[9]라고 했다. 이는 성현의 말씀이 담긴 경전과 사서 제가의 독서하는 순서를 정하여 반복해 읽음으로써 성현의 심법을 깨달아 도에 이를 수 있다고 하면서 공부하는 순서를 강조한 것이다.

성재는 하려 문하에 있으면서 경전을 두루 읽고 제자와 사서를 섭렵해 은미하고 심오한 뜻을 모두 이해해서 천인성명(天人性命)의 설까지도 깊이 체득하지 않은 것이 없었다. 이에 하려는 기뻐하며 말하기를 "우리 도를 맡길 곳이 생겼다"라고 했다.

성재는 하려의 문하에서 자신을 성찰하는 공부와 성현의 책을 독서하는 방법 등을 중심으로 수학해 이를 자신의 학문 기반으로 삼고 강우지역 제자들에게 전수한 것이라고 볼 수 있다.

---

8 盧相稷, 『小訥先生文集』 卷4 「年譜」: 性齋先生年譜, 黃先生作日省圖 示之曰 省閒言語則 惟講學論禮 必爲之切實省閒人客則 惟就正會文 必爲之親切 省閒思慮則 惟存心養性 必爲之內省 省閒文字則 惟嘉言善行 必爲之誦習 省閒事爲則 惟明道正誼 必爲之篤行 是謂主一之敬

9 盧相稷, 『小訥先生文集』 卷47 「年譜」: 性齋先生年譜, 作讀書次第圖 示之曰 聖賢存而道在聖賢 聖賢遠而道在聖賢之書 人皆可讀其書 人皆可爲其道也 讀者 先須循序有常 反復體驗 其相傳心學 炯然默契乎 吾之中 書與我 爲一則近道矣

1820년 부친상을 당하고 나서 모친의 명으로 도성 밖의 폐려(敝廬)에 거처를 마련하고 자주 하려의 문하에 출입하면서 『예기(禮記)』 『의례(儀禮)』 『경전통해(經傳通解)』 『주례(周禮)』 등을 읽고, 26세 때 「경성문(警省文)」을 지어 학문정진에 대한 의지를 드러내었다.

"부모의 죽음을 당하면 삼년상을 입는 것은 생성하신 은혜를 보답하여 부모의 품속을 떠날 동안 만큼이나 은혜를 보답한다는 뜻이다. 이 어찌 부모의 은혜를 갚는다는 것이겠는가. 우리 형제가 부친을 잃은 지 이제 3년에 올바른 방향으로 가르치신 은혜를 다시 어찌 받들어 듣겠는가. 부친이 뜻하신 대로 뜻을 두고 부친이 행하신 대로 행하여 몸이 죽을 때까지 변함이 없어야 이것이 이른바 부모의 아름다운 이름을 이루어 드리는 일이다" 또 말하기를 "천하의 제일등인이 되기를 기약하지 않겠는가. 요순 공자 맹자 안자 증자도 사람임에는 역시 나와 같을 것이다."[10]

부친상 후 변함없이 학문에 정진하여 요순과 같은 제일등인(第一等人)이 될 것을 다짐하는 내용으로 4세 때 효경을 전수받은 사실과 자손들에게 효경을 수학의 첫걸음으로 삼을 것을 가법으로 정한 성재의 마음을 알 수 있는 글이다.

1827년(31세) 스승인 하려가 세상을 떠나자 문인의 예로써 심상을 입고, 32세 때 「하학잠(下學箴)」을 지어 "도는 멀리 있는 것이 아니요 학문은 깊은 곳에 있는 것도 아니다. 부모께 효도하고 형제에게 우애하는 것이 천성이며 인륜의 지극한 정이다. 너의 아비 너의 임금에 효도하고 충성하며 형제에게 우애함을 일러 이를 천성이며 인륜의 지극한 정이다.

10 盧相稷, 『小訥先生文集』 卷47 「年譜」 : 性齋先生年譜, 爲父母致喪三年 謂之報生三年免懷之義也 是何足報恩 吾兄弟失所怙于玆三年 義方之敎 更何承聆哉 志先人志 行先人行 終身無改 此所謂貽父母之令名也 又曰 可不以第一等人自期也 堯舜孔顔於人 亦類也

오직 모습과 말씀에 보고 듣고 마음으로 생각함이 일상의 생활이요 순간의 움직임과 고요함에 육체의 욕망에 따르면 어그러지게 된다. 기를 부리면 방사하게 되나니 요순과 도척이 나누어지는 분기점이요 터럭 끝만큼의 이욕과 의리가 곧 몸을 닦는 근본이다. 먼저 그 의지를 정성스럽게 하면 곧 덕을 지니는 근본이요 먼저 그 의지를 공격하면 어떤 더러움이 터를 잡지 않을 것이며 어떤 나쁜 일도 가까워지지 않으리라 허탄함에 달리지 말고 쉽다고 뛰어넘지 말아라"[11]라고 하여 학자로서의 실천적 자세를 강조하였다.

1835년(39세) 문과에 급제하고 관직에 나아갔다. 43세 때는 「천지변(天地辨)」「재이설(災異說)」「상위고(象緯考)」 등의 자연과학 분야 글들을 지었으니 성호의 실학적 학문 영향이 컸다고 할 수 있다. 이후 성재는 1864년 김해부사로 부임하기 전까지 사간원 정언, 사헌부 지평, 홍문관 교리 등의 벼슬을 역임했다. 1853년에는 부교리에 임명되어 2년 동안 경연에 입시하여 국왕에게 경전을 강의했는데 주로 『시전』『서전』『통감』 등을 강학하였다. 1860년 벼슬에서 잠시 물러나 『하관지(夏官志)』『사의(士儀)』『수전록(受廛錄)』『종요록(宗堯錄)』 등 저술 활동을 왕성하게 하다가 1864년 고종이 등극하자 성재는 우부승지에 임명되고 경연에 입시하여 국왕을 위해 효경을 강의하다가 곧 김해도호부사로 임명되어 강우지역의 학풍을 진작시키는 계기를 마련하게 된다.

1864년 3월 김해에 부임하여 맨 먼저 「회유문(回諭文)」을 지어 백성들을 잘 보살피며, 관리들을 결속시키며 법에 따라 엄격하게 개혁할 것을 백성들을 천명했다.

---

11 盧相稷, 『小訥先生文集』 卷47 「年譜」: 性齋先生年譜, 道非伊遠 學非伊邃 而父而君 婚友舅季 是曰天敍彝則之至惟貌惟言 視聽心思 日用之常 動靜造次 形役斯舛 氣使則肆 舜跖之幾 間髮利義 迺本修身 先誠其意 迺本存德 先敬其志 孰累不基 孰陟不邇 勿騖于誕 勿躐于易

> 나는 진실로 우리 선비와 백성들이 정도에 전념하고 본업에 뜻을 두길 바란다. 사지를 게을리 하지 않고 천시를 잃지 않고 지리를 버려두지 않으며 노인들을 업신여기지 말고 외로운 사람들을 고독하게 버려두지 말고 윷이나 도박을 하지 않으며 사납게 싸우는 것을 좋아하지 말고 이치에 맞지 않는 소송을 하지 말며 술에 취해 주정하지 말고 재물에 때묻지 말아라. 이 중에서 한 가지라도 어기면 집안의 패륜아요 국가의 난민이다.[12]

백성들을 깨우치는 「회유문(回諭文)」을 지어 목민관으로서의 마음가짐을 천명한 후 관내의 신산서원(新山書院) 미양서원(薇陽書院) 구천서원(龜川書院) 송담서원(松潭書院) 예암서원(禮巖書院) 물봉서원(勿峯書院) 등 6개 서원을 찾아 배알했다. 그리고 가을에 유생들을 데리고 향교에 나아가 향음주례(鄕飮酒禮)를 행하였다. 이때부터 성재는 매달 초하루와 보름에 명륜당에서 강학을 하고 향약의 강령과 조목을 增修하여 향교의 벽에 게시하였다.

1865년 성재는 공여당(公餘堂)을 열어 강학하였는데, 와서 배우기를 청하는 사람이 백여 명에 달했다. 만성(晩醒) 박치복(朴致馥) 등 주요 제자들이 이때 성재에게 집지를 한 것이다. 『만성연보(晩醒年譜)』「고종 갑자년조」에 "이때 허선생이 김해부사로 와서 공여당을 열어 배우러 오는 사람들을 가르쳤다. 선생과 매옥공이 함께 집지를 했다. 허선생이 더불어 이야기해 보고는 크게 기뻐하여 말하기를 "내가 많은 선비들을 봤지만 그대 같은 사람은 보지 못했다." 그리고 저술한 사의 천민 경덕설을 보여주었다"[13]라고 되어 있다.

이해 봄에도 향음주례를 행하였고, 가을에는 함허정(涵虛亭)에서 학생

12 盧相稷, 『小訥先生文集』 卷47 「年譜」 : 性齋先生年譜, 誠願我士庶人 專心正道 一意本業 毋惰四肢 毋失天時 毋遺地利 毋侮老成 毋弱孤獨毋 摴蒱賭博 毋好勇鬪狠 毋爭訟非理 毋酗于酒 毋黷于貨 一違於此 家之悖子 國之亂民

13 朴致馥, 『晩醒先生文集』「附錄」 卷1 : 時許先生 宰金海 闢公餘堂 教授來學者 先生與梅屋公具贄請學 許先生與語 大悅曰 吾見士多矣 未見如子者 因出所著士儀及天民敬德等說

들과 강학하였다. 1866년 2월에는 산해정(山海亭)에서 학생들과 강학하였다. 산해정은 신산서원(新山書院) 옆에 있었는데 이 무렵 허전은 남명을 모신 신산서원의 원장으로 있었다. 허전이 남명을 모신 신산서원의 원장을 맡으면서 남명의 강학처에서 학생들과 강학을 했다는 것은 남명의 학풍을 계승하면서 학문 활동을 했다는 것을 의미한다.

1866년 5월에는 만성 박치복, 단계 김인섭, 자천 권인두 등과 단성의 완계서원에서 강학을 했다. 이때 성재는 덕천 미연서원 등 여러 서원을 둘러보고 완계서원에 도착했는데, 만성 단계 자천 뿐만 아니라 많은 유생들이 참석을 했다. 그는 방문하는 서원마다 학생들과 강학을 하였고 그때마다 50~60여 명이 종유하였다. 5월에는 노필연 조응규 등을 비롯한 70여명의 문도들과 함께 함안의 합강정(合江亭)에 모여 유람을 하고 그때 지은 시를 모아 『용화동주록(龍華同舟錄)』을 남겼다.

1866년 7월 성재는 3년의 임기를 마치고 부호군에 임명되어 서울로 떠났다. 김해를 떠날 때 수백 명의 백성들과 유생들이 전송을 하였고 일부 제자들은 스승을 배행하여 서울로 올라가기도 했다. 그 중 일부는 서울에 계속 머물며 그의 가르침을 받았다.

성재는 김해부사로 부임하여 공무의 여가에 강학을 한 것 때문에 1867년 8월에 '위학(僞學)'으로 지목을 받아 의금부에 연행되어 조사를 받았다. 경상도 암행어사 박선수(朴瑄壽)가 제시한 허전의 죄목은 첫째 세금을 무겁게 거두고 백성들에게 탐학하였고 농장을 패하게 하고 솥을 팔았으며, 둘째 강학하는 자리는 시장 같았고 수강료는 뇌물이었으며, 셋째 이임(吏任)과 향임(鄕任)을 팔았고 부민(富民)들의 뇌물을 받았다는 것이었다.[14] 이때 함안의 문인들인 조성렴(趙性濂), 문욱순(文郁純), 조병규(趙昺奎) 등이 의정부에 글을 올려 성재의 혐의 없음을 변정(辨正)하였다.[15]

---

14 朴致晦, 『梅屋文集』 卷2 書 : 上雲峴宮辨誣性齋許先生書, 其所謂罪案 一則重斂虐民 敗庄鬻鼎 一則函席場市 束脩苞苴一則曰賣吏鄕任 受富民賂

이처럼 성재는 김해부사로 재임하는 동안 공여당을 열어 강학활동을 한 일로 조정으로부터 '위학(僞學)'으로 지목을 받아 곤란을 겪기도 했지만 강우지역 유림들의 변호로 마무리 될 수 있었다. 성재는 김해도호부사로 부임해 백성들을 교유(敎諭)하고 각 지역의 향교 선현 서원 등을 방문하여 참배하고 지역의 유생들과 향음주례 강론 등을 통해 유풍을 진작시켰다. 무엇보다도 1866년 공여당을 열어 많은 제자들을 양성했는데, 당시 강우지역의 학풍을 주도하던 많은 선비들의 그의 문하에 출입했다.

4. 함양지역의 성재 학맥

성재 허전은 김해도호부사로 재임한 1864년 3월부터 1867년 7월까지 3년여 동안 함양 등 지역 인재를 양성하여 강우 지역의 학풍을 크게 진작시켰다.

성재는 김해도호부사 부임 이후 회유문(回諭文)을 지어 백성들을 잘 보살피며, 관리들을 결속시키며 법에 따라 엄격하게 개혁할 것을 천명했다. 이어 신산서원(新山書院) 미양서원(薇陽書院) 귀천서원(龜川書院) 송담서원(松潭書院) 예암서원(禮巖書院) 물봉서원(勿峯書院) 등 강우지역의 주요 서원을 찾아 배알하고, 유생들을 데리고 향교에 나아가 향음주례(鄕飮酒禮)를 행하였다. 또 인조반정 이후 잊혀졌던 남명학파 인물들의 묘도(墓道) 관련 글, 행장(行狀) 문집(文集) 실기(實紀)의 서(序) 발(跋) 문(文), 재사(齋舍)와 정자(亭子) 등의 관련 글을 지어 그들의 학행(學行)을 적극적으로 현양(顯揚)하였다. 1865년에는 공여당(公餘堂)을 열어 강학하였는데 와서 배우기를 청하는 사람이 백여 명에 달했다.

15 趙貞奎, 『西川集』 卷4 「心齋趙公墓誌銘」: 及性齋先生之陷於御史朴瑄壽之誣啓也 公與崔華植 文郁純 趙昺奎諸人 上書于議政府 乃得卞

참고로, 성재문집도 강우지역 문인들에 의해 발간되었다. 원집(原集) 33권은 1891년 산청(山淸) 이택당(麗澤堂)에서 만성 박치복을 중심으로 간행되었고, 속집(續集) 6권 부록(附錄) 6권은 원집을 간행하고 10여년 뒤인 1903년 밀양 노곡의 대눌 노상익의 풍뇌정(風雷亭)에서 간행되었다. 강우지역 문인들에 의한 성재문집 발간은 성재의 학문을 계승하고자 하는 열의를 알 수 있는 방증이라고 할 수 있다.

성재 문인록인 『냉천급문록(冷泉及門錄)』에 함양과 안의 출신 문인으로 총 19명이 실려 있다.

성명	생년	자	본관	거처	비고
許元栻	1828	舜弼	河陽	井錖	文科 正言 文敬公 敬菴 稠后 淮子
陳奎穆	1833	盛粲	驪陽	中栢田	驪平君 克一后
許容斗	1851	君伯	河陽	井錖	進士 元栻子
盧泰鉉	1849	應九	豊川	竹谷	進士 大司憲 叔仝后
盧桂鉉	1846	季玉	豊川	泉洞	信古堂 友明后 健壽子
柳炳元	1846	汝安	文化	安義	忠景公 亮后 河龍子
禹宅庸	1863	而中	丹陽	泉洞	愚泉堂 績后 都事 紀夏子
禹宅禧	1840	士永	丹陽	泉洞	愚泉堂 績后 邦夏子
金顯俊	1844	元七	金海	松坪	濯纓 馹孫后 敎官 魯植子 監役
禹昺夏	1859	洛玄	丹陽	希齋	屛菴 承訓后 亨謨子
金在休	1839	允五	善山	愚洞	成廟佐理功臣 襄良公 嶠后 國煥子
姜玉馨			晉州	咸陽	介菴 翼后
許寅斗	1844	允文	河陽	咸陽	文敬公 稠后 模子
許文斗	1864	乃奎	河陽	井錖	元栻子 進士
禹庠夏	1852	洛瑞	丹陽	咸陽	愚泉堂 績后 漢謨子
鄭奎炯	1839	聚五	瑞山	校山里	襄烈公 仁卿后 東烈子 蔭監察
鄭容九	1859	應奎	瑞山	校山里	襄烈公 仁卿后 光顯子
許煜	1835	允明	河陽	釜野	文敬公 稠后 石舟 楫子
盧應奎	1861	聖五	光州	安義 本堂	墨齋 瑾后 以善子 蔭中樞院議官 高宗 丙申 晉州義兵將

문인록에 실린 19명중 대표적인 문인은 삼원당 허원식이다. 삼원당의 두 아들인 허용두(許容斗)와 허문두(許文斗)도 문인록에 이름이 있다.

한말 진주 의병의 대표적 인물인 신암(愼菴) 노응규(盧應奎)도 문인록에 등재되어 있다. 노응규의 본관은 광주로 1861년(철종 12) 3월 15일에 안의군[현 함양] 안의면 당본리 죽전동에서 노이선(盧以善)의 2남으로 태어났다. 신암은 총명한 재질을 타고난 전통적인 유학공부에 힘썼다. 당시 대표적 유학자인 성재의 문하에서 배워 30세 이미 선비로 성숙하였다. 그러나 전통적이고 경직된 성리학이나 예론(禮論)에 사로잡히거나, 일신일족(一身一族)의 영달만을 생각하는 고루한 선비는 아니었다. 그는 강화도 조약(1876) 후 밀려드는 외세의 침략아래 항상 나라와 민족을 생각하는 우국충군(憂國忠君)의 선비였다. 30세 전후에 지리산의 벽지 안의로부터 눈을 돌려 멀리 기호지방까지 덕이 높은 선비를 찾아갔다. 특히 위정척사(衛正斥邪)로 이름이 높은 면암(勉菴) 최익현(崔益鉉)을 찾아 사사(師事)하고, 연재(淵齋) 송병선(宋秉璿)에게 나아가 학문을 연마하고, 시사를 논의하기도 하였다.

『함양군사』에 따르면 문인록에 등재된 노근수(盧近壽, 1895~1912)는 호가 위고(渭皐)인데 송재(松齋) 숙동(叔仝)의 후손으로 고종 때 중추원 의관을 지냈다. 과거 공부에 억매이지 않고 고향 함양에서 자연과 더불어 학문에 힘썼다. 성재와 계당(溪堂) 유주목(柳疇睦, 1813~1872)의 문하에서 경서를 연구하였고 덕성(德性)을 기르며 의롭지 않는 것은 조금도 취하지 않았다. 칠리정(七里亭)에 별장을 지어 찾아오는 학자들과 학생들의 강습소로 삼았다고 하였다.

『안의읍지』에 따르면 유병원(柳炳元)은 호가 만취(晩翠) 충경공(忠景公) 량(亮)의 후손이다. 타고난 자질이 뛰어나 어릴 때부터 가정의 가르침을 받아 학문에 정진하였고 어버이에게 효도하며 동생에게 우애가 있었다. 성재 허전에게 수업하여 성리의 깊은 뜻과 극기복례의 조목을 배워서 깨달았으니 스승 성재가 단사(端士)라 일컬었다. 학문을 연마하던 곳에 심진정사(尋眞精舍)가 있고 기문을 하동 여암 정도현이 찬하였다. 후손이 안의 상비동에 살고 있다고 기록되어 있다.

5. 함양의 성재 문인 삼원당 허원식

삼원당 허원식은 1828년 함양군 북쪽 정취마을에서 태어났다. 본관은 하양(河陽), 초명은 식, 자는 순필(舜弼), 호는 삼원당(三元堂) 또는 백암거사(白巖居士)로 불렸다.

삼원당은 1828년(순조 28) 10월 10일 심재공(心齋公) 회(淮)와 풍천 노씨의 아들로 태어났다. 이날 밤에 부친인 심재공이 흰 모자와 띠를 한 사람들이 뜰에 찬 꿈을 꾸었고 서기가 백암산에 있는 증조부 묘소에서부터 정침 산실위에 뻗쳤는데 아침에 이르러서도 흩어지지 않았다[16]고 한다. 6세 때 모친상을 당했고, 7세 때 스승에게 나가 학업을 익혔다.

『십팔사략(十八史略)』을 공부하면서 '나무를 얽어 집을 만들다(搆木爲巢).'라는 구절을 보는데, 부친이 구(句)를 짓게 하자 즉시 '유소씨가 새로 집을 만드는 방법을 가지고 있어 목덕으로 천하에 왕이 되었다(有巢新有巢 木德王天下).'라고 대답했다. 원근의 어른들이 듣고서 크게 기특하게 여겼다. 사서를 공부할 때 스승에게 "성현도 보통사람과 같습니까."라고 묻자 스승이 "그렇다"라고 대답을 했다. 삼원당은 바로 "저 또한 배워서 성현이 될 수 있을 것입니다."라고 했다. 그의 학문적 취향이 어디에 있는지를 알 수 있는 대목이다.

18세 때 진주목사를 지낸 한사 강대수의 후손 복의 딸을 아내로 맞이

16 『三元堂年譜』 卷4

하고 경서와 역사책을 널리 구해 읽는 등 학문에 전념을 했다. 문장은 화려한 것을 숭상하지 않고 의리를 밝히는데 힘썼으며 과거문에도 능통했다고 한다. 24세 때 봄에 서울로 상경하여 판서 김세균(金世均, 1812~1879)을 방문하여 여러 달 경전의 뜻을 강론하고 돌아왔다.

26세 때 성재를 찾아가서 제자가 되었다. 이로부터 마음을 전일(全一)해 학문을 하였고 언행은 반드시 법도를 따랐다. 동문(同門)인 이용구(李容九)가 쓴 연보에 "내가 일찍이 삼원당 허공을 성재 선생에게 들은 적이 있었는데 흠모한 지 오래되었다. 어느 날 스승의 문하에 나아가니 공이 마침 자리에 있어 내가 일어서서 절하고 열흘 동안 강론하였다. 누가 그 높은 조예를 잘 헤아리지 않았겠는가. 의표가 장중하고 사기가 정직한 것을 보고 이미 크게 세운 바가 있는 것을 알아 마음으로 기뻐하고 감복하였다."[17]라고 기록하고 있다. 이 글을 통해 삼원당은 26세 직접 성재를 찾아가 가르침을 받았으며, 동문들로부터는 학문과 행실에 대해 기대와 찬사를 받았다는 것을 알 수 있다.

30세 때 향시에 합격을 했는데, 이때 시험을 주관한 관리 황종현이 답안지를 보고는 "금세에 또래에서는 드물다" 라고 감탄을 하면서 장원으로 뽑았으며 이로부터 향시에 무려 5번이나 장원을 했다.

얼마 후 고종 즉위년에 문과에 장원급제를 하였으니, 이때 나이 37세였다.

고종이 특별히 칭찬하며 병조판서 신헌(申櫶, 1801~1884)에게 분묵(粉墨)을 얼굴에 바르게 명하고 특별히 삼원(三元) 두 글자를 등에 쓰게 명하였다. 김병국이 아뢰기를 "금년이 즉위 원년(元年)이고 갑자 상원(上元)입니다. 장원 급제에 올랐으니 삼원(三元)으로 호를 하사하시길 청합니다."라고 하였기 때문에 이렇게 특별히 쓰게 명한 것이다. 이로 인해 삼원(三元)

---

17 『三元堂年譜』卷4：余嘗聞三元堂許公於性齋先生 傾仰者久 一日往造師門 公適在座余起而拜 講論浹旬 誰未能測其造詣之高 觀於儀表端重 辭氣正直 已知有所立之大 心悅誠服

을 자신의 호로 삼았다.

장원 급제 후 바로 성균관 전적에 임명되고 이듬해 정월 사헌부 지평으로 옮기고 9월에는 사간원 정언, 12월에는 이조좌랑에 임명됐다. 삼원당은 평소 강직함으로 이름이 났는데 조정에서 옳은 일에는 조금도 굽히지 않았다. 조정의 대신들이 간대부(諫大夫)의 기풍이 있다고 칭찬하였다.

1866년 병인양요가 일어나자 당시 조정에서는 외적의 침입에 대비한 군량미가 없었다. 이때 격문을 영남에 긴급 발송하여 영남 사람들이 많은 곡식을 출연하여 군용으로 공급할 수 있었다.

41세 때인 1868년 자여도 찰방으로 부임했다. 찰방으로 내려온 것은 늙은 어버이를 봉양하기 위해서이다. 부모를 봉양하면서 자식의 도리를 다하고자 한 삼원당의 뜻을 조정에서 받아들인 것이다. 자여도 찰방으로 부임해 부모를 모시는 한편 역 형편이 쇠잔한 것을 보고 즉시 창고를 열고 곡식을 내어 재해를 구제하는 등 선정(善政)을 베풀었다. 당시 자여도 백성들이 공을 위해 송덕비를 세우기도 했다. 이로부터 2년 후 관직을 버리고 성재를 곁에서 모시고 『춘추』를 강론했다.

44세 때인 1871년 문과 중시 을과 제3인에 올랐으며 이듬해 선조인 문경공(文敬公) 허조(許稠)의 묘소에 참배하였다. 고종이 개성에 행차를 했는데 제사를 지내도록 특명을 내렸던 것이다. 삼원당은 임금의 은혜에 감동하여 시를 지었고 당시 선비들은 화답하지 않은 사람이 없었다. 마침내 감은록(感恩錄)을 완성했다. 이 해에 허씨의 한 자 이름은 상호 피하기에 어렵고 선조의 이름에 저촉되기 때문에 항렬을 개정하여 두 자 이름을 행했으며 예조에 글을 올리고 현재 이름으로 고쳤다.

당시 국정은 대원군이 섭정을 하고 있었다. 면암 최익현이 소를 올려 대원군의 섭정을 비판하자, 삼원당은 이 일이 국가 윤리의 중대한 것이라고 판단하고 전 정언의 직위로 소를 올려 최익현의 주장을 반박했다. 이 일로 인해 삼원당은 오히려 평안도 중화군으로 유배를 당했다가 이듬해 특사로 풀려 나와 고향에서 학문에 전념했다.

1877년 50세 때 부친상을 당하였다. 장례와 거상의 예절은 한결같이 주자의 주자가례(朱子家禮)를 따랐다. 삼원당은 밤낮으로 상복을 벗지 않았으며 슬퍼하는 것이 심해 몸을 훼손할 정도였다.

스승인 성재는 삼원당을 일러 "순필은 충직한 사람이다. 전 정언의 지위로 당시의 정치 조치가 잘못된 것이 많아 백성과 나라가 모두 곤궁한 것을 보고 소를 올려 바로잡고 구제하는 방안을 진술하였으니, 이는 대개 다른 사람들이 말하기 어려운 바를 말한 것이다"며 그의 직언을 칭찬했다.

1880년(고종 17) 수신사로 일본을 다녀온 김홍집(金弘集)이 황준헌(黃遵憲)의 저술 『조선책략(朝鮮策略)』을 국왕에게 바친 뒤 이의 사본이 널리 유포되자, 이미 1876년 개항 이래 개화 정책에 반대하고 전통적인 성리학적 세계관을 유지하고 있던 위정척사계열의 유생들은 『조선책략』의 내용이 성현을 모독하고 있다고 주장하면서 김홍집을 탄핵하고 정권의 실정을 맹렬히 공박하였는데, 삼원당도 이일에 앞장을 섰다.

1883년에는 사헌부 장령으로 다시 관직에 나아갔다. 이듬해 좁은 소매 옷을 고쳐 입는 등 의복을 고쳐 입으라는 명이 내리자 탄식하면서 "선왕의 법복을 훼손해서 오랑캐를 따르면 조정의 일이 떠날 것이다. 춘추의 법은 한 번 오랑캐의 일이 있으면 오랑캐가 된다"는 요지의 주장을 하고, 곧 벼슬을 버리고 향리로 돌아갔다.

얼마 후 다시 홍문관 교리로 불렀으나 부임하지 않고 문을 닫고 글을 읽었다. 1886년 성재 선생이 돌아가셨다는 것을 듣고 글을 지어 가서 곡을 했다.

1891년 11월 초 6일 삼원당은 질병으로 침실에서 세상을 떠났다. 임종을 앞두고도 나라를 걱정하고 시대를 아파하는 말이 끊이지 않았다. 슬하에 용두(容斗) 선두(璿斗) 문두(文斗)를 두었는데 맏이와 막내는 모두 성균관 진사이다.

면우 곽종석은 그의 묘표에서 "양생잠(養生箴) · 안분잠(安分箴) 두잠언에 '우리 도의 수명연장을 바라는 것이 아니고 당연히 동짓날에 관문을 닫는 것을 본받아야 한다(非望道家之延年 當法至日之閉關).' '객이 나에게 무엇을 일삼느냐고 물으면 웃으면서 못에 달이 둥근 걸 가리킨다(客來問我何事 笑指方塘月圓).'라고 하였으니, 대개 스스로 그의 뜻을 나타낸 것이다"라고 했다.

6. 마무리

함양은 선비의 고장이다. 일찍이 '*左安東 右咸陽*'이라 하여 안동과 비견하기도 하였다. 일찍이 문묘에 종사된 고운 최치원이 신라 진성여왕 때 함양태수로 부임하여 대관림을 조성하여 위천수의 홍수 피해를 막아 애민정신(愛民精神)을 실천한 유서 깊은 고장이기도 하다.

1623년 인조반정과 1728년 무신정변등의 정치적 사건으로 인하여, 다른 지역에 비해 차별을 당해 학풍이 쇠퇴되고 선비 고장으로서의 면모가 조선 후기로 오면서 상당히 상실되었다. 19세기에 들어와서 함양에서 성재의 문인인 삼원당 허원식을 비롯하여, 매산 홍직필의 문인인 부계 전병순, 간재 전우의 문인인 여암 정도현 등 많은 학자들이 배출되었다.

성재 허전은 김해도호부사로 부임해 백성들을 교유(教諭)하고 각 지역의 향교 선현 서원 등을 방문하여 참배하고 지역의 유생들과 향음주례 강론 등을 통해 유풍을 진작시켰다. 무엇보다도 1866년 공여당을 열어 많은 제자들을 양성했는데, 당시 강우지역의 학풍을 주도하던 많은 선비들의 그의 문하에 출입했는데, 함양 출신 문인들도 삼원당 허원식을 비롯한 신암 노응규 등 총 19명이 성재 문인록인 『냉천급문록(冷泉及門錄)』에 실려 있다.

본 글은 성재의 문인들 중 함양 출신을 중심으로 살펴보았는데, 삼원당과 신암외는 행적과 학문이 널리 알려져 있지 않았다. 다만 삼원당은 성재의 학문을 충실히 계승하여 대표적 문인으로 알려져 있다. 삼원당 외 성재의 함양문인들은 자료적 한계로 인해 고찰하지 못했다는 한계점을 밝혀 둔다.

참고문헌

『性齋集』

『三元堂集』

『愼菴遺稿』

강대민, 性齋 許傳 門徒의 愛國運動 (文化傳統論集 5집, 1997)

강정화, 경상우도 성재(性齋) 허전(許傳)의 학단(學團)을 중심으로 : 심재(心齋) 조성렴(趙性濂)의 삶과 시세계 (남명학연구 31집, 2011)

김윤수, 左安東 右咸陽과 天嶺三傑論 (漢文古典硏究 29집, 2014)

김철범, 삼원당(三元堂) 허원식의 삶과 현실인식 -조선말 지식인의 현실대응 의식 = (東方漢文學 31집 2009)

김철범, 性齋 許傳의 生涯와 學問淵源 (文化傳統論集 5집, 1997)

정경주, 性齋 許傳의 학문 사상과 그 학술사적 위상 (남명학연구 31집, 2011)

판소리 사설 「변강쇠가(歌)」의 언어 양상과 시대상

송희복

1. 텍스트 및 창작의 지역성 고찰

판소리 역사의 획기적인 인물인 신재효(申在孝, 1812~1884)는 전라북도 고창에서 생장했고, 호(號)는 동리(桐里)였다. 알려진 바에 의하면, 그의 선대(先代)는 서울에 살았고, 대대로 하급 무반 직을 지냈으며, 그의 부친이 서울에서 고창의 경주인(京主人)을 하다가 고창으로 옮겨 정착하였다. 관약방(官藥房)을 운영한 그의 부친이 고창의 향리를 역임했던 것처럼, 그 역시 이 지방에서 향리를 세습했다. 그는 아버지에 이어 천 석 정도의 재산을 소유하고 있었을 만큼 경제적인 여유는 있었다고 한다. 그는 살아생전에 자신의 재산을 사회에 환원하기도 했다. 1876년의 이재민 구휼과 1877년의 경복궁 중건 기여금 등이 그것이다. 이로 인해, 그는 나라로부터 명예직 벼슬을 받기도 했다. 그가 살던 19세기 후반에 이르면, 향리 계층에 대한 백성들의 사회적인 인식은 매우 좋지 않았다. 이러한 부정적인 인식으로부터 하나의 탈출구를 마련한 것이 그의 판소리에 대한 흥미와 관심이 아니었나, 짐작된다. 그는 판소리에 관해 정통했다. 개인의 취미 활동 그 이상의 수준이었다. 그 당시에 최고의 전문가 수준에 달했다고 보면 된다. 이를테면 그는 한 시대의 '귀명창'이었을 것이다. 그가 판소리 사설의 정리 활동을 본격적으로 시작한 시점은 향리의 직책에서 물러난 1860년 이후인 것으로 추정된다. 그는 부유하였지만, 신분적으로는 중인이었다. 또 경제적으로 여유가 있었고 공직에서 물러났기에, 판소리를 애호하고 보존하는 활동이 가능하였으리라고 본다.

그가 사설로 정리한 판소리는 모두 여섯 마당이다. 19세기에 판소리가 열두 마당인 것을 보면, 이것을 집대성한 것은 아니다. 주요한 텍스트를 반으로 선별해 정리했다고 보면 된다. 그의 여섯 마당은 다음과 같다. 즉, 「춘향가(春香歌)」, 「심청가(沈淸歌)」, 「토별가(兎鼈歌 : 수궁가)」, 「박타령(흥보가)」, 「적벽가(赤壁歌)」, 「변강쇠가(가로지기타령)」이다. 20세기에 이르러 판소리의 주 레퍼토리가 이 가운데에서 「변강쇠가」를 제외한 다섯 마당을 중심으로 전승되고 발전되어온 사실과 관련지어 볼 때, 신재효는 동시대의 판소리 흐름을 상당히 정확히 반영한 것이라고 볼 수 있다. 대신에, 「변강쇠가」는 판소리계 소설로 발전하지 못하고, 또 판소리로서의 기능도 거의 상실했지만, 신재효가 채록한 것이 유일한 텍스트여서 매우 값어치가 높다. 이 작품이 가지는 판소리 텍스트로서의 차별성은 다음과 요약될 수 있다.

> 중, 초라리, 풍각쟁이, 마종패, 각설이, 사당패 등 조선 후기 유랑민들의 생활상이 투영된 작품으로 그들의 좌절과 몰락의 비극을 희극적으로 그리고 있고, 민중적 특질만을 순수하게 지니고 있다.[1]

이 글의 연구 대상인 「변강쇠가」에는 비교적 짧은 텍스트임에도 불구하고 19세기 조선 사회의 다양한 인간 군상이 등장하고 있다. 이 중에서

---

1 인권환, 『판소리 창자와 실전 사설 연구』, 집문당, 2002, 34쪽.

도 각별하게 눈길이 가는 부분은 유랑 연예인 내지 그 집단이라는 것이다. 궁민화된 백성들이 지방 각지에서 민란을 일으킬 정도로 가난했던 시대에, 초라니, 풍각쟁이, 각설이, 사당패 등이 떠돎의 삶을 통해 자신의 재주를 팔고 다녔다. 각종 민속 예능을 팔아서 생계를 유지할 수밖에 없었던 유랑 연예인 집단의 삶의 터전 및 모습이 판소리 사설 「변강쇠가」의 문화적인 생성 기반이 아닐까, 하는 서종문의 소견이 이미 있었다.[2]

이 작품은 뿐만 아니라 강렬한 원색적인 남근주의를 표방한다. 인간의 성 본능은 민속학적, 문화인류학적, 정신분학적인 다층적인 해석의 여지가 남아 있다. 이 역시도 서종문의 말마따나 '겉으로 얼핏 보면 잡스럽고 음란하게 보이지만, 속속들이 들여다보면 의미가 결코 가벼운 것이 아니라는 사실'[3]을 해명하기 위한 열쇠가 되지 않을까도 생각된다. 요컨대, 변강쇠든, 옹녀든, 아니면 이 작품에 등장하는 유랑 연예인 집단이든 어려운 일을 해결하기 등장한 뎁득이든 간에 19세기 조선조 사회의 '시그나투라 템포리스(signatuta temopris)', 즉 시대의 부호, 말하자면 낙오된 인간상의 상징인 것은 틀림없는 사실이다.

이 글은 주지하듯이 「변강쇠가」에 관한 연구이다. 나는 이 글을 쓰면서 기존의 읽을거리 가운데, 신재효 채록본, 강한영 교주본, 김창진 보완본 등을 두루 참고하였다. 김창진의 것은 가장 최근의 읽을거리라는 점에서 장처가 많았다. 앞으로의 연구자들에게 비평판으로 선정될 만하다. 하지만 인용문은 강한영 교주본을 첫 번째 텍스트로 삼았다. 또 달리 참고한 텍스트가 있었다면, 김봉호 편의 『판소리 창본집』(백문사 : 1991)에

2 서종문, 「우리말과 '변강쇠가'의 본바탕」, 한글학회 엮음, 『판소리 사설에 나타난 우리말의 아름다움』, 한글학회, 1990, 106쪽, 참고.

3 같은 책, 102쪽, 참고.

실려 있는 「변강쇠타령」이다. 이것은 명창 박동진이 현대의 관객을 위해 조금 바꾸어놓은 부분이 있다. 여기에서 혼선이 생길 수 있는 게 판소리가 아니라 서도창으로 불린 「변강쇠타령」이 「변강쇠가」의 원형으로 이미 존재했을 가능성이 많다. 이 두 종류의 '변강쇠 타령'은 서로 계통이 다른 텍스트이다.[4]

사실상 '타령'이란 이름의 노래나 '가(歌)'라는 기호로 축약된 판소리로서의 변강쇠는 사라졌지만, 1980년대 만화와 영화를 통해 한 시대와 호응했다. 이것은 앞으로 시간이 흐를수록 더 사장된 텍스트로 취급되겠지만, 이를테면 토착 에로물의 히어로로서 이미 대중화된 변강쇠라는 허구적 인물은 앞으로도 불멸의 텍스트로 남게 될 것이다. 그만큼 이에 관해 많은 재해석과 적극적인 재조명이 따라야 한다고 본다.

한때 「변강쇠가」를 창작 배경이 어느 곳이냐 하는 문제를 놓고 전남 남원시와 경남 함양시 간에 분쟁이 있었다고 한다. 2007년 함양시가 여러 가지 증거를 제시하여 지금은 함양 배경설로 상당히 기울어졌다. 이에 관해선 김창진의 「변강쇠의 전승 과정」에서도 명쾌하게 잘 드러나 있다.

불 때인 장승이 대방 장승에게 자신의 신분을 밝힐 때 "소장(小將)은 경상도 함양군에서 산로(山路) 지킨 장승"이라고 밝히는데, 여기에 '경상도 함양군'이라고 명확히 밝혀져 있다. 또 옹녀가 강쇠가 병이 들었을 때 "함양 자바지 명의(名醫)라는 말을 듣고"라는 대목에도 '함양'이라는 지명이 명확히 드러나 있다. 그리고 변강쇠가 지리산에 나무하러 갈 때, "등구 마천 백모촌에 여러 초군

4 서종문의 「'변강쇠가' 연구(上)」(『창작과비평』, 1976, 봄)에 의하면, 황해도 지역에 유포되어 서도창으로 불린 「변강쇠 타령」이 신재효가 채록한 「변강쇠가」보다 선행한 원형으로 추정해 볼 수 있다. 그렇다면 이 텍스트가 소리(서도창)에서 판소리(종합연희)로 이행해 간 것이 아닌가, 하는 생각이 우리의 머릿속에 강하게 자리를 잡기도 한다.

(樵軍) 아이들이 나무하러 와" 있었다. 그런데 그 '마천'은 현재 함양군 '마천면(馬川面)'을 가리킨다. 그리고 '등구'는 오늘날 함양군 마천면 구양리(九楊里) '등구(登龜) 마을' 일대를 가리킨다. 또한 '백모촌'은 함양군 마천면 '백무동(白武洞)'이 1914년 행정구역 통폐합이 되기 이전 이름이라 한다. 또 변강쇠가 뽑은 장승이 서 있는 곳도 '등구 마천 가는 길'로서 앞과 같은 지역임을 알 수 있다. 원래 경상남도 함양군 마천면 벽송사(碧松寺)의 목장승은 예전부터 유명했다. 그랬기에 아마도 판소리 창작자들이 그 장승을 염두에 두고 이 작품을 무대에 설정했으리라 본다.[5]

작품 「변강쇠가」에 등장하는 지명 중에서 지금 함양군 소재의 지명인 것이 적잖이 확인되었다. 자바지는 잿바지, 즉 높은 산 고개의 비탈진 곳이라는 뜻을 가지고 있다. 목장승 산지로 유명한 곳도 함양에 있다고 하니, 「변강쇠가」의 지역적인 연고는 상당히 있다고 말해진다. 또 하나 보충할 것은 이 작품에 '아적밥(아침밥)'이라는 방언이 나오는데, 이것이 남원과 고창까지 분포되어 있었는지 잘 알 수 없으나, 적어도 이 방언은 한 세대 이전에만 해도 진주 권역과 한양 지역에 섰던 낱말이었다는 것이다.

김창진은 「변강쇠가」를 두고 '판소리계 소설의 하나'[6]라고 말했지만, 서양의 갈래 기준에서 보면 그것은 진정한 의미의 근대소설이라기보다 근대이행기의 고딕소설인 메리 셸리의 「프랑켄슈타인」(1818)을 연상케 한다. 국문학의 갈래로 보면, 서사무가를 원형으로 한 판소리 연행의 대본이라고 할 것이다. 이 「변강쇠가」는 괴이쩍은 이야기라는 점에서 서양의 로망스에 가깝다. 이런 점에서 판소리 여섯 마당 가운데 유일하게 소설의 성격으로 진일보하지 않았다고 본다.

5 신재효 지음, 김창진 옮김 『변강쇠가』, 지식을만드는지식, 2009, 20~21쪽.
6 같은 책, 9쪽.

이 작품을 포함한 신재효의 여섯 마당 채록본이 만들어진 시점은 아무래도 1880년대 초반으로 추정된다.[7] 판소리계 소설이란 새로운 갈래는, 그의 졸년인 1884년 이후에 비로소 형성된 것이라고 보는 것이 이치에 합당하다. 1860년대의 경판본 계열의 「남원고사」가 판소리계 소설인가 하는 것의 여부는 신재효의 사설 「춘향가」와 전혀 계열이 다르다는 점에서 별도로 논의할 필요가 있는 것으로 보인다.

2. 19세기의 낱말, 음담(淫談), 재담소리

판소리의 내용 중에서 가장 괴상하고 이색적인 「변강쇠가」의 존재 흔적이 송만재의 「관우희」(1843)에서 비롯된다고 하니, 이 작품의 시대 배경과 언어는 19세기에 해당한다고 하겠다. 이 「변강쇠가」의 언어는 여타의 판소리 텍스트에 비하면 가장 민중적인 조건의 언어를 구사하고 있다고 하겠다. 19세기 판소리 사설의 표준적인 언어로부터 다시 차이를 드러낸다고 하겠다. 가장 두르러진 것은 비속어의 출물이 아니겠나, 싶다.

기존의 선행 연구자는 좀 온건한 시선으로 바라본다. 에 대한 언어형식적인 질감의 분석은 서종문의 「우리말과 '변강쇠가'의 본바탕」에서 이미 시도된 바 있었다. 이 선행 연구의 결론은 대체로 다음의 세 가지 정도로 정리될 수가 있겠다.

> 첫째, 여러 가지의 낱말을 동원해 사건과 사물을 다양하게 묘사했다.
>
> 둘째, 비유가 적절하게 사용되었다.

---

7 채록본에 '신사년(1881) 괴질(콜레라)' 운운한 것으로 보아, 신채효의 판소리 채록은 자신의 생애 끝자락에 이루어진 것으로 봐야 한다.

셋째, 의성어가 율격 단위를 구획하는 기능을 수행하고 있다.[8]

판소리 사설 「변강쇠가」에 등장하는 낱말 중에서 우선 주목할 수 있는 것은 '여인국'이다. 강한 섹슈얼리티를 수반하고 있는 이 낱말은 여자들만이 사는 지역을 가리킨다. 옹녀의 음탕함 때문인지 열다섯 살부터 만나는 사내는 죄다 죽는다. 황해도와 평안도를 뜻하는 양서(兩西)에서는 '이년 때문에 여인국이 될지 모른다.'면서 추방해 버린다. 신재효의 '여인국'은 박동진에 이르러 '여인천하'[9]로 바뀐다. 박종화의 동명의 역사소설과 이를 바탕으로 한 TV사극이 영향을 끼친 것이다. 옹녀가 추방될 때 악을 쓰면서 저주하는 말이 있었다.

어허, 인심(人心) 숭악(흉악)하다!
황평 양서 아니면 살 데가 없것나냐.
삼남(三南) 좆은 더 좋다더고![10]

남성 생식기를 가리키는 '좆'이 너무 노골적인지 박동진은 '사나이'로 고쳤다. 원본의 '숫계집' 역시 우리에게 익숙한 '숫처녀'로 바꾸었다.[11] (미혼 여성을 처녀와 처자로 혼용하고 있으나, 「변강쇠가」에서 후자가 더 자주 쓰인다.) 이렇게 고쳐진 낱말에 관해서는 더 이상 언급하지 않겠다. 또한 「변강쇠가」에는 '맛'과 '멋'의 어감에 분화는 아직 이루어지지 않고 있다. 멋을 맛으로 표현한 사례가 몇 차례에 걸쳐 눈에 띄고 있다. 우리가 흔히 아는 속담이 있다. 사돈 남 말 하다. 꾸지람이나

8 서종문, 「우리말과 '변강쇠가'의 본바탕」, 앞의 책, 120쪽, 참고.
9 김봉호 편, 『판소리 창본집』, 백문사, 1991, 217쪽.
10 강한영 교주, 『신재효 판소리 사설 여섯마당집』, 형설출판사, 1982, 33쪽.
11 김봉호 편, 앞의 책, 같은 쪽, 참고.

나무람을 들어야 할 사람이 되레 큰소리를 칠 경우에 쓰는 말이다. 이것을 두고 신재효는 '아가사창(我歌查唱)'이라고 표현했다. 내가 부를 노래를 사돈이 부른다는 뜻이다.[12] 우리가 알고 있는 불치병을 '말질(末疾)'[13]로 표현된 것도 재미있다. 마지막에 이르러서는 결국 죽게 된다는 병이라서 붙인 말 같다.

19세기에 '내외'라는 말이 쓰여도, '부부'라는 말은 쓰이지 않았다. 부부(夫婦)는 일본식의 조어가 아닌가 한다. 그럼, '부처(夫妻)'는? 부부보다 좀 지체가 높은 사람에게 쓰였다. 예컨대 엘리자베스 여왕 부처라고 표현하듯이 말이다. 그런데 우리의 일반적인 생각과 달리, 이 부처는 김동인의 「감자」에서 하층민인 복녀 부처에게도 쓰였다. 나는 이 부처가 전형적인 일본식 조어라고 알았었는데, 「변강쇠가」를 통해 우리도 19세기에 사용했던 낱말이라는 사실을 알 수 있었다. 여기에 나오는 부처도 세 종류로 나누어져서 흥미를 더해준다.

단(單)부처 : 무자녀 부부

참(眞)부처 : 부부관계 (혹은, 사실혼)

가(假)부처 : 불륜관계[14]

변강쇠와 옹녀 부부는 (유교식 육례를 올렸는지 어땠는지 파악되지 않지만) 어쨌든 참부처이며, 또 슬하에 자식이 없으므로 단부처이기도 하다. 아직 변강쇠의 상례도 치르지 아니한 옹녀를 유혹하는 승려는 옹녀에게 서로 가부처라도 되어보자고 추근거린다.

판소리 「변강쇠가」의 주인공은 변강쇠라기보다 옹녀이다. 변강쇠는

12 신재효 지음, 앞의 책, 152쪽, 참고.

13 같은 책, 98면.

14 같은 책, 109~111쪽, 참고.

이야기가 반도 지나지 않아 죽어버린다. 「변강쇠가」의 이야기는 옹녀로 시작해 그녀의 종적 감춤을 암시함으로써 끝을 맺는다. 이야기가 시작되는 아니리(언술)를 보면 다음과 같다.

> 중년에 비상한 일이, 있던 것이었다. 평안도 월경촌(月景村)에, 계집 하나 있으되, 얼굴로 볼작시면 춘이월 반개도화(半開桃花) 옥빈에 어리었고, 초승에 지는 달빛 아미간의 비치었다. 앵도순(櫻桃脣) 고운 입은 빛난 당채(唐彩) 주홍필(朱紅筆)로, 떡 들입다 꾹 찍은 듯. 세류 같이 가는 허리, 봄바람에 흐늘흐늘, 찡그리며 웃난 것과, 말하며 걷난 태도 서시(西施)와 포사(褒姒)라도, 따를 수가 없건마난, 사주(四柱)에 청상살(靑孀煞)이 겹겹이 쌓인 고로, 상부(喪夫)를 하여도, 징글징글하고, 지긋지긋하게 단 콩 주워 먹듯 하것다.[15]

옹녀는 판소리의 청자에 의해 이렇게 묘사된다. 한자 투어가 많아 웬만한 한문 교양을 가지지 못한 관객은 구연 과정에서 귀로 잘 들리지 않을 것 같다. 그녀는 남성을 편력하기가 단 콩 주워 먹듯이 한다는 것이다. 서도 계집 옹녀와 남도 사내 변강쇠가 청석골에서 첫눈에 반한 대로 서로 만났다. 색골은 색골끼리 서로 통하는 면이 있을 게다. 이들은 유랑민으로 만나 떠돌다가 화전민으로 정착했다. 길 위의 인생들인 것이다. 황석영의 「삼포 가는 길」 이야기가 행위의 과정, 즉 동사적 특성을 동반하는 명사적 과정인 길의 이야기이듯이, 이런 얘기일수록 냉철한 현실 인식을 귀납적으로 설득하는 작가의 세계관을 반영하기에 적합하다.[16] 이처럼 「변강쇠가」도 마찬가지가 아닌가 한다. 변강쇠와 옹녀는 남하하는 도정의 바위 위에서 섹스를 해댄다. 길 위의 섹스인 셈이다. 멀끔한 대낮에 연놈이 홀딱 벗고 매사니 뻔 장난할 때, 천생음골(天生陰骨) 강쇠

---

15 강한영 교주, 앞의 책, 423쪽.

16 정현숙, 『한국현대문학의 문체와 언어』, 푸른사상, 2005, 25쪽, 참고.

놈이 여인의 양각(兩脚) 번쩍 들고[17] ……서로가 서로의 성기를 보면서 질펀한 음담을 토해내고 있다. 인용하려는 나 자신도 민망할 지경이다. 남녀의 생식기를 문학적으로 묘파한 소위 '기물(器物) 타령'이다.

> 도끼날을 맞았던지 금 바르게 터져 있다.
> 생수처(生水處) 옥답인지, 물이 항상 괴어 있다.
> 무슨 말을 하려관대, 옴질옴질하고 있노.
>
> (……)
>
> 감기를 얻었던지, 맑은 코난 무슨 일꼬.
> 성정도 혹독하다, 화 곧 나면 눈물 난다.
> 어린아이 병일난지, 젖은 어찌 게웠으며,
> 제사에 쓴 숭어인지, 꼬챙이 굶이(구멍이) 그저 있다.
> 뒷 절 큰방 노승인지, 민대가리 둥글린다.
> 소년 인사 다 배웠다, 꼬박꼬박 절을 하네.[18]

음담은 성에 관한 표현을 허용하는 청중의 양해하에 이루어지는 것이어서 과감하게 직설적으로 성을 노출시키는 데 묘미가 있다. 성과 관련되는 말은 이중의 의미로 활용되곤 한다.[19] 이 활용의 문법은 비유와 상징의 형식을 통해서다. 이처럼 판소리 사설의 청자가 성에 관한 한 드러내고 감추고 하는 것의 긴장감 속에서 구연적인 분위기와 상황을 만들어간다.

---

17 신재효 지음, 앞의 책, 37쪽.

18 강한영 교주, 앞의 책, 426~427쪽.

19 서대석, 『한국구비문학에 수용된 재담 연구』, 서울대 출판부, 2004, 13쪽, 참고.

이 판소리에 등장하는 인물의 이름에 대한 명명법 역시 말의 맛을 가진다. 변강쇠 의 성인 '변(卞)'은 배설물인 '변(便)'을 연상시키기 때문에 비루함을 가리킨다. 그는 비루하지만 강한 쇠와 같은 연장을 지니고 있다. 「춘향전」의 악역인 변학도 역시 민폐를 끼치는 비루한 속물로 묘사되고 있다. 그런데 옹녀의 '옹(雍)'은 질그릇의 하나로 물 긷는 동이를 가리킨다. 여성의 기물에 대한 상징이라고 하겠다. 그런데 「변강쇠가」에서는 옹녀와 아무런 혈연관계가 없는 '옹 좌수'라는 향촌 사회의 민간 지배자가 등장하기도 한다. 또 고전소설에 '옹고집'이라는 이름도 있다. 웬 옹씨인가? 궁금하여 판형이 크고 쪽수가 2670쪽이나 되는 『성씨의 고향』을 보니 파평 옹씨는 1930년경에 경남 창원군 한 마을에 8가구가 살고 있다고 조사되었으며, 1985년에는 전국 인구가 80명에 지나지 않았다.[20] 즉, 옹씨는 수적인 면에서 극소수의 씨족으로서 옹색하기 그지없었다.

이상의 해석은 일반적인 의미의 텍스트성을 지닌다. 이것에 의하면 문학 속의 언어형식의 결과는 일관되고 자기충족적인 의미를 지니는 완결된 대상으로 존재하면서, 언어학적인 수단을 통해 순수하게 연구할 수 있다. 반면에 텍스트와 연관되는 모든 주변 상황이나 화용론적인 기능이 아니고서는 의미를 충족시키지 못하는 경우도 있다. 즉, 여기에 콘텍스트라고 하는 것, 문맥, 맥락, 연관 관계로 이해되는 개념이 놓인다. 이 대목에서 A. 셔크먼의 말을 인용하자면, 문학 작품은 텍스트뿐만 아니라 외부 텍스트까지도 포괄하기 때문에 언어학의 영역을 벗어나기도 한다.[21] 굳이 말하지면, 이를 두고 우리는 콘텍스트성이라고 할 수 있을 것이다.

---

20 『성씨의 고향』, 중앙일보사, 1989, 1221쪽, 참고.

21 페터 지마 지음, 허창운 옮김, 『텍스트사회학』, 민음사, 1991, 26쪽, 참고.

변강쇠와 옹녀는 오랜 유랑 생활 끝에 지리산 함양으로 흘러들었다. 임진왜란 때 숨어 살다가 버린 한 기와집 폐가를 얻어 정착된 삶을 가지려 한다. 두 사람의 음담은 지속적으로 이어진다.

> 부엌에 토정(土鼎) 걸고, 방 쓸어 공석(空石) 펴고, 낙엽을 긁어다가, 저녁밥 지어 먹고, 터 누르기 삼삼구(三三九)를 밤새도록 한 연후에……[22]

두 사람은 집들이(입주식)를 질펀한 정사로 대신한다. 이때의 성은 성스러운 의식이다. 터를 누른다는 것은 지신(地神)밟기의 의례인데 이것은 방사(房事) 의식과 등가의 것이 된다. 이 글 중에 다 이해가 될 수 있지만, 문제는 '삼삼구'가 무엇인지 잘 알 수 없다는 것이다. 문맥상 해석으로는 오밤중에서 꼭두새벽까지 잇따라 지속하는 성행위의 잦은 횟수라고 볼 수밖에 없다. 이 밖에도 '호달마(胡達馬)가 요절(腰折)하면 왕십리 거름 신고, 기생(妓生)이 그릇되면 길가의 탁주(濁酒) 장사'[23]라는 표현이 있다. 중국산 좋은 말의 허리가 꺾이면 왕십리에 가서 거름을 신다니? 여기에서 '요절하다'의 의미는 문맥상 볼 때 '늙다'나 '일찍 쓰임새를 다하다'로 재해석되어야 한다. 다른 텍스트에는 요절(夭折)이라고 되어 있다.

> (송봉사가) 경을 다 읽은 후에,
> "자네, 경채(經債)를 어찌 하려나."
> 저 계집 이른 말이,
> "경채나 서울빚(京債)이나, 여기 있소."
> 돈 한 냥 내어 주니,

---

22 강한영 교주, 앞의 책, 431쪽.

23 같은 책, 432쪽.

"내가 돈 달라까듸, 거 새곰한 것 있난가."

"어, 아시시오(앗으시오). 점잖은 터에, 그게 무슨 말씀이오."

송봉사 무료(無聊)하여 안개 속에 소 나가듯 하니……[24]

변강쇠가 치명적인 병을 앓고 죽게 될 때 다급한 나머지 송 봉사를 초치하여 『조왕경』과 『성조경』과 『동진경』이라는 무속 경전을 읽게 한다. 처음엔 송 봉사가 옹녀에게 경채(經債)를 요구한다. 경을 읽어준 대가이다. 옹녀는 무슨 말인지 알고서도 그것을 경채(京債)로 뒤틀어버린다. 오늘날 사전에 의하면, 전자의 말은 없어도 후자의 말은 아직도 남아 있다. 시골 사람이 서울에 가서 진 빚이다. 옹녀가 전자를 후자로 왜곡한 것은 마땅찮음을 뜻하는 일종의 재담이다. 그런데 송 봉사가 경채(돈) 대신에 '새곰한 것'을 달랬다. 이 새곰한 것이 무엇일까? 옹녀가 펄쩍 뛰고, 송 봉사가 부끄러워 한 것을 보면, 은근한 성적 교섭을 요구한 것임에 틀림없다. 신맛은 산성이 강한 맛을 가리키는데 여성의 체액 냄새를 말하는 것일까? 그 시대의 은어라서 잘 파악이 되지 않는다. 이런 경우도 콘텍스트성에 의존할 수밖에 없다.

하나의 텍스트와 그것을 둘러싼 다양한 텍스트 의 상호적 과정에서 출발해야 한다면, 텍스트와 컨텍스트에 관한 논의는 여러 종류의 텍스트들의 가공에 의해 생산되는 의미라는 차원에서 간(間)텍스트성에 대한 고찰로 이어질 수밖에 없다. 판소리 「변강쇠가」는 같은 판소리인 「춘향가」로부터 삽입가요 '사랑가'를 심심찮게 모방하고 있으며, 국문학사의 고전 가운데 정철의 사설시조 「장진주사」와 김만중의 고대소설 「구운몽」과 교섭 양상을 보여주기도 한다. 이와 같이 텍스트 간의 상호관련성을 두고 우리는 간텍스트성이라고 말해지는데, 「변강쇠가」에 있어서의

24 같은 책, 446~447쪽.

간텍스트성의 문제는 향후 누군가에 의해 별도의 심층 탐구가 있어야 될 것으로 보인다.

안경(眼鏡) 주관 경주장(慶州場),
쇠복(衰服) 입은 상주장(尙州場),
이 술 잡수 진주장(晋州場),
관민분의(官民分義) 성주장(星州場),
이랴 재쳐 마산장(馬山場),
펄쩍 뛰어 노릿골장,
명태(明太) 옆에 대구장(大邱場),
순시(巡視) 앞에 청도장(淸道場).[25]

변강쇠가 송장이 된 이후 송장이 여덟 구로 불어나자 각설이패가 치상하러 온다. 이들이 일을 하면서 부르는 노동요가 이 '영남장타령'이다. 재담의 언술 상황을 잘 보여주는 한 사례가 된다. 김창진 교주본에 잘 설명되어 있다. 김창진은 '안경 주관'이라고 표기하고 있지만, 김봉호 본을 참고하니 차이가 있었다. 여기에서 경주장은 같은 소리의 다른 뜻인 '경주장(鏡主場)', 즉 거울을 주로 생산하는 곳이라는 뜻에서 착안한 것이 아닐까 하는 생각이 든다. 상주장의 상주는 상주(喪主)에서, 진주장의 진주는 진주(進酒)에서, 성주장의 성주는 성주(城主)에서 착안한 것으로 보인다. 대구는 명태와 짝을 맞춘 어물 대구(大口)에서, 지방 수령이 관할 지역을 순시할 때 길을 깨끗이 한다는 의미에서 '순시 앞에 청도장'이라고 익살맞고 재치있게 말한다. 지금 독자가 읽을 때는 말이지만, 19세기 청중이 판소리 창자로부터 들을 때는 노래였다.

25 같은 책, 427쪽.

재담은 산문 언어에만 잇는 것이 아니라, 율문 언어에도 존재한다. 앞에 인용한 '영남장타령'은 판소리의 자진모리에 의해 불러워졌다. 이와 같이 사설을 익살맞고 재치있게 노래하는 것을 두고 이른바 '재담소리'[26]라고 말해지기도 한다. 마지막으로 변강쇠의 유언을 들어보자. 이 유언은 재담과 달리 장엄하기까지 하다.

> 생기사귀 성인 말씀, 나난 섧지 않거니와,
> 생리사별 자네 정경(情景), 차마 어찌 보겠는가.
> 비 같이 붓던 정이 구름 같이 흩어지면
> 눈 같이 녹난 간장, 안개 같이 이는 수심(愁心).
> 도리화(桃李花) 피난 봄과, 오동잎 지난 가을,
> 두견(杜鵑)이 설이 울고, 기러기 높이 날 제,
> 독수공방 저 신세가, 잔상이 불쌍하다.[27]

인용문은 변강쇠가 죽으면서 옹녀에게 남긴 유언이다. 비교적 긴 유언 중에 일부만을 인용하였다. 생기사귀(生寄死歸)란 인생은 잠시 세상에 기탁했다가 다시 저승으로 돌아간다는 듯. 생리사별(生離死別)는 살아서도 죽어서도 매양 아주 헤어진다는 것. 여기에서 잔상이란, 잔생(殘生), 즉 맥락적인 의미로는 여생에 가깝다. 그의 사생관은 비관적이다. 비유적인 언술 상황이나 서정적인 언어 질감이 매우 시적이고 문식적이라는 감회에 젖게 한다. 마치 영웅의 죽음과 같은 비장미가 없지 않다. 그는 장승을 베어냄으로써 그에게 동티(탈)가 났고, 또 죽을 때도 장승처럼 눈을 부릅뜬 채 꼿꼿이 죽었다. 그의 죽음을 사설에서는 '장승 죽음'이라고 표현했다.

---

26 서대석, 앞의 책, 3쪽.

27 강한영 교주, 앞의 책, 449~450쪽.

3. 실학의 관점, 도방(道傍) 살림의 실패

판소리 사설에서 더 나아가지 못하고 하나의 고정된 텍스트로 머문 「변강쇠가」가 소설의 형식으로 유동성을 가지지 못한 것은 매우 아쉬운 일이다. 그렇다고 해도 이 작품은 19세기에 존재한 문학의 존재 가운데 재조명되어야 할 점이 적지 않다. 변강쇠-옹녀 부부는 서로 다른 지역 사람으로 만났다. 이는 상이한 토템의 접촉이라고 하겠다. 이들의 결혼은 원형적인 의미의 족외혼이다. 떠돌다가 우연히 만난 인연은 거리낌조차 없다. 이들은 어떻게 하든 살아보려고 '도방(道傍) 살림'을 꾀하였다. 이것은 길가(도방)에 마을을 이루어 사람들이 모여 사는 생활을 말한다. 이들은 황해도 청석관에서 내려와 지금의 논산 강경읍, 부안의 줄포면, 영광의 법성포를 돌아다녔다. 옹녀가 들병장수 등을 하며 간신히 돈과 곡식을 모았다. 그러나 변강쇠에게 문제가 있어 도방 살림은 실패하고 만다. 그는 온갖 도박을 일삼고, 걸핏하면 술을 마시며 남과 싸우고, 특히 외간남자와 옹녀를 의심하면서 일으키는 질투심으로 인해 바람이 잘 날이 없었다.

> 강쇠놈이 허망하여, 댓 냥 내기 방때리기, 두 냥 패에 가보하기, 갑자꼬리 여수(與受)하기, 미골(尾骨) 회패 퇴기질, 호홍호백(呼紅呼白) 쌍륙(雙六)치기, 장군 멍군 장기두기, 맞쳐먹기 돈치기와 불러먹기 주먹질, 결개두기 윷놀기와, 한 집 두 집 곤의두기, 의복 전당(典當) 술먹기와, 남의 싸움 가로막기, 그 중에 무슨 비위(脾胃), 강새암 계집치기, 밤낮으로 싸움이니, 암만해도 살 수 없다.[28]

판소리 창자는 두 사람에게 있어서 도방 살림을 실패한 까닭이 변강

---

28 같은 책, 429~430쪽.

쇠의 도박과 질투에 있음을 꽤 구체적으로 적시하고 있다. 판소리 언술의 과장적인 표현은 청중을 재미있게 하기 위한 장치임은 물론이다. 두 사람이 도방 살림을 실패하니 이제 '산중(山中) 살림'을 도모할 수밖에 없다. 사람이 살지 않는 산중으로 들어가면 또 좋은 것이 있다. 옹녀의 입장에서는 변강쇠가 '노름도 못 할 테요, 강짜(질투)도 안 할 터'여서 좋고, 변강쇠의 입장에서 볼 때 '남의 계집(옹녀) 바라보며 눈웃음 하는 놈'을 보지 않아서 좋다는 거다. 먼저 살림의 터전을 선택해야 한다. 어느 산이 좋을까?

동 금강(金剛) 석산(石山)이라, 나무 없어 살 수 없고, 북 향산(香山) 찬 곳이라, 눈 쌓이어 살 수 없고, 서 구월(九月) 좋다 하나, 적굴(賊窟)이라 살 수 있나. 남 지리(智里) 토후(土厚)하여 생리(生利)가 좋다 하니, 그리로 찾아가세.[29]

이들 부부가 의논해 살림터로 확정한 곳은 남쪽의 지리산이었다. 동쪽의 금강산은 아름답기는 해도 돌산이라 나무가 없어 살 수 없고, 북쪽의 묘향산은 눈바람이 추워서 겨울을 나는 데 장애가 있고, 서쪽의 구월산은 단군 이래 성산이지만 산적들이 우글거리는 곳이다. 이에 반해 남쪽의 지리산은 땅이 기름지고 생업에 유리한 조건에 처해 있다. 전통적인 풍수의 관점이 아니라 새로운 실학적인 지리의 관점에서 그들은 지리산을 택하였다.

집들이의 의례로서 이들이 '터 누르기 삼삼구'를 수행한 것도 일종의 원시 신앙 같은 의식이다. 터 누르기 삼삼구의 정확한 의미를 알 수는 없어도 대체로 보아 초저녁에 세 차례, 깊은 밤에 세 차례, 새벽녘에 세 차례나 육체적인 교섭을 시도했다는 것이라고 본다. 구궂셈 '삼삼은 구

29 같은 책, 430쪽.

(3×3=9)'를 생각하면 개연성이 있어 보인다. 이들이 수행한 방사(房事) 행위는 토지의 생산력을 증가하기 위한 의례적인 방사(倣似) 행위와 다름없다. 아무리 주술적이요 원시적이라고 해도 실학적인 관념이 내포되어 있다.

그런데 변강쇠는 천하잡놈이다. 낮이면 잠만 자고, 밤이면 자기 계집의 배만 타니, 살림에 보탬이 전혀 되지 않는다. 이에 비하면 옹녀는 천하잡년이라기보다 억척 살림꾼이다. 비생산적으로 무위도식하는 남편을 다그치는 대목이 눈길을 끌게 한다.

> 여보 낭군 들으시오. 천생만민필수지직(天生萬民必授之職), 사람마다 직업 있어, 앙사부모 하육처자(仰事父母下育妻子) 넉넉히 한다난데, 낭군 신세 생각하니, 어려서 못 배운 글, 지금 공부할 수 없고, 손재주 없으시니, 장인(匠人)질 할 수 없고, 밑천 한 푼 없으시니, 상고(商賈)질 할 수 있나. 그 중에 할 노릇이 상일밖에 없으시니, 이 산중 살자 하면, 산전을 많이 파서 두태(豆太), 서속(黍粟), 담배 갈고, 갈퀴나무 비나무며, 물거리 장작(長斫) 패기, 나무를 많이 하여, 집에도 때려니와, 지고 가 팔아 쓰면, 부모 없고 자식 없고, 단부처 우리 둘이, 생계가 넉넉할듸, 건장한 저 신체에, 밤낮으로 하난 것이, 잠자기와 그 노릇뿐. 굶어 죽기 고사하고, 우선 얼어 죽을 테니, 오늘부터 지게 지고, 나무나 하여 옵쇼.[30]

옹녀의 말은 유장한 진양조로 불리어진다. 말본새의 흐름도 그만큼 유장하다. 그녀의 말 한마디, 한마디에 생활중심적이요, 실학적인 생각의 틀이 반영되어 있다. 밤낮으로 하난 것이, 잠자기와 그 노릇뿐이라는 말에서, 우리가 아는 것처럼 옹녀가 과연 탕녀였던가 하는 생각을 다시금

---

30 같은 책, 431쪽.

하게 된다. 요즘 식의 어법대로라면 이렇지 않을까? 인간아, 섹스가 밥 먹여주냐? 밖에 나가 돈 좀 벌어 와라. 물론 변강쇠가 이러한 유의 말을 듣고 나무하러 갔는데, 그는 나무를 베지 않고 장승을 뽑아 왔다. 이 사실이 빌미가 되어 동티(탈)가 나 죽음에 이르게 된다. 신의 저주인 셈이다. 변강쇠가 장승을 허수아비 같은 존재로 취급한 것도 실학적이다, 현대의 학구적이요, 현학적인 용어를 빌리자면, 탈신비화랄까, 탈물신(物神)화랄까? 이것이 결국 비극의 단초가 되겠지만, 그가 장승을 뽑기 직전에 부리는 호기가 흥미롭다.

> 네 이놈, 뉘 앞에다 색기(色氣)하여, 눈망울 부릅뜨니. 삼남(三南) 설축 변강쇠를, 이름도 못 들은다. 과거(科擧) 마전(馬廛) 파시평(波市坪)과, 사당(寺黨) 노름 씨름판에, 이내 솜씨 사람 칠 제, 선취(先取) 복장(腹腸) 후취(後取) 덜미, 가래딴죽 열두 권법(拳法). 범강(范彊) 장달(張達) 허저라도, 다 둑 안에 떨어지니, 수족(手足) 없난 너만 놈이, 생심이나 방울쏘냐.[31]

변강쇠가의 자신만만함은 어디에서 연유하는 것인가? 세상에는 애최 주물 따위는 없다는 것. 주물이 없으니 주물숭배도 없고, 물신(物神)에 대한 인간의 원초적인 속박도 공포도 없다고 판단한 것뿐이다. 오로지 육체적인 자유만이 있을 뿐이다. 인간의 육체에도 주박(呪縛)은 있을 리 없다. 가진 것이라고는 생식기만이 그 자신 존재의 뿌리인 거다. 그가 주술적인 속박에서 벗어나려고 하다가 마침내 그것에 걸려든 것은 이 작품이 가지는 최대의 한계이다. 왜 소설의 형식으로 발전을 못 했는가를 알 수 있게 한다.

변강쇠가 초자연인 힘에 의해 치명적인 병을 앓고 누워있을 때 병의

31 같은 책, 436쪽.

이름과 약의 이름이 지루할 정도로 잇따라 나열된다. 소설의 흥미를 반감시키는 요인이 되겠지만, 역설적으로 볼 때 이 대목은 19세기 생활사에서 소중한 사료가 된다. 실학적인 관점에 의해 분류되고 서술된 일종의 '물명고(物名考)'라고 할 수 있겠다. 또한 앞 장에서 인용한 바 있었듯이 '영남장타령'은 장사에 서서히 눈을 떠가던 사회 현상의 실학적인 반영이라고 본다. 경상도 지역은 서해안 지역에 비해 농지가 상대적으로 적다. 우리나라의 대표적인 지형적인 특징인 동고서저 때문이다. 경상도 유자(儒者) 중에는 일찍이 낙동강 선운업에 눈을 뜨기도 하고, 민중은 장시를 잘 운영해 유통과 상업을 통해 살림살이에 유리하게 기획, 기도하려고 했다. 주지하듯이, 19세기는 민란의 시대였다. 이 작품 속에 19세기 백성의 간고하고도 신산한 살림살이를 토로하고 있는 것도 현실의 정확한 반영이라고 볼 수 있다.

> 가지록(갈수록) 일이 생겨, 불쌍한 게 백성이라.
> 일 년 사절(四節) 놀 때 없이, 손톱 발톱 잦아지게,
> 밤낮으로 벌으려도, 불승기한(不勝飢寒) 불쌍하다.[32]

백성은 주야장천 일을 하고 돈을 벌려고 해도 굶주림과 추위를 이길 수 없다는 말이 된다. 이 대목은 우리 고전문학사에서 백성의 고충을 잘 대변한 내용이다. 이 부분은 산문으로 쓰인 게 아니라 율문으로 노래되었지만, 결기 어리고 날을 세운 산문정신의 정수로 남아 있다.

판소리 사설 「변강쇠가」를 처음으로 주목한 이는 해방기의 국문학자인 이명선이었다. 그는 「조선 연(軟)문학의 최고봉 '변강쇠전'」을 1949

---

32 같은 책, 57쪽.

년에 발표하였다. 여기에서 '연문학'이란 생소한 용어가 등장한다. 교술문학, 기록문학, 종교문학 등의 포괄적인 성격의 범주를 벗어난 순수한 창작문학을 가리킨다. 프랑스 말에서 문학 중에서도 창작성의 의미가 강한 단어를 가리키는 이른바 '벨레뜨흐(belles-lettres)'에 해당한다고 하겠다.

이명선은 「변강쇠가」의 실학적인 성격을 시사했다. 그는 이 작품이 조선 문학의 발전을 위해 결코 반갑잖은 주자학파의 문예 사상을 온전히 극복했다고 했다. 궁민화된 하층 유랑민의 비참한 삶과 본능적인 음란성은 위선의 윤리에 대한 저항으로 봤다. 하지만 그가 판소리 「변강쇠가」를 소설 「변강쇠전」으로 본 것은 좀 앞서 나아간 게 아닌가 한다. 또 도덕적 구속으로부터 자유롭고 경제적으로 성장하는 중인 계급의 사회적 성장의 배경에 특히 주목했다고 한 점에 관해선 선뜻 이해되지 않는 대목이었다.[33] 작품 속에는 소설의 주인공인 변강쇠와 옹녀가 하층민이고, 늙은 좌수에서 젊은 생원까지 별 볼 일 없는 향반이 등장해도 경제적으로 성장한 중인 계급은 없다. 채록자인 신재효는 경영형 부농으로 성장한 중인 계급으로서 서구의 소설 형성사에서 긴밀한 관련성을 맺은 신흥 시민 계급에 해당한다.

이명선의 한 세대 이후에는 서종문의 논문 「'변강쇠가' 연구」(1976)가 눈에 띈다. 이 논문은 「변강쇠가」의 이본을 검토한 텍스트 연구에서 문학사회적인 연구에 이르기까지 정치하게 논지를 전개하였다. 연구자는 이 작품이 19세기 유랑민의 유랑 상(相)이 투사된 것으로 본다.[34] 그는 이 작품이 오로지 하층민의 삶을 묘파하기 위한 작품이라고 본다. 다른 판소리 텍스트와는 달리 상하 두 문화층의 상호 접촉이 보이지 않는다고

33 이명선, 「조선 연(軟)문학의 최고봉 '변강쇠전'」, 『신천지』, 1949, 7, 194~196쪽, 참고.
34 서종문, 「'변강쇠가' 연구(上)」, 『창작과비평』, 1976, 봄, 291쪽, 참고.

했다.[35] 그러나 이 작품에는 점장이(맹인), 땡중, 초라니, 풍각쟁이, 각설이패 등의 하층민이 등장하지만, 좌수와 생원 같은 중간 지배층도 등장한다. 아니리와 창(唱) 속에 어려운 한문 투의 표현도 흔히 나타나는 것으로 보아서 상하층 문화의 혼재 및 공존이 있었음을 충분히 짐작하게 한다.

판소리나 판소리 연구에서 흔히 사용하는 용어가 있다. 이른바 '이면'이라는 말이 있다. 한자의 표기로는 이면(裏面)이라고도 하고, 또 이면(裡面)이라고도 한다. 일반적인 말의 뜻으로는 겉으로 드러나거나 눈에 보이지 않는 부분, 혹은 사물의 안쪽을 가리킨다. 이면이란 낱말은 두 겹의 구조를 가진다. 하나는 기본적인 의미요, 다른 하나는 부가적인 의미다. 전자가 문학의 함축적 의미를 말하는 것이라면, 후자는 일종의 뭐랄까 성음법(成音法)으로 사용되는 것이다. 판소리계에선 간혹 이런 표현들을 사용한다. 이면이 없거나 이면을 모른다, 이면에 당치 않는다, 이면이 소리를 망치는 거여……, 이런 표현들은 매우 전문성을 띠고 있다.

> 이면은 사실의 의미만을 지칭하는 것이 아니라 그 의미에 기초하여 창자가 창을 어떻게 실현할 것인가, 그 실현의 내적 원리는 무엇인가로 나아가게 된다. 의미의 해석과 표현 및 그 표현의 내면적 원리로 이면을 본다면 '이면'은 문학 및 예술적으로 해석된 그 무엇이지 객관적 사실 자체의 내막이나 경위만을 지향하는 게 아님을 알 수 있다.[36]

나는 이 글에서 후자의 전문성을 살펴볼 요량이나 능력이 없다. 전자의 경우에 국한한다면, 「박타령」의 이면에 조선 후기 농촌 경제의 재편성 과정에서 전형적인 빈자로 등장한 흥부라는 인간상과, 사회 구조의

---

35 같은 글(下), 『창작과비평』, 1976, 여름, 297쪽, 참고.

36 김종철, 「판소리 리얼리즘과 그 특질」, 『국어교육』, 제104호, 2001, 196쪽.

빈부 격차 문제를 작품의 이면에 담고 있다. 「변강쇠가」의 경우는 변강쇠의 비극적인 죽음이 초자연적인 힘의 저주라기보다 정착민과 유랑민의 갈등 끝에 패배한 사회 현상이라고 보는 데 연구자들은 대체로 동의한다. 이것이 바로 이면의 의미인 것이다.

4. 질솥과 장승, 그리고 희생제의

신재효의 판소리 여섯 마당 중에서 가장 음악성이 떨어지는 것은 두말할 나위 없이 「변강쇠가」이다. (20세기에 이르러 이것이 연행의 레퍼토리로부터 사라져간 것이 이 사실을 반증한다.) 이 말을 뒤집어놓고 보면, 「변강쇠가」가 그 여섯 마당 중에서 문학성이 가장 높다고 할 수 있다. 이 작품 속에 풍부하게 담겨 있는 '이면의 리얼리즘'은 인간의 진실을 잘 반영하고 있다. 이 작품을 제대로 해석하려면 문학사회학을 넘어서 문화인류학적으로 접근해야 한다.

작품의 후반부는 죽은 변강쇠의 '강짜'와 저주로 요약된다고 하겠다. 강짜는 질투이다. 작품에는 '강새암'이란 말도 나온다. 같은 말이다. 그가 죽을 때 옹녀에게 단단히 주의를 준다. 자네 몸에 (누군가가) 손대거나, 집 근처에 얼른(얼씬)하면, 즉각 급살할 것이니…….[37] 죽어가면서까지 과도한 집착과 소유욕을 보이는 것이 오히려 이상해 보인다. 자신의 송장을 치우려고 하는 자를, 아내와 정분이 날까 봐 죽음으로 몰아넣는다. 치상(治喪)하는 자들은 살아남지 못한다. 옹녀는 그러지 말라고 넋두리로 하소연한다.

37 강한영 교주, 앞의 책, 450쪽.

> 여보소 변서방아, 어찌 그리 무정한가. 청석관에 만난 후에, 각 포구로 다니면서, 간신히 모은 전량(錢兩), 잡기(雜技 : 노름)로 다 없애고, 산중살이 하쟀더니, (……) 허신(許身)도 할 일 없이, 강짜를 하노라고, 송장 치러 간 사람을, 저 죽음 시켰으니, 이 소문 나거드면, 송장 칠 놈 있겠난가. 송장만 쳐낸 후에, 자네의 유언대로, 수절을 할 터이니, 다시난 강짜 마소.[38]

여러 가지 텍스트를 대조해 보아도 인용문 중에 '허신(許身)도 할 일 없이'에 이의를 제기하지 않는다. 이 허신은 여자가 남자에게 몸을 허락할 때 쓰는 말이 아닌가? 내 식대로의 해석이라면, '허신(虛身)도 하릴없이'여야 한다고 본다. 뜻은 대체로 생각해 '죽은 몸도 어쩔 수 없이' 정도가 아닌가 한다.

모든 일이 잘못된 것은 죄다 변강쇠의 강짜 탓이다. 그는 죽어도 죽지 않았던 것. 저승에 있어도 이승의 일에 간여하는 힘을 가지고 있었던 거다. 그는 삶과 죽음의 경계를 넘나들면서 힘을 행사한다. 이 힘은 폭력이기도 하다. 그는 살아생전에 의처증 탓에 옹녀에게도 폭력을 가했다. 걸핏하면 노름판에서 남과 싸웠다. 옹녀가 변강쇠의 이런 성정을 알고 원한에 의해 살해될지 몰라 도방 살림을 청산하고 산중 살림으로 모색하게 된 것이었다.

변강쇠에게 있어서의 폭력의 과정은 원형적으로 볼 때 성스러운 일종의 '희생의 메커니즘'으로 설명될 수밖에 없다. 이 용어는 르네 지라르의 『폭력과 성스러움』에 수없이 되풀이된다. 고대 그리스의 원형적인 관점에서 볼 때, 도시를 치유하기 위해서는 도시 전체를 오염시키는 불순한 존재를 색출하여 추방해야 하며[39], 희생양에게 가하는 폭력이 도시의 질서와 평화를 회복시킨다는 것을 목적으로 삼아야만 논리가 있어 보인

38 같은 책, 113쪽.

39 르네 지라르, 『폭력과 성스러움』, 김진석 외 옮김, 1993, 128쪽, 참고.

다.[40] 이 논리가 선 자리에 희생적 추방제의 내지 희생의 정화(淨化) 기능이 존재한다.

변강쇠는 고향으로부터 추방된 옹녀를 만나 부부가 되어 여기저기 포구를 떠돌았다. 변강쇠 부부가 간 포구는 근대이행기의 도시와 같은 형태의 '모둠살이—도방살이'이다. 그들이 간 곳의 하나인 법성포는 '파시평(波市坪)'의 하나다. 이것은 조기 등과 같은 생선이 한창 잡힐 때 바다 위에 열리는 장시이다. 변강쇠는 가는 곳마다 잡기(노름)와 시비와 의치증과 폭력을 일삼아 문제를 일으킨다. 그들 부부는 전형적인 유랑민이었다. 마지막으로 정착한 곳이 지리산 함양 땅인데, 삶의 형태는 '홀로살이—산중살이'이다.

그러나 변강쇠의 성정으로 보아서는 인근 기존의 정착민과 갈등을 일으키지 않을 수 없었다. 새로운 경계에 입사하려는 유랑민과, 기득권을 선점해 텃세를 부리려는 정착민의 갈등은 필지의 사실이다. 이 갈등의 과정에서 그는 마침내 패배하고 만다. 다음의 대조표를 보자.

유랑민 : 정착민

질솥 : 장승

족외혼 : 근친상간

토템 : 타부

유랑민의 상징물은 질솥이다. 변강쇠 부부는 토정(土鼎)을 짊어지고 지리산 기슭으로 왔다. 그의 거처는 임진왜란 때 피난 온 부자가 난리 중에 살았던 기와집 폐가다. 그들이 처음으로 한 일은 부엌의 아궁이에다 그 토정을 놓아두는 것이었다. 크기는 약탕 두어 배 정도가 아닐까? 토

40 같은 책, 131~132쪽, 참고.

정의 토박이말이 바로 질솥이다. 질흙(진흙)으로 구워서 만든 이 솥은 유랑민들의 필수품이었다. 흙으로 만든 솥, 요즘 식으로 말하자면 '흙수저'에 해당한다.

반면에 정착민들의 상징물은 장승이다. 장승은 마을의 입구에 서서 마을의 지킴이(수호신) 역할을 한다. 변강쇠가 이 장승을 뽑아버렸으니 기존의 정착민과 얼마나 관계가 좋지 않았나를 짐작해 볼 수 있다.

변강쇠와 옹녀의 결합은 고향이 각각 삼남(남부)과 양서(서북)이듯이, 족외혼의 은유로 읽힌다. 족외혼은 토템 숭배의 산물이다. 서로 다른 성(姓)은 원시 토테미즘으로부터 변형된 것이다. 그런데 모여 사는 사람들은 근친상간으로부터 자유롭지 못하였을 것이다. 족내(族內)의 구성원들끼리 절대 '상피(相避) 붙'지 못하게 강한 금기 체계를 만들어 왔다.[41] 이 유습이 우리에게 얼마 전까지 존재한 동성동본 결혼 못하기이다. 변강쇠가 뽑은 장승이 낯선 이방인이 자기 영역을 넘보지 못하게 하는 타부와, 자기 영역의 피붙이끼리는 함부로 상피 붙는 일이 없도록 하기 위한 타부, 두 겹의 금기 체계를 가진 '눈 부릅뜬' 표상이었다. 물론 현대인의 시각에서 볼 때 한낱 우상에 지나지 않지만 말이다.

프로이트의 대립적인 개념인 토템과 타부는 각각 족외혼과 근친상간을 말하는 것이다. 정착민의 시각에서 볼 때, 변강쇠는 오이디푸스처럼 외부로부터 들어온 불가사의한 악이다. 그들은 삶의 터전 전체를 오염시키는 불순한 존재를 색출하여 추방해야 한다고 본다.[42]

희생양에게 가하는 폭력이 도시의 질서와 평화를 회복시킨다는 것을

41 민속학자 손진태에 의하면, 장승의 기원은 근친상간에 있다. 아버지가 딸에게 정욕을 가진 후에 실망한 딸이 자살하여 세운 것이 장승이라고 한다. 이는 설화적인 수준에 지나지 않는다. 정확한 뜻은 마을 공동체의 질서와 안정을 염원하는 데 있다. 설중환이 본 장승의 의미는 아버지가 친딸에게 느끼는 것처럼 무절제한 변강쇠의 성적 본능에 있다고 본다. (설중환, 『꿈꾸는 춘향』, 나남출판, 2000, 231쪽, 참고.)

42 르네 지라르, 앞의 책, 128쪽, 참고.

목적으로 삼을수록 더욱 논리적인 것으로 보이는 것이 소위 희생제의(rite-sacrificielle)요, 희생의 메커니즘이다. 프로이트의 『토템과 타부』는 문화 질서의 기초로서의 희생 메커니즘에 관한 명제에 가장 가깝게 접근한 저서이다. 희생 메커니즘이 신성한 것으로 돌변하며, 또 원시종교적인 기원으로 회귀한다. 요컨대 희생제의는 폭력의 방향을 외부의 희생물에게로 향하게 한다는 말이다.

변강쇠는 희생양으로서의 제물이 된다. 물화된 폭력이 가해진 것이다. 변강쇠가 먼저 주물(呪物)인 장승에게 폭력을 가해 생겨난 업보이다. 정신분석학적으로 볼 때, 변강쇠가 일종의 남근 상징인 장승을 뽑았다는 것은 이른바 '살부(殺父)'의 원형 심상이다. 그는 아버지(들)의 세계에 의해 즉각 복수를 당한다. 그러나 더 깊이 들어다 보면 다른 해석도 가능하리라고 본다.

부엌에 있는 부뚜막이나 아궁이의 여신이 있다. 민간신앙에 의하면 조왕신인 것. 우리 조선 후기에 민중들은 조왕신을 늙은 여신으로 믿어 왔지만 경우에 따라서는 그림으로 묘사될 때 수염 있는 할아버지의 상이 되기도 했다. 남근(장승)을 뽑아 여근(아궁이)에 넣어 불로 태운다는 것은 부엌 신에 대한 목신의 단순한 처형이라기보다 아버지의 우상이나 남성성의 존재에 대한 격한 저항이기도 하다.

이것은 프로이트적인 관점에서 볼 때 오이디푸스기의 반항이라기보다는, 지혜가 없이 그저 자신의 힘만 믿은 변강쇠가 유아기적인 미성숙한 단계에서 '전(前) 오이디푸스적(pre-oedipal)'인 무서운 어머니(조왕신)에 의한 원형적인 소멸의 단계에 머물고 있음을 시사하는 것이기도 하다. 그럼으로써 그는 소멸(죽음)에 이른다. 물론 이건 하나의 가설이다.

저 르네 지라르의 『폭력과 성스러움』에서 보듯이, 서로가 서로에게 가해진 폭력은 원시적인 원형의 모티프에 의하면 성스럽다. 폭력 속에 성스러움이 존재하고, 또 성스러운 것 속에 폭력이 존재하고 있다. 폭력의 작용과 성스러운 것의 작용은 같은 것이다.[43] 즉, 희생의 메커니즘은 폭력과 성스러움의 일치로 귀결되는 것이다.

판소리 사설인 「변강쇠가」는 괴담 중의 괴담이다. 송장을 치우려다가 송장에게 저주를 받아 여덟 명의 송장으로 늘어나 일이 더욱 엉망진창이 된 이야기다. 하지만 이 괴담은 원시 제의의 원형의 관점에서 볼 때 일종의 성스러운 괴담이라고 할 수 있다. 복잡하게 얽힌 문제는 서울 재상댁 마종으로 좋은 말 고르기 일로 함양에 잠시 와 있던 '뎁득'에 의해 해결되어간다. 이 뎁득의 존재는 '짝패(double)의 출현'이라고 할 수 있겠다. 르네 지라르는 이 짝패에 관해 적지 않은 지면을 할애하였다.[44] 짝패는 조력자이기도 하고 경쟁자이기도 하다. 문학의 이야기는 짝패에 의해 이루어간다. 오이디푸스와 테이레시아스, 돈키호테와 산초, 오셀로와 이야고, 말뚝이와 취발이…….

그런데 특이한 것은 변강쇠와 뎁득은 살아서 서로 만나지 못한 짝패이다. 각별한 유형의 짝패라고 할 수 있다. 다만 옹녀의 매개로 삶과 죽음, 이승과 저승의 경계에서 상대의 존재성과 상징적으로 대면한다.

뎁득은 희생제의의 제사장 역할을 수행한다. 뎁득이 제시한 해결의 방안은 소위 '영투지(寧鬪智), 불투력(不鬪力)'이다. 차라리 지혜로 싸울지언정 힘으로 싸울 일이 아니다는 것. 뎁득이라는 이름이 만득자(晩得子)를 의미하듯이, 그는 지혜로운 문제의 해결자이다. (늦게 얻은 아이가 영리하다는 민간의 속설이 있다.) 오이디푸스의 짝패인 테이레시아스가 비록 맹인이지만 불가사의한 예언자이듯이 말이다.

그는 더 이상 폭력에 의한 희생은 없어져야 한다고 본다. 더는 희생양으로서의 제물, 제의의 희생물이 생겨서는 안 된다는 얘기다. 뎁득은 자

43 같은 책, 390쪽, 참고.
44 같은 책, 241~251쪽, 참고.

신이 옹녀를 건드린다면 변강쇠의 아들이라고 단언하면서 절대 그런 일이 없을 거라고 장담한다. 마지막으로 여덟이나 된 송장을 치상하는 굿을 했다. 악공들이 풍악을 울리면서 넋두리 춤을 추었다. 어라 만수 저라 대신, 넋수야 넋이로다. 송장들도 감응했는지 붙은 땅에서 떨어져 땅속에 묻혔다. 일이 끝이 나자 옹녀가 소식 없이 어디론가 사라진 사실도 암시된다.

덧붙일 말이 하나 있다.

뎁득은 그동안 거의 주목하지 못한 캐릭터이다. 그는 고대 그리스의 비극인 「오이디푸스」에서 테이레시아스에 해당하는 인물이다. 변강쇠와 옹녀와 뎁득은 똑같이 비중 있게 다루어져야 할 인물이다. 삶의 옹녀와 죽음의 변강쇠 관계를 이어주기 위해 가운데 끼어든 인물이다. 그 중개적인 역할은 제의적인 성격이 매우 강하다. 이 부분에 관해서는 향후 심도 있는 재해석, 재조명이 있어야 할 것으로 보인다. 옹녀 역시 가부장제의 해석에 따라 판소리의 창자(화자)가 '성애적 측면만을 탐하는 음녀의 형상으로 그려놓아 철저히 왜곡'[45]시켜 놓았다고 본다면, 오늘날 페미니즘의 관점에서 다시 읽기가 적극적으로 시도되어야 할 것이다.

45 박경주, 「여성문학의 시각에서 본 19세기 하층 여성의 실상과 의미」, 『국어교육』, 2001, 227쪽.

참고 문헌

1. 기본 자료

강한영 교주, 『신재효 판소리 사설 여섯마당집』, 형설출판사, 1982.

김봉호 편, 『판소리 창본집』, 백문사, 1991.

신재효 지음, 김창진 옮김 『변강쇠가』, 지식을만드는지식, 2009

2. 논문

김종철, 「판소리 리얼리즘과 그 특질」, 『국어교육』, 제104권, 2001.

박경주, 「여성문학의 시각에서 본 19세기 하층 여성의 실상과 의미」, 『국어교육』, 제104권, 2001.

서종문, 「'변강쇠가' 연구(上)」,『창작과비평』, 1976, 봄.

서종문, 「'변강쇠가' 연구(下)」,『창작과비평』, 1976, 여름.

이명선, 「조선 연(軟)문학의 최고봉 '변강쇠전'」, 『신천지』, 1949, 7.

3. 단행본

서대석, 『한국구비문학에 수용된 재담 연구』, 서울대 출판부, 2004.

설중환, 『꿈꾸는 춘향』, 나남출판, 2000.

『성씨의 고향』, 중앙일보사, 1989.

인권환, 『판소리 창자와 실전 사설 연구』, 집문당, 2002.

정현숙, 『한국현대문학의 문체와 언어』, 푸른사상, 2005.

한글학회 엮음, 『판소리 사설에 나타난 우리말의 아름다움』, 한글학회, 1990.

4. 번역서

르네 지라르, 『폭력과 성스러움』, 김진석 외 옮김, 1993.

페터 지마 지음, 허창운 옮김, 『텍스트사회학』, 민음사, 1991.

변강쇠타령의 공연예술적 전승 및 존재 양상

이진원

1. 머리말

변강쇠가는 조선 후기 판소리의 하나로 발전해온 예술이었다. 조선후기 판소리 열두 마당의 하나로, 이후 신재효가 판소리를 정리할 때는 여섯 마당의 하나였던 판소리 변강쇠가는 일제강점기를 거치면서 전승되지 않는 판소리로 전락할 수밖에 없었다.

그러나 서도잡가의 하나로서 전승되던 변강수타령은 해방 후까지도 전승이 이어지면서 오늘날에도 서도소리 창자들의 주요한 레파토리의 하나로 정착하였다. 동시에 판소리 변강쇠가의 경우는 그 전승이 맥이 단절되었지만 박동진 명창의 노력으로 재창조되기에 이른다. 또한 신재효의 판소리 창본을 토대로 변강쇠가는 다양한 공연예술 작품의 탄생을 이끌게 되었는데, 국립창극단은 변강쇠가를 창극으로 제작하여 창극계에 새바람을 일으키기도 했다.

내용상으로 본다면 변강쇠가는 변강쇠와 옹녀의 고단한 삶을 죽음과 치상(治喪)이라는 소재를 통하여 놀이, 폭력, 성, 금제, 쾌락, 신성모독 등 다양한 인간 본성을 파헤친 문제적 작품이라 볼 수 있다.[1] 변강쇠와 옹녀는 두 남녀의 행각을 통해 그들의 삶을 둘러싼 여러 다양한 인간 문제들을 대중들에게 폭로하는 이 작품은 21세기 오늘날에는 다양한 형태로 변형되어 존재하고 있기도 하다. 전통적인 공연예술적 전승 이외에 만화, 연극이나 영화로 제작되기도 하였고, 변강쇠와 옹녀는 그 자체가 캐릭터화되어 여러 상징으로서 활용되고 있기도 하다.[2]

이에 본고에서는 전통적인 의미에서의 변강쇠가의 공연예술적 전승과 그 존재 양상에 방점을 두고, 조선 후기 판소리 변강쇠가로부터 오늘날 제작된 창극까지의 변천 과정을 사적으로 검토해 보고자 하였다.

2. 판소리 변강쇠가의 전승 양상

판소리 변강쇠가는 과거의 전승이 단절된 판소리의 하나로 알려져 있다. 변강쇠가의 이른 기록 중의 하나로 조선 순조 때 송만재(宋晩載)가 지은 한문시 "관우희"가 있다. 관우희는 송만재의 아들 지정(持鼎)의 등과(登科)를 축하하기 위해서 지은 것이라 한다. 가난했던 송만재는 아들 급재를 축하하기 위한 연희를 벌이지 못함을 서운해 하며 재인(才人)들의 우희(優戱)를 묘사하여 연희를 대신했다고 한다.

관우희에는 춘향가, 적벽가, 흥보가, 강릉매화타령, 가루지기타령(일명 변강쇠타령), 왈자타령(日者打令), 심청가, 배비장전, 옹고집전, 가짜신선타령, 별주부전(일명 토끼타령), 장끼전 등의 판소리 열두마당을 기록하고 있

---

1 이국자, 「제7장 박동진 소리 변강쇠가」, 『판소리 연구—80년대 名唱의 판소리를 中心으로』 (서울: 정음사, 1988), 재판, 141~81쪽 참조.

2 본문에서는 검토하지 않았지만 신재효 창본 변강쇠가에는 독경장이, 각설이패, 솟대쟁이(초란이), 풍각쟁이패, 각설이패, 사당패 등 민간 예인과 집단의 공연 예술에 대해서 비교적 소상히 알 수 있는 내용들이 수록되어 있어 판소리 창본으로서의 가치도 존재하지만 풍부한 공연예술 자료로도 기능하고 있다.

다. 따라서 판소리 열두마당이 존재하던 순조 때에도 변강쇠가는 존재하고 있었음을 알 수 있다.[3] 송만재가 기록한 변강쇠가는 강쇠가 관도의 장승을 베어 땔깜으로 만들고 꿈속에서 장승들에게 고통을 당하고 병에 걸려 죽은 후, 남은 옹녀가 산중에서 치상하는 동안 그에 빠진 남정네들을 비웃고 있는 내용을 잘 묘사하고 있다.

〈인용 1〉

官道松堠析[4]作薪	큰 길가의 나무 장승 패어 땠다가
頑皮噱服夢中嗔	모진 피부 부라린 눈 꿈에도 호통
紅顏無奈青山哭	고운 얼굴 속절없이 산에서 우니
瓜圃痴黏有幾人	외밭에 붙은 바보 몇이나 되나

위 관우희의 마지막 구절을 보면 "외밭에 붙은 바보 몇이나 되나"로 해석이 되어 있는데, 뎁득이와 각설이들이 송장치우다가 붙은 곳이 참외밭이이므로 '瓜圃'라는 표현을 쓴 것이라 볼 수 있다. 윤광봉은『한국연희시연구』에서 이 마지막 구절을 "벼슬에 어리미침 몇이란 말가"로 해석하여 놓고 "결구는 '誤人男子'들이 시체를 치우다가 하나씩 죽어가는 것을 묘사한 것인데 '瓜圃痴堠'은 바로 taboo에 대한 침범의 업보로써 송장 치우다 죽은 사내들의 사설을 의미한다. 즉 〈橫負歌〉 마지막장 '이 세상 오입객이 迷魂津을 모르고서 治客誨淫 粉黛窟에 幾人到此誤平生고'의 표현 그대로이다."라고 해석하였다.[5]

---

3 윤주필, 「연희시가의 전통에서 본 〈관우희〉」, 『열상고전연구』(서울: 열상고전연구회, 2013), 제37호, 5~79쪽.

4 '斫'(연세대본). 구사회, 「새로 나온 송만재의 〈우희(觀優戱)〉와 한시 작품들」, 『洌上古典研究』(서울: 洌上古典研究會, 2012), 제36집 참조.

5 尹光鳳著, 『改訂 韓國演戲詩研究—송만재의 〈觀優戱〉를 중심으로』(서울: 도서출판 박이정, 1997), 158쪽. 필자는 마지막 구절 "외밭에 붙은 바보 몇이나 되나"의 해석에 동의하지만,

이유원(李裕元, 1814~1888)의 관극시(觀劇詩) 관극팔령에도 판소리 여덟마당이 소개되어 있고, 제팔령 〈장정후(長亭堠)〉으로 〈변강쇠가〉를 읊고 있다. 이유원은 제팔령에서 변강쇠가에 나타나는 장승이 온갖 병을 변강쇠에게 옮기는 이야기, 그리고 옹녀의 기구한 운명 이야기는 현실에서는 있을 수 없는 일임을 지적하고 있지만 당시 그가 판소리 열두마당이 아니라 여덟마당의 하나로 변강쇠가를 인식하고 있었다는 것은 변강쇠가가 기층 민중 사회에서 여러 가지 기능을 담당하고 있었다는 것을 미루어 짐작케 한다.[6]

〈인용 2〉

堪笑路傍一木人	길가에 장승 하나 우습기도 하구나
可能呪痒百千神	온갖 귀신의 병 옮길 수 있다니
莫非主媼緣奇薄	주인 마누라 인연이야 기박하지만
辭或是之不是眞	말이야 옳다해도 진실은 아니라네

변강쇠가가 판소리창본으로 남게 된 것에는 신재효의 역할이 크다. 신재효는 고종 때 계통없이 불리던 판소리를 정리하여 춘향가, 심청가, 박타령, 가루지기타령, 토끼타령, 적벽가 등 여섯 마당으로 체계를 세웠다.[7] 송만재, 이유원을 거쳐 변강쇠가는 판소리 여섯마당의 하나로 정리되었다는 것은 변강쇠가가 단지 음남음녀만의 이야기가 아닌 놀이, 폭

여기서 '瓜圃'를 과부(寡婦)의 음차로 본다면 '瓜圃痴黏'은 '과부에 미쳐 붙어버린 이'로 중의적 해석도 가능하다고 본다.

6 장석규, 「〈관우희〉·〈관극팔령〉의 창작방법과 송만재·이유원의 작가의식」, 『문학과 언어』(文學과 言語硏究會, 1991), 제12집, 246~7쪽.

7 신재효 찬저·강한영 해제, 『인문과학자료총서5 신재효판소리전집』(서울: 연세대인문과학연구소, 1969); 『(申在孝) 판소리사설集全』(서울: 民衆書館, 1972); 신재효 지음·강한영 옮김, 『한국판소리전집』(서울: 서문당, 1996), 개정판; 최혜진·이문성·이유경·서유석·김선현, 『쉽게 풀어 쓴 신재효 판소리 사설집』(서울: 민속원, 2012).

력, 성, 금제, 쾌락, 신성모독 등 조선 후기 사회의 여러 가지 문제들을 희극적인 판소리로 풀어낸 걸작이였기 때문이라 생각된다.

변강쇠가는 여러 이본으로 존재하고 있는데 성두본(星斗本)은 "신재효본의 완형본으로서, 뎁득이가 강쇠의 시체를 등에 지고, 시체를 세 도막을 낸 이후, 여전히 등에 남아 있는 강쇠의 가운데 몸체를 갈아버리는 대목이 있다."고 하며, 고수본(古水本)은 "성두본이 완형이라면, 고수본은 뎁득이가 강쇠의 시체를 등에 지고, 시체를 세 도막 낸 이후, 강쇠의 가운데 몸체를 갈아 버리는 마지막 부분이 탈락되어 있다."고 한다. 또한 김동욱 소장본, 〈가루지기타령 · 横負歌〉 등사본은 이병기 소장본으로 모두 고수본에 속한다고 한다.[8]

정노식의 『조선창극사』에는 변강쇠가가 조선후기 8명창으로 가중왕이라 일컫는 송흥록이나 장자백의 장기였다고 한다.[9] 송흥록은 판소리에 우조, 계면조를 체계화시키고, 진양조를 도입하는 등 판소리의 새로운 부흥을 가져왔던 인물이며, 동편제의 기틀을 확립하여 동편제의 명가 송씨 가문으로 송광록, 송우룡, 송만갑 등 명창들이 그의 뒤를 따랐다. 또한 장자백(張子伯)은 김세종의 제자로 동편제의 또 다른 한축을 담당했던 명창이었다. 정노식의 기록대로라면 변강쇠가는 동편제 판소리 명창들의 주요한 레파토리였을 가능성이 크다.

해방 후 변강쇠가를 재현한 박동진 명창은 1920년대에는 전북 익산 출신의 유공렬이라는 명창이 변강쇠가를 불렀다는 증언하기도 했다. 박동진 명창의 증언이 확실하다면 판소리 변강쇠가는 일제강점기에도 전승되었다고 보는 것이 옳다. 하지만 앞으로 살펴보겠지만 유공렬 명창

8 강윤정, 「박동진 창본 〈변강쇠가〉 연구」, 『판소리연구』(판소리연구, 2008), 제25집, 90~91쪽.

9 鄭魯湜, 『朝鮮唱劇史』(京城: 조선일보사출판부, 1940)의 25쪽에는 송흥록의 장기로 변강쇠타령이 소개되어 있고, 105쪽에는 장자백의 장기로 변강쇠타령이 소개되어 있다.

이 공개적으로 변강쇠가를 불렀던 기록은 찾아보기 어렵다.

근대기 판소리의 경우 새로운 환경에 맞는 변화가 나타나기 시작했다. 1902년 왕립흥행회사에 해당하는 협률사에 의해서 시작된 창극이 새롭게 등장한 현대식 실내 극장인 희대에서 처음 무대에 올려지게 되면서 과거 판소리의 소비 형태가 바뀌기 시작한다. 협률사의 광대들은 대중들의 환영을 받으며 좋은 대우를 받았다. 하지만 근대가 국가의 명운이 풍전등화에 놓인 상태에서 협률사의 흥행 행위는 모든 이들의 환영을 받았던 것은 아니었다. 나라의 기둥이 될 젊은 유생들이 연극에 빠져 제 구실을 못하는 행태에 대해 날카로운 비판이 이어졌다. 또한 무대에서 불려지는 판소리의 사설과 판소리 명창들의 옳지 못한 행동이 미풍양속을 해친다는 주장도 이어지며 판소리계에서도 스스로 자정 노력이 이어지게 된다. 결국 공개적인 자리에서 음남음녀의 이야기를 노래하는 변강쇠가는 불려지기 어려운 상황에 처하게 된 것이다. 더군다나 일제강점기 창극계에서는 정화 운동이 일어나서 음난한 가사의 변강쇠가의 경우 공개적인 자리에서 불리기 어려웠을 것이다.

박동진 명창이 증언한 바 유공렬 명창이 당시 변강쇠가를 불렀는가에 대한 여부는 지금으로서는 확인하기 어렵다. 유공렬 명창이 대중에게 들어난 시기가 1920년대 후반이라는 점이 박동진 명창이 기억하는 유공렬 명창의 대중적 활동 시기에 잘 부합하는 것은 일제강점기 판소리 변강쇠가 존재에 긍정적인 면이 될 것이나 류공렬 명창의 고향이 아래 인용과 같이 충남 공주라는 것이 박동진 명창의 기억과 차이가 있다.

〈인용 1〉 조선의 명창의 한 사람으로 놀애 불으는 사람이 사람다운 대접을 못밧는 세상에 머물러 잇는 것은 치욕이라고 하야 이제로부터 삼십년 전에 표연히 경성을 써나 고향인 충청남도 홍성군 고도면 가곡리에 은거하야 홀로 록수청산과 놀애 벗을 삼은 유공렬씨는 칠순을 맛는 금년에 삼십년 써나사든 경

> 성에 나타낫다는 데 씨는 일즉히 이름 놉든 명창 정춘풍 선생의 수제자로 대원군과 고종황뎨의 총애도 깁헛섯다고 한다. 그가 불으는 가사는 모도가 원문에 충실하야 듯는 이로 하야곰 황홀케 하며 그의 목청은 독특한 늣김이 잇서 조선에 명창이 만타하나 고질한 긔개와 류창한 가사와 정려과 애수에 잠겨 노는 이는 업슬 것이다. 세상도 새로워지고 조선음악게 대한 리해와 대우도 달라젓다는 소문을 듯고 명고수 한성준 군의 권유를 쪼차 경성에 온 것이라 하며 목하 종로 이정목 조선축음긔상회에 두류 중인데 동호자 간의 시텽회 계획도 만타더라.[10]

유공렬 명창은 명고수 한성준의 권유로 경성에 도착하여 독창회를 개최하여 단가를 비롯하여 춘향가와 적벽가를 대중들에게 들려주었다. 당시 그가 경성으로 돌아왔던 소식은 1928년 판소리계의 중요한 소식으로 매일신보를 비롯하여 거의 모든 일간지에서 다루어 주었다. 그만큼 정춘풍 명창이 수제자로 고종의 총애를 받았던 유공렬 명창에 대한 관심이 대단했음을 알 수 있다. 유공렬 명창이 조선축음기상회에 두류하였다고 하였지만 음반 취입에는 인색하였던 것 같다. 당시 유성기음반 회사로 닙보노홍 레이블의 음반을 취입하던 조선축음기상회에서 조차 그의 음반을 내지 않았다고 보이기 때문이다. 어찌되었든 유공렬 명창의 스승이었던 정춘풍은 소리제가 송흥록제와 다르면서도 동편제의 가풍을 가지고 있었다고 하니 변강쇠가를 부른 판소리 명창의 소리 계통을 동편이라 보는 것은 큰 무리가 없을 것 같다.

최동연은 「변강쇠가」에서 유공열과 더불어 근대 5명창의 한 사람인 전도성(全道成) 또한 변강쇠가를 잘 불렀고, 1930년대 창극으로 변강쇠가가 공연되었다고 기술한 바 있다. 전도성은 정노식이 『조선창극사』를 기

10 「숨엇든名唱劉公烈 樂壇에 再現」, 『동아일보』, 1928년 2월 12일자 기사 참조.

술할 때 구술을 통해 판소리의 맥을 잡아 주었던 명창이었으며, 부친 전명준과 동편제 명창 송우룡에게서 소리를 배운 이였다. 아마 전도성이 변강쇠가에 능했다고 하더라도 대중들에게 공개되는 자리에서는 당시로서는 변강쇠가를 부르기 어려웠을 것이다.[11] 또한 1930년대 창극으로 공연되었다는 기술은 현재로서는 신문 지상을 통해 그 공연 사실을 확인할 수 없는 상황이므로 확정하기가 어려운 것이라 하겠다. 일제강점기에는 판소리 변강쇠가에 대한 신문 기사를 통해 접할 수 없었으며, 아래와 같이 잡지에 신오위장을 소개하는 기사 속에 변강쇠가에 대한 간략한 언급이 보일 뿐이기 때문이다.

〈인용 3〉 春香歌는 男・女・童唱 三種이 있으니 男唱은 文章이 雄建하고 簡潔하여 男性的이오 女唱은 流麗하고 纖細하여 女性的임이 特色이요 童唱은 童伎나 아이 광대에게 적당하도록 創作한 것입니다. 여섯마당 중 卞강쇠타령은 先生의 創作이라는데 그는 淫亂한 南男北女를 主人으로 그들스런 行動과 醜惡한 場面을 고립없이 들어내고 無慘한 最後를 無慈悲하게 그려낸 것이니 그 당시의 社會相의 一面이 歷々니다.[12]

해방 이후에는 박동진 명창에 의해서 변강쇠가가 판소리로 창작되어 재현되기에 이른다. 박동진 명창이 변강쇠가를 재현하기 전 우리 판소리의 전승은 매우 어려웠다. 일제강점기 조선성악연구회와 같은 단체의 화려한 공연을 기억한다면 해방 후 전통 판소리의 전승은 매우 어려워 유기룡 전 문화재전문위원의 신문 기고문을 보더라도 판소리 전승을 위한 체계적인 기반이 1960년대 초반까지도 거의 존재하지 않았다고 볼

11 최동현, 「변강쇠가」, 『박동진 창 변강쇠가(가루지기전) 광대가』(서울: 신나라, 1991), 음반 해설서 참조.

12 曹雲, 「近代歌謠 大方歌 申五衛將」, 『新生』(京城: 新生社, 1929), 2월호(2권2호) 참조.

수 있었다.[13]

이후 국가 주도로 국립창극단이 만들어지고, 무형문화재로 판소리가 종목으로 지정되었으며, 박동진 명창의 완창판소리가 등장하며 판소리가 새롭게 대중들에게 다가오게 되었다. 박동진은 1968년 흥보가를 시작으로 1970년 심청가, 1971년 적벽가, 1972년 수궁가를 완창으로 공연하였는데, 이와 더불어 변강쇠타령, 옹고집전, 숙영낭자전 등과 같은 사라진 판소리들을 복원해 내기도 했다. 그의 완창 판소리는 기존에 토막소리 중심으로 공연되던 판소리계에 혁명과 같은 것이었다. 박동진은 자신의 실력을 시험하기 위하여 완창 판소리를 구상했다고 했는데, 그의 판소리 열두 마당에 대한 도전은 사라진 변강쇠가를 재현해 내는데 중요한 계기가 된 것이라 볼 수 있다.

박동진 명창이 변강쇠타령을 처음 완창한 것은 1970년 8월이었다. 같은 해 8월 19일자 『경향신문』의 「「변강쇠타령」 完唱 판소리, 朴東鎭씨」 기사에서는 23일 시민회관 소강당에서 3시간 30분에 걸쳐 완창한다는 예고가 났으며,[14] 8월 21일자 『동아일보』의 「박동진씨 作曲發表會」 기사에서는 한국국악협회 주최로 박동진씨 작곡발표회가 22일 오후 5시 30분 한국일보사 강당에서 열리는데 그 곡목이 변강쇠타령이라 하였다.[15] 『동아일보』에서는 22일에도 박동진 창의 변강쇠타령 공연 기사를 싣고 변강쇠타령이 68년 흥부가, 69년 춘향가, 1970년 4월 심청가에 이어 네

---

13 劉起龍, 「판소리는 없어저야 할 것인가(상)」, 『동아일보』, 1961년 2월 16일 4면 기사 참조. "판소리는 國樂의 代表的 形態일뿐 아니라 어떤 外的 影響도 받음이 없이 形成되고 傳承되어 온 純粹한 民衆의 藝術이다. 오랜 歷史를 통하여 한 나라의 固有 音樂으로서의 傳統과 價値의 優越性이 어느 民族音樂에 比肩해서 뒤지지 않을 뿐 아니라 오히려 높은 藝術性을 지니고 있음을 自他가 共認하는 바 이 귀중한 文化財는 현재 繼承할 길이 없어 바야흐르 그 命脈을 다할 위기를 맞이했다."

14 「「변강쇠타령」 完唱 판소리, 朴東鎭씨」, 『경향신문』, 1970년 8월 19일자 5면 기사 참조.

15 「박동진씨 作曲發表會」, 『동아일보』, 1970년 8월 21일자 기사 참조.

번째 완창 판소리로 김득수, 한일섭 양씨가 고수였음을 알리고 있다.[16]

박동진의 변강쇠타령 복원에 대해 판소리 연구가 강한영은 『동아일보』에 감상평을 실은 바 있는데 실전 판소리의 복원이 중요성을 강조하였으나 작품의 성격상 경제가 많은 비중을 차지하여야 할 편곡이어야 했을 것이라는 아쉬움을 피력한 바 있다. 또한 발림과 너름새를 더 곁들이지 않은 점, 송만갑의 주장과 같이 판소리가 너무 현대화되었다는 느낌으로 수월하게 소리하려는 경향 등이 그에 해당한다고 하였다. 또한 첫 공연에서는 신재효본 전편을 모두 공연하지 않았으며, 공연 당시 신재효 본을 토대로 판소리를 작곡하였다는 언급을 하지 않았다는 것을 알 수 있다.

〈인용 4〉 朴씨의 넘치는 스테미너를 높이 평가한다. 그러나 藝道는 스테미너만으로 歸結되는 것이 아니라는 점도 알아두어야 할 것이다. 변강쇠타령은 東便制, 西便制, 中高制나 호령制 등이 상황에 따라서 불려져야겠만 作品의 性格上 京制가 더 많은 比重을 가져야 할 編曲(혹 作曲)이어야 했을 것이다. 변강쇠타령은 一種의 뮤지컬的인 作品이다. 그런 점에서 朴씨의 이번 編曲試唱은 어딘지 지루하고 따분하였다고 본다. 발린과 너름새를 좀 더 진폭있게 곁들였더라면 하는 아쉬움도 있다. 그리고 編曲이 너무 平凡하지 않았는가. 딴 作品에 있어서 그 編曲이 지금까지 대부분 그했듯이 춘향가나 심청가의 그 어느 대문을 그대로 따온 듯하였다. 이 점은 비단 朴씨에 限한 것은 물론 아니다. 판소리가 많이 現代化되었고나 하는 느낌을 朴씨의 소리를 들을 때마다 갖는다. 그것은 옛 名唱들의 소리制오 비교했을 때다. 圓覺社 이후 宋萬甲씨의 주장에서 비롯한 流派라고 볼 수 있는데 그 특징은 수월하게 소리하려는 경향을 지니고 있다. 朴씨에게서도 볼 수 있는 점이다. 異色的인 변강쇠타령의 연창회엔 二백여

16 「朴東鎭씨의 판소리 『변강쇠타령』 公演」, 『동아일보』, 1970년 8월 22일자 기사 참조.

명이 모였는데 三분의 二 쌍이 中年婦女들이었다. 朴씨의 小心한 점이었다고 할지, 本 作品을 걸러가면서 그 實相을 十分 소리해 보지 못한 점은 아쉽다. 변강쇠타령을 외설이다 性文學으로 처리하려는 태도는 그 作品理解에 있어서 그릇된 편견이며 先入觀이다. 朴씨는 이 試唱會를 계기로 다시 그 全編을 할 수 있는 기회와 용기를 가져주며, 完城하여 주기를 기대한다. 그리고 唯一本인 申在孝本을 소리하면서도 作家를 밝히지 않는 태도는 反省하여야 할 점이다. 끝으로 小劇場의 切實함을 이 기회에 다시금 切感한다.

강한영은 1970년 8월 22일 한국일보사 강당에서 개최된 박동진의 판소리에 대해서 기존의 판소리와 유사한 소리제로 구성되어 있음을 아쉬워했는데, 아래 이국자가 정리한 박동진 변강쇠타령의 대목별 장단 및 음조직을 보면 기존의 박동진 명창의 소리제에서 크게 벗어나지 못한 구성이라는 것을 알게 해주며, 강한영의 비판이 과장되지 않았음을 말해준다.

[표 1] 박동진 변강쇠타령 대목별 장단 및 음조직[17]

대목 번호	대목	장단(조)	대목 번호	대목	장단(조)
1	옹녀 상부이력	중모리	28	옹녀 통곡	자진모리(계면)
2	옹녀 쫓겨남	진양	29	망부사	중모리(흘림목)
3	변강쇠와 옹녀 청석골 만남	중모리(흘림목)	30	중 내려온다	엇모리
4	청석골 행례	중중모리	31	옹녀 슬프게 울다	중모리(계면)
5	사랑가	진양-중모리-중중모리	32	치상 부탁	중모리
6	도방살이	중모리	33	저 중이 좋아라고	중중모리

17 이국자, 「제7장 박동진 소리 변강쇠가」, 『판소리 연구—80년대 名唱의 판소리를 中心으로』(1988), 재판, 144~45쪽 표 인용.

7	지리산 찾아감	자진모리	34	중 문안 죽음	자진모리
8	지리산 정착	중중모리	35	허허, 이것이 웬일인가	자진모리(계면)
9	옹녀가 강쇠에게 나무해 오라 애원	진양(진계면)	36	초라니 등장	자진모리
10	강쇠 나무하러 가기	중모리	37	초라니 고사 죽음	휘모리
11	변강쇠 탄식	중중모리(계면)	38	또 죽었네, 또 죽었네	엇모리
12	초동 방아타령	중모리(경조)	39	풍각쟁이 등장	중모리(경조)
13	육자배기	진양	40	풍각쟁이 각기 재주 자랑	중모리
14	나무타령	중모리	41	풍각쟁이 연쇄죽음	중모리
15	변강쇠 장승호령	엇모리(호령조)	42	댑득이 등장	중중모리(경조)
16	옹녀가 깜짝 놀라	자진모리(계면)	43	한양낭군아 날 다려가시오	중모리
17	참사람이 타죽어도	중모리(호령조)	44	울지 마시오	중모리(경조)
18	장승 설원	중모리(계면)	45	각설이패 장타령	자진모리
19	작승 대방 대경, 팔도 장승 소집	자진모리	46	상두소리	중모리
20	장승 통문 전달	중모리	47	아이구 이게 웬일이냐 (송장붙음)	중중모리
21	장승 회의(강쇠치죄)	자진모리	48	여보시오 변서방 이것이 웬일인가	진양(계면)
22	변강쇠 발병	중모리	49	댑극이가 말을 한다 (지리산중 예쁜 여인)	중모리(계면)
23	병명가	자진모리	50	사당놀이	중모리 (경기창조)
24	송봉사 경읽기	휘모리	51	성주풀이	중중모리
25	이진사 맥짚고 약성가	자진모리	52	댑득이가 사정한다	중모리
26	변강쇠 유언	진양(계면)	53	여덟 송장 조사	중모리
27	장승죽음	중모리(우조)			

박동진의 변강쇠타령은 신재효의 창본과 비교에 있어 몇 가지 점이 차이가 있다는 연구는 주목할 만하다. 박동진은 신재효 창본을 대부분 활용하기는 했지만 '성을 매개로 한 희극미 추구'를 절제하고, 욕설을

통해 관객들에게 카타르시스 주는 희극미 추구로 방법을 선회하였으며, 내용에 있어 강쇠와 옹녀의 합장이라는 결말을 제시하여 강쇠와 세계와의 갈등을 해소하고자 시도하였다고 한다. 또한, 신재효 창본이 지닌 반민중적 정서의 결말과 괴기미를 극복하고, 대중의 기호와 욕구를 반영하는 결말를 차용하여 대중적 정서를 공유하였다고 한다, 그리고 마지막으로 민간 신앙이나 무속 제의적 성격을 지닌 사설을 배제하는 양상을 나타내 보임으로서 일견 같아보이는 신재효 창본과의 차별화를 꾀했다고 한다.[18]

박동진이 판소리 열두 마당을 복원할 수 있었던 것은 매일 새벽에 나가 소리 연습을 시작하여 저녁 늦게까지도 소리를 연마했던 성실함에 있었으며, 어느 때건 관중들이 원하는 소리를 무대에 올릴 수 있는 저력을 가지고 있었다고 한다. 1990년 신나라 레코드에서 변강쇠타령을 음반[19]으로 제작하기 위해서 최동현과 함께 작업을 했을 때 아래 인용과 같이 제작자의 시간에 맞춰 어느 때건 녹음을 할 수 있다고 해서 사람들을 놀라게 한 적이 있다고 한다.

〈인용 5〉 전주에서 있었던 일이다. 〈대한고우회〉라는 단체에서 박동진을 초청해 공연을 하게 되었다. 장단은 〈대한고우회〉 회원들이 맡았다. 행사 주최측에서는 박동진을 초청한 다음 공연장에서 바로 어디를 불러달라고 하였다. 그런데 박동진은 불러달라는 대로 아무 소리나 막힘없이 불렀다. 무대에 한 번 서려면 며칠씩 연습을 해야 하는 요즈음의 소리꾼들과는 완전히 달랐다. 〈변강쇠가〉 녹음을 할 때도 그랬다. 박동진을 만나서 〈변강쇠가〉 녹음을 하자고 했더니 바로 좋다는 대답이 나왔다. 그러면 언제 녹음을 할 거냐고 물었다. 그랬더니

18 강윤정, 「박동진 창본 〈변강쇠가〉 연구」, 『판소리연구』(2008), 제25집, 89~109쪽,

19 『신나라 판소리 명인 시리즈(005) 변강쇠가(가루지기전) 창:박동진 고수:주봉신』(서울: 신나라레코드, 1991), (주)성음 SEL-RO184(3LP 박스물) 음반을 말함.

아무 때라도 가능하다는 것이었다. 날짜를 잡고 녹음을 시작하였다. 그런데 세 시간이나 되는 〈변강쇠가〉를 중간에 한 번 쉬고는 한 번에 녹음을 마쳐버렸다. 물론 사설집을 보지도 않았다. 한 번 쉰 것도 고수가 장단이 삐어 한 번 쉰 것이었다. 그 때가 1990년 8월이었으니, 박동진이 일흔다섯 되던 해였다. 보통 사람 같으면 자기 한 몸 가누기도 힘든 나이가 아닌가? 그런 노인이 단번에 세 시간짜리 녹음을 마칠 수 있었던 저력은 오직 연습, 자나깨나 연습뿐이었을 것이다.[20]

박동진 명창은 변강쇠타령의 첫 시창회를 마치고, 이후 기회가 될 때 마다 변강쇠타령을 공연했다.[21] 그의 공연 이후 변강쇠타령은 판소리계는 물론이고 다른 예술계에도 많은 영향을 미쳐 창극과 연극, 영화 등 분야에서도 변강쇠타령을 기본으로 하여 본격적인 재창조가 이루어졌다.

---

20 최동현, 「[최동현의 명창이야기] (47)명창 박동진(2)-광대로 불러주기를 원했던 사람」, 『전북일보』, 2010년 9월 13일 인터넷판 기사 참조. 박동진 명창의 변강쇠타령은 신나라 이외에도 오아시스에서 CD로 발매되기도 하였는데, 판소리가 즉흥의 예술이기 때문에 일부 사설과 소리에서 차이가 나타나고 있기도 하다. 이 음반은 1994년 삼성미디어/오아시스레코드에서 제작된 『국악 대전집』(OSKC-1051~1080, 30CD)의 가루지기타령 녹음집이며, 오아시스레코드의 『가루지기타령(1)~(3) 소리:박동진 고수:주봉신』(ORC-1423~1425, 3CD/저가 보급반)으로 발매되기도 하였다. 노재명 국악음반박물관 관장의 추정으로는 1993년~1994년 녹음으로 보았다.

21 대표적인 공연으로 桐里 申在孝 100주기 기념 공연으로 1984년 12월 18-21일까지 국립국장에서 개최된 완창판소리를 들 수 있는데, 박동진 명창의 변강쇠타령이 1970년 시창된 이후 일반 대중들에게 다시 선보였다고 한다. 「申在孝 1백주기 기념공연」, 『동아일보』, 1984년 12월 14일자 기사 참조. 또한 1990년 7월 28일에도 국립극장에서 완창판소리의 일환으로 박동진 명창의 변강쇠타령이 공연되었다. 「完唱판소리 발표회」, 『동아일보』, 1990년 4월 27일자 기사 참조.

[도판 1] 판소리 변강쇠타령 초연 당시의 박동진 명창[22]

3. 잡가 변강수타령의 연행 및 전승

잡가 변강수타령이 언제 형성되었는지는 현재로서는 알 수 없다. 장사훈은 『국악개요』의 변강쇠타령 조에서 남도 판소리 열두 마당의 하나였던 변강쇠타령의 한 대목을 서울 소리로 옮기어 굿거리 장단의 창부타령조에 의해 부른다 하며 아래와 같은 가사를 소개하기도 하였다.

〈인용 6〉 천하 잡 놈은 변강쇠/천하의 잡놈은 변강쇠라/자라는 호박에 말뚝 박어/우물 길에 똥 누기/아희 밴 부인 발길로 차기/재처논 밥에 돌 퍼붓기/불

22 「판소리 「변강쇠타령」을 熱演 중인 朴東鎭씨」, 『동아일보』, 1970년 8월 25일 참조.

붙는데 부채질하기/정절 과수 놀아내기/물에 빠진 놈 덜미 짚기/활 쏘는 양반 눈 멀이기로다/어화 둥둥 내 사랑아

이창배가 편찬한『한국가창대계』에서는 서울의 속가 항목에 변강쇠타령을 남도창으로서 〈토끼화상〉과 같이 〈창부타령〉과 흡사한 조에 넣어서 부른다 했다. 장사훈의 설명과 유사하나 다른 판소리의 하나인 수궁가의 한 대목인 〈토끼화상〉을 창부타령조로 부른 경서도잡가 〈토끼화상〉을 염두에 두고 기술한 것으로 보인다.

〈인용 7〉 이 〈변강쇠 타령〉 역시 남도창(南道唱)인데, 〈홍보가〉 중 놀보인 형의 마음보가 좋지 못함을 풍자한 것에서 파생되어 〈옹고집〉이니 〈가로지기 타령〉이니 〈변강쇠 타령〉이니 하는 것이 생겼는데, 어느 것이나 남도창으로 불리는 노래 뿐이다. 그런데 이것이 〈토끼 화상〉과 마찬가지로 〈창부 타령〉과 흡사한 조에 넣어서 부른다. 이 〈변강쇠 타령〉 역시 〈홍보가〉에서 파생된 것으로 믿어지는데 […중략…] 자신의 불우함을 넋두리하는 것이 〈홍보가〉나 〈옹고집〉에서 엿볼 수 없는 새로운 맛을 내는 것이며, 끝으로 비록 나쁜 짓을 도맡아 할 망정 부부 정리(夫婦情理)가 좋아 한바탕 노는 것으로 금슬이 두터움을 여실히 느러내는 것이 좀 이채롭다고 생각되며, 이것만은 노랫가락으로 끝을 여미지 않는 것이 또한 다른 노래와 같지 않은 점이다.[23]

위 인용에서 흥미로운 것은 변강쇠타령이 홍보가나 옹고집에서 유래했을 것이라 추정하는 것인데 앞 가사 인용에서 보면 변강쇠타령에 놀부심술대목을 그대로 사용하고 있는 것으로부터 이러한 주장의 근거가 된다고 생각된다. 정리하여 보면 장사훈이나 이창배 모두 서도잡가 변

23 李昌培,『韓國歌唱大系』(서울: 弘人文化社, 1976), 226쪽.

강수타령을 남도 판소리에서 기원한 것으로 보는 것이다.

이보형은 한강 이남 경기도, 전라남북도 등 지역에서 전승되는 육자배기토리에 대해 검토하며 서도소리 변강쇠타령 유래에 대한 간략한 검토를 진행한 바 있다.[24] 그는 창작자를 알 수는 없지만 남도의 판소리 변강쇠타령을 듣고 이를 다시 짠 것으로 보았다. 유성기음반에 보이는 서원준의 변강수타령과 김주호의 변강수타령 중 김주호의 것에는 '변강쇠 죽어 옹녀 탄식'하는 대목에서 육자배기토리가 담겨 있다는 사실을 확인한 것이다.

〈인용 8〉 그 대목은 이들 소리의 선율 틀의 구성음은 대체로 Mi, -1/4Sol, La, -1/4Si, +1/4do로 해석되며, 중요음을 보면, 청에서 4도 아래 음(Mi), 청(La), 청에서 2도 위 음(-1/4Si)로 되어 〈4도 + 2도〉구조로 되었고, 시김새를 보면 청에서 4도 아래 음(Mi)에서 요성(떠는 목)을 쓰고, 청에서 3도 위 음(+1/4do)에서 2도 위 음(-1/4Si)으로 퇴성(흘러내리는 목)하거나 꺾는 목을 쓴다는 점, 선율형에 Mi, La, -1/4Si로 4도 2도로 되는 선율형과 +1/4do에서 -1/4Si로 미분음으로 흘러내리는 선율형으로 되었다는 점에서 육자배기토리로 된 것을 알 수 있다.

위 인용에서와 같이 김주호의 '변강쇠 죽어 옹녀 탄식'하는 대목에서 육자배기토리를 쓰고 있다는 사실을 통해 일제강점기 변강수타령은 판소리에서 기원한 것이라 볼 수 있다.

이보형이 서원준과 김주호의 변강수타령만을 검토하였지만 일제강점기에 활동했던 경서도소리 명인으로 김주호, 민형식, 서원준, 김종조 등의 명인을 찾아볼 수 있다. 앞 세 명창은 일제강점기에 일축조선소리반,

---

24 이보형, 「전통사회에서 육자배기토리권 확산에 대한 고찰」, 『한국음반학』(서울: 한국고음반연구회, 2008), 제18호, 17쪽.

콜럼비아, 리갈, 오케 등의 유성기음반에 변강수타령을 취입하였으며, 김종조는 경성방송국에서 변강수타령을 방송하기도 했다.[25] 아래에 현재까지 파악된 일제강점기 유성기음반에 취입된 변강수타령의 음반 발매 상황을 정리하여 보았다.

[표 2] 일제강점기 유성기음반에 취입된 변강수타령[26]

음반회사 및 음반번호	갈래명	악곡명	연주자 및 반주자	발매 년도
일축 K856	雜曲	邊康壽打鈴(上) 邊康壽打鈴(下)	徐元俊	1931.12
Regal C120-A(21023) Regal C120-B(21024)	雜曲	邊康壽타령(上) 邊康壽타령(下)	徐元俊	1934.6
Columbia 40576-A Columbia 40576-B	西道 雜歌	邊康壽打鈴(변강수타령)(上) 邊康壽打鈴(변강수타령)(下)	閔亨植 長鼓金竹葉	1934.12
Regal C338-A Regal C338-B Regal C339-A Regal C339-B	雜歌	邊康壽打鈴(一) 邊康壽打鈴(二) 邊康壽打鈴(三) 邊康壽打鈴(四)	金周鎬 長鼓朴上根	1936.1
Okeh 20065(K1439) Okeh 20065(K1440)	西道 俗謠	邊江水打鈴(上) 邊江水打鈴(下)	金周鎬	1940.8

위 음반을 음악적으로 분석한 김인숙은 서도소리의 전승이 미미해진 〈변강수타령〉과 그 음악, 그리고 서도소리 〈변강수타령〉이 어떤 과정을 거쳐 현재의 경기소리에까지 불리고 있는지 살펴보았다.[27] 필자는 아래

25 김종조는 1939년 9월 29일(목) 21:30분부터 경성방송국에서 西道歌謠(平)으로 〈新調愁心歌, 물네打鈴, 변강수打鈴, 祭奠〉을 연이어 불렀다. 『일제강점기 국악활동 자료집2 경성방송국국악방송곡목록』(서울: 민속원, 2000), 397쪽.

26 김인숙, 「서도 변강수타령에 관한 소고.」 『한국음반학』(서울: 한국고음반연구회, 2008), 제18호, 41쪽. 잡가 변강수타령의 발매년도는 김점도 편저, 『1907년부터 1943년까지 유성기음반총람자료집』(서울: 신나라뮤직, 2000) 참조.

27 김인숙, 「서도 변강수타령에 관한 소고」, 『한국음반학』(2008), 제18호, 39-68쪽.

[도판 2] 오케 김주호 창 변강수타령[28]

표에 김인숙의 연구 결과를 토대로 필자의 해석을 덧붙여 일제강점기 및 해방 후 변강수타령 음악의 장단과 음조직을 정리하여 보았다.

다음 표를 보더라도 창자에 따라 다양한 변강수타령이 창작되어 가창되었음을 알 수 있는데 김주호의 경우 판소리의 평조나 우조, 계면조 등과 경서도민요에서 등장하는 경토리, 수심가토리를 활용하여 다체롭게 변경수타령을 구성하였음 알 수 있다.

서원준의 경우 시작 부분이 중중모리 평조로 구성되어 김주호의 변강수타령과 같이 판소리의 영향이 살아있음을 보여주기도 하는데 사랑가, 나무타령, 장승 신세한탄 부분에서는 수심가토리보다는 경토리의 가락으로 소리를 구성하고 있음을 알 수 있다. 해방 후 창자인 지관팔의 경우에는 모든 대목을 경토리로 소리하고 있음을 알 수 있고, 김영택은 심술타령과 사랑가는 수심가토리로 나무타령과 장승 신세한탄은 경토리로 소리를 구성하는 모습을 보여주고 있다.

28 필자 소장 KAL00596. KAL은 한국고음반연구회 회원의 유성기음반 소장 분류를 위해 부여한 정리 체계로 K는 한국고음반연구회를, A는 회원임을, L은 필자를 지칭하는 약호임.

[표 3] 일제강점기 유성기음반에 취입된 변강수타령의 장단 및 음조직[29]

소리대목	일제강점기 명창			해방 후 창자	
	김주호(오케)	서원준(리갈)	민형식	지관팔(케네디)[30]	김영택
심술타령	자진모리(판소리 평조)	중중모리(판소리 평조)	○	굿거리(경토리)	굿거리(수심가토리)
사랑가		굿거리(경토리)	○	굿거리(경토리)	굿거리(수심가토리)
나무타령	중중모리(판소리 평조)	굿거리(경토리)	○	굿거리(경토리)	굿거리(경토리)
강수 신세타령					
톱질하기					
장승 신세한탄		굿거리(경토리)	○	굿거리(경토리)	굿거리(경토리)
장승타령	자진모리(우조)				
장승이 병 내리는데	엮음				
장승 좋아하는 대목					
개타령					
변강수 마누라 자탄1	불규칙장단(판소리 계면조)				
변강수 마누라 자탄2	불규칙장단(경토리)				
회심곡					
변강수 마누라 반김	불규칙장단(수심가토리)				
저 봉사 좋아라고	자진모리(판소리 우조)				
독경소리	자진모리(판소리 우조 + 경토리)				
청배					
넋풀이	불규칙장단(수심가토리)				

해방 후에 변강수타령은 위 표에 언급한 지관팔, 김영택 이외에도 이은관, 지관용, 양소운 등이 꾸준히 변강수타령을 무대에 올림으로서 그 명맥이 유지되었다. 다만 이은관 등을 중심으로 경토리 중심의 변강수타령이 수심가토리의 변강수타령 보다 더 많이 불려짐으로 인해서 과거 다채롭던 변강수타령의 모습은 더 이상 찾아보기 어렵게 되었다. 김주호나 서원준 등의 유성기음반을 활용한 변강수타령의 발전적인 재창조 또한 필요하다고 볼 수 있다.

4. 변강쇠가의 재창조: 드라마 및 창극

박동진의 판소리 변강쇠타령이 발표되고 7년이 흐른 1977년에는 판소리드라마 〈변강쇠전〉이 동아방송을 통해 공개된다. 이 드라마는 주태익 극본, 이길우 연출로 창작된 것으로 변강쇠역에 장건일이, 옹녀역에는 권희덕이 참여하고, 창은 박동진이 맡았다.[31] 이 판소리 드라마는 시간대를 바꾸어가며 방송되었는데, 변강쇠가에 대한 대중의 관심을 더욱 확대시키는 계기가 되었다고 볼 수 있으며, 자연스럽게 1979년 국립창극단에서 자연스럽게 변강쇠타령을 기반으로 한 창극 제작으로도 이어질 수 있었다고 생각된다.

---

29 김인숙, 「서도 변강수타령에 관한 소고」, 『한국음반학』(2008), 제18호, 58쪽. 김인숙이 정리한 표를 활용하여 수정하였음을 밝힘.

30 필자가 참고한 지관팔의 변강수타령은 『西道雜歌 1集 KOREAN FOLK SONGS 唱:池官八』(KENNEDY RECORDS Co., 1960년대 중반) 음반 제1면에 수록된 것임.

31 「오늘의 東亞放送 790KHZ 傳統藝術의 眞髓판소리 드라마 「변강쇠傳」①」, 『동아일보』, 1977, 1월 20일자 홍보 광조 참조.

[도판 3] 판소리 드라마 〈변강쇠전〉 광고[32]

1979년 10월 7일부터 11일까지 국립극장 소극장에서 국립창극단 제31회 정기공연으로 〈가로지기〉가 무대에 올랐다.[33] 이 공연은 허규 극본·연출, 정현 조연출, 박귀희 작창으로 창작된 작품인데, 박준식 외 4명의 반주, 최현의 안무, 김동진의 무대미술로 완성된 것이었다. 배역으로는 도창에 박후성, 변강쇠로 조상현, 옹녀로 남해성과 오정숙, 새우젓장수로 은희진, 봉사로 강종철, 의원으로 이종일, 중으로 오병수, 초란이로 왕기창, 가객으로 강형주, 검무로 안국선, 뎁득이로 김종엽, 사또로 윤충일, 음생원으로 은희진, 엿장수로 왕기창, 나무꾼으로 강정자와 전정민 등이 출연했다. 아마도 당시 판소리 변강쇠타령을 재창조한 박동진 명창이 국립

32 각주 27의 광고임.

33 "唱劇団 정기공연," 『매일경제』, 1979년 9월 29일자 기사 참조.

창극단의 단장으로 있었기에 이 공연이 가능했을 것이다.

허규는 '가로지기'라는 제목을 적극적으로 해석하여 비정상적인 죽음의 의미로 그를 보았으며, 비명횡사한 사람들은 자기가 처한 환경과 역사, 그리고 전통에 대해서도 '가로 간' 사람일 수 있다는 생각을 토대로 작품을 구성하였다고 한다. 그는 장승을 과거 사회의 전통적 가치관이라 생각하고 이를 파괴함으로서 새로운 가치로의 탈바꿈이 가능하다고 보았으며, 이러한 파격은 외설적이고 비극적인 내용을 재미있고 해학적으로 변화가 가능하게 된 것이라 이해가 가능하다.

그의 연출은 무대와 객석의 위치를 조정하여 배우가 다양하게 움직이도록 했으며, 도창을 다양하게 활용하여 무대에서 노래하는 것을 벗어나 배우들과 자유롭게 문답하는 등 극과 어울리도록 하였다. 몇 개의 악기 조합은 수성가락이나 효과음을 담당하는 것에 그치도록 하였으며, 반주에 있어서도 소리에 기악 합주를 최소한으로 하였다고 한다. 따라서 대사와 소리에 집중할 수 있는 무대가 갖춰졌다고 볼 수 있다. 이러한 허규의 연출은 많은 평론가들에게 긍정적인 반응을 이끌어 냈으며, '놀이스러운 창극'으로서 변강쇠가 재창조되었다고 평가할 수 있게 되었다.[34]

국립창극단의 변강쇠가에 대한 해석은 2014년에 들어서 새로운 모습을 보여주었다. 〈2013~2014 국립레퍼토리시즌〉의 하나로 2014년 6월 11일부터 7월 6일까지 무대에 올린 〈변강쇠 점 찍고 옹녀〉는 고선웅 극

34 국립중앙극장 엮음, 『세계화 시대의 창극』(서울: 연극과 인간, 2002), 113-14쪽. 허규를 다룬 "新 엘리트論(79) 舞臺 예술의 主導 그룹[4]," 『경향신문』, 1983년 5월 31일자 기사에는 허규 연출의 창극 〈가로지기〉에 대한 서연호와 이보형의 평이 소개되어 있다. "이번 가로지기는 판굿의 정신에 적극적으로 접근하려는 시도를 보이고 있어 주목되었다. (중략) 일단 시도한 놀이 마당의 재창조는 상당히 고무적으로 성취되었다고 본다.(서연호), 가로지기는 창극을 짜는 방식에서나 놀이를 연출하는 방식에서나 작가의 의식을 드러내는 것에서나 지금까지의 창극과는 색다른 것이었다.(이보형)"

[도판 4 · 5] 국립창극단의 〈가로지기〉(좌)와 〈변강쇠 점 찍고 옹녀〉(우) 포스터

본 · 연출, 한승석 작창 · 작곡으로 창작되었는데 색녀(色女)로서의 옹녀가 아니라 스스로 운명을 개척하는 여성으로서의 옹녀를 통해 변강쇠타령을 새롭게 해석해 내어 지금까지도 꾸준히 공연되는 장기 레파토리의 하나로 정착했다. 그 음악에 있어서는 판소리를 비롯하여 민요와 트로트, 왈츠까지 여러 음악적 요소를 활용하였다고 하며, 영상과 무대는 모던한 시각화를 꾀했다고 한다.

5. 맺음말

이상에서 변강쇠타령의 전승 및 존재 양상을 판소리, 잡가, 창극을 중심으로 살펴보았다. 판소리는 조선후기 송만재의 관우희, 이유원의 관극시, 신재효의 창본, 정노식의 『조선창극사』의 기록을 통해 그 사적 흔적을 검토하였고, 일제강점기 유공렬 등 명창들의 변강쇠타령 전승에 있어서의 문제들을 검토하여 보았다.

근대기 이후 판소리 및 창극계에서 대두되었던 정화 노력에 따라 공개적인 자리에서의 변강쇠타령 공연은 없었다고 볼 수 있었으며, 해방 후 박동진 명창에 의해서 재창작되었음도 알 수 있었다. 박동진 명창의 시창 시기는 1970년으로 기존 학계에서 1971년으로 잘못 검토된 것도 확인되었다. 박동진 명창은 국립극장의 완창판소리 기획을 통해 변강쇠타령을 지속적으로 공연하였고, 1991년에는 복원한 전 바탕을 음반으로 취입할 수 있었다, 박동진 명창의 이러한 활동은 판소리 외 예술 분야에서 변강쇠타령에 대한 관심을 불러 일으키는데 긍정적인 역할을 했으며, 만화, 창극, 영화, 연극 등 다양한 예술로 변용이 이루어졌다고 볼 수 있었다.

잡가 변강수타령은 판소리에서 영향받아 서도 명창들이 여러 방식으로 소리를 구성하여 형성되었음을 검토하였으며, 판소리의 장단이나 음조직을 활용하기도 하고, 경서도 지역의 기층 소리인 경토리나 수심가토리를 활용함을 알 수 있었다. 해방 후에도 변강수타령은 여러 명창들에 의해 전승이 되었는데 수심가토리의 활용보다는 경토리의 음조직을 활용한 변강수타령이 주류를 이루는 모습이 나타나고 있음도 볼 수 있었다.

창극은 박동진 명창의 영향으로 이후 판소리 드라마가 제작된 후, 1979년 그가 국립창극단 단장으로 활동할 당시 제작되었는데, 허규의 극본과 연출, 박귀희 작창으로 새로운 놀이 마당으로서의 창극으로 조명받았다. 이후 2014년에는 변강쇠타령을 새롭게 해석하여 당찬 옹녀를 강조한 〈변강쇠 점 찍고 옹녀〉가 제작되었는데, 세련된 연출과 판소리 이외의 다양한 음악들을 사용한 모던함으로 최근까지도 매년 공연되는 정기 레파토리로 정착하게 되었다.

참고문헌

1. 단행본

국립중앙극장 엮음. 『세계화 시대의 창극』. 서울: 연극과 인간, 2002.

김점도 편저. 『1907년부터 1943년까지 유성기음반총람자료집』. 서울: 신나라뮤직, 2000.

신재효 지음 · 강한영 옮김. 『한국판소리전집』. 서울: 서문당, 1996. 개정판.

신재효 찬저 · 강한영 해제. 『인문과학자료총서5 신재효판소리전집』. 서울: 연세대인문과학연구소, 1969.

尹光鳳著. 『改訂 韓國演戱詩硏究—송만재의 〈觀優戱〉를 중심으로』. 서울: 도서출판 박이정, 1997.

이국자. 『판소리 연구 – 80년대 名唱의 판소리를 中心으로』. 서울: 정음사, 1988. 재판.

李昌培. 『韓國歌唱大系』. 서울: 弘人文化社, 1976.

鄭魯湜. 『朝鮮唱劇史』. 京城: 조선일보사출판부, 1940.

최혜진 · 이문성 · 이유경 · 서유석 · 김선현. 『쉽게 풀어 쓴 신재효 판소리 사설집』. 서울: 민속원, 2012.

『(申在孝) 판소리사설集全』. 서울: 民衆書館, 1972.

『일제강점기 국악활동 자료집2 경성방송국국악방송곡목록』. 서울: 민속원, 2000.

2. 논문 및 기타

강윤정. 「박동진 창본 〈변강쇠가〉 연구」, 『판소리연구』(판소리학회, 2008), 제25집.

구사회. 「새로 나온 송만재의 〈우희(觀優戱)〉와 한시 작품들」, 『洌上古典硏究』(서울: 洌上古典硏究會, 2012), 제36집.

김인숙. 「서도 변강수타령에 관한 소고」, 『한국음반학』(서울: 한국고음반연구회, 2008), 제18호.

윤주필. 「연희시가의 전통에서 본 〈관우희〉」, 『열상고전연구』(서울: 열상고전연구회, 2013), 제37호.

이보형.「전통사회에서 육자배기토리권 확산에 대한 고찰」,『한국음반학』(서울: 한국고음반연구회, 2008), 제18호.
장석규.「〈관우희〉·〈관극팔령〉의 창작방법과 송만재·이유원의 작가의식」,『문학과 언어』(文學과 言語硏究會, 1991), 제12집.
최동현.「변강쇠가」,『박동진 창 변강쇠가(가루지기전) 광대가』(서울: 신나라, 1991), 음반해설.

3. 신문 및 잡지 기사

「「변강쇠타령」完唱 판소리, 朴東鎭씨」,『경향신문』. 1970년 8월 19일.
「박동진씨 作曲發表會」,『동아일보』. 1970년 8월 21일.
「朴東鎭씨의 판소리『변강쇠타령』公演」,『동아일보』. 1970년 8월 22일.
「숨엇든名唱劉公烈 樂壇에 再現」,『동아일보』. 1928년 2월 12일.
「新 엘리트論(79) 舞臺·예술의 主導 그룹〔4〕」,『경향신문』. 1983년 5월 31일.
「申在孝 1백주기 기념공연」,『동아일보』. 1984년 12월 14일.
「오늘의 東亞放送 790KHZ 傳統藝術의 眞髓판소리 드라마「변강쇠傳」①」,『동아일보』. 1977년 1월 20일.
「完唱판소리 발표회」,『동아일보』. 1990년 4월 27일.
「唱劇团 정기공연」,『매일경제』. 1979년 9월 29일.
「판소리「변강쇠타령」을 熱演 중인 朴東鎭씨」,『동아일보』. 1970년 8월 25일.
劉起龍.「판소리는 없어저야 할 것인가(상)」,『동아일보』. 1961년 2월 16일.
曹　雲.「近代歌謠 大方歌 申五衛將」,『新生』(京城: 新生社, 1929), 2월호(2권2호).
최동현.「〔최동현의 명창이야기〕(47)명창 박동진(2)―광대로 불러주기를 원했던 사람」,『전북일보』, 2010년 9월 13일 인터넷판 기사.

4. 음반

『가루지기타령(1)~(3) 소리:박동진 고수:주봉신』. 오아시스레코드, 1994). ORC-1423~1425(3CD/저가 보급반).
『 국악 대전집』. 삼성미디어/오아시스레코드, 1994. OSKC-1051~1080(30CD),

가루지기타령 녹음집.
『西道雜歌 1集 KOREAN FOLK SONGS 唱:池官八』. KENNEDY RECORDS Co., 1960년대 중반.
『신나라 판소리 명인 시리즈(005) 변강쇠가(가루지기전) 창:박동진 고수:주봉신』. 서울: 신나라레코드, 1991. (주)성음 SEL-RO184(3LP 박스물).

고정옥의 인생과 학문 사상

—청년기의 시와 영화평, 이후 민요 연구를 중심으로

박경수

1. 들머리: 고정옥의 인생과 학문을 보는 접점과 지점

고정옥(高晶玉, 1911~1968)은 어떤 사람인가? 국문학계에서는 저명한 국문학자로 잘 알려져 있는 인물이지만, 대다수 일반인에게는 생소한 인물일 수 있다. 고정옥은 광복 이후 경성대학(현 서울대학교) 사범대학 교수로 있는 동안 주목할 만한 저서를 내며 활발한 학문 활동을 펼쳤다. 이른바 제1기(1922~1945년) 국문학자들인 김재철, 김태준, 조윤제를 이은 제2기(1945~1950년)[1]의 대표적인 국문학자이기도 하다. 그런데 6 · 25전쟁의 와중에 북쪽을 선택하고 김일성대학 교수로 있다가 1968년 작고했는데, 전쟁 이후 남북분단의 상황이 지속되면서 '고○옥(高○玉)'이란 불구의 이름으로 이따금 언급되는 정도였다. 1990년대 중반 이후부터 고정옥의 인생과 학문 업적을 조명하는 연구가 수행되면서 그의 업적에 대한 재인식이 이루어지고 있다.

1 제1기, 제2기의 구분은 조동일, 「근대문학 형성과정론 연구사」, 『국문학 연구의 방향과 과제』, 새문사, 1985(증보판, 1983 초판), 136~144쪽의 견해를 따른 것이다.

고정옥은 1911년 3월 25일 당시 경상남도 함양군 함양면 하동(현 함양읍 용평리)에서 태어났다.[2] 제주가 본관으로 아호를 위민(渭民)이라 했다. 부친인 고이두(高离斗) 씨의 다섯째 아들로 대가족의 집안에서 비교적 유족하게 자랐다.[3] 1918년 함양공립보통학교(현 함양초등학교)에 입학하여 1924년 초에 졸업했다. 입학 당시 공립보통학교의 수학연한은 4년제였으나, 수학 도중 조선교육령의 개정(1920년 11월)에 의해 수학연한이 6년으로 늘어나면서 2년을 더 다니고 졸업한 것이다. 고정옥은 함양공립보통학교를 졸업한 그 해 서울로 가서 5년제인 경성제2고등보통학교(현재의 경복고등학교)에 입학하여 1929년 초에 졸업하게 된다. 이 글에서 특별히 주목하게 되는 시기는 바로 이 '경성제2고보'[4] 시절부터이다. 고정옥은 경성제2고보 3학년 때인 1927년부터 1929년 졸업 후 곧바로 입학한 경성제국대학(이하 '경성제대'로 약칭) 예과 시절인 1930년 초까지 20여 편의 시와 여러 편의 영화평을 발표했다.[5] 우리식 나이로 헤아리면 17세부터 20세 초반까지의 시기에 쓴 글들이다. 이들 글들을 '습작'이나 '치기'의 산물로 단순하게 보아 넘길 수 없다. 특히 20여 편의 시 작품들은 고보시절과 대학시절을 연결하는 고리이자 접점을 이루면서 청년기에 고정옥이 느꼈을 삶과 현실에 대한 고통과 고뇌와 인식을 범상치 않게

---

2 고정옥의 인생과 관련하여 언급한 여러 내용들은 신동흔, 「고정옥의 삶과 학문세계(상)」, 『민족문학사연구』 제7집(민족문학사학회 · 민족문학사연구소, 1995)과 「고정옥의 삶과 학문세계(하)」, 『민족문학사연구』 제8집(민족문학사학회 · 민족문학사연구소, 1995)의 글에 크게 도움을 받은 것임을 밝혀둔다.

3 신동흔, 위의 글(「고정옥의 삶과 학문세계(상)」), 72쪽에 의하면, 고정옥의 경성제2고보 학적부에 자산이 '일만원위(一万圓位)'로 기록되어 있다고 했다. 당시 고보생으로 자신의 집안 재산을 정확하게 알기 어려워 대강 추정하는 바를 적었다고 하더라도, 비교적 유족한 집안임을 말한 것으로 본다.

4 경성제2고등보통학교를 줄여서 '경성제2고보'로 표시하기로 한다.

5 신동흔이 고정옥의 시와 영화평을 처음으로 찾아 전반적인 논의를 펼친 바 있다. 신동흔, 앞의 글(「고정옥의 삶과 학문세계(상)」), 273~285쪽. 신동흔이 찾은 고정옥의 시는 20편인데, 필자가 추가로 1편을 더 찾아 현재 총 21편이다.

담아내고 있다. 영화평도 예사롭지 않다. 당시 사회주의에 경도된 고정옥의 투쟁적 예술운동의 신념이 영화평을 통해 드러나기도 하는데, 이는 독서회로부터 이어진 반제운동의 실천과 병행되는 한편 학문의 기저 사상으로 스며들거나 또 현실화되기도 했음을 확인할 수 있기 때문이다. 이런 점에서 고정옥의 청년시절에 쓴 시 작품들과 영화평들을 주목할 필요가 있다.

고정옥의 학문 업적은 체제 선택의 여하를 떠나서 그 자체로 학계의 학문 발전에 소중한 기여를 했다. 이 글은 이런 점을 전제로 받아들이면서도 그의 학문적 성과를 이루는 근저에 경남 '함양' 출신이란 사실이 놓여 있음을 주목하고자 한다. 인문학의 경우, 한 학자의 인생과 학문을 파악하는 일에 어느 지역 출신이냐의 문제가 때에 따라 중요한 고려 사항이 될 수 있다. 고정옥이 펼친 민요학 나아가 구비문학 자체가 자연스럽게 지역적 토대에서 출발될 수 있기 때문이다. 후술 논의에서 이 점을 구체적으로 파악하겠지만, 특히 구비문학자이자 민요학자로서 학문 활동을 펼치는 과정에서 함양 지역은 중요한 학문적 거점 내지 온상이 되었음을 밝히고자 한다.

2. 고정옥의 인생과 학문에 대한 연구의 경과와 성과

고정옥의 학문 업적 중에서도 『조선민요연구』(1949)[6]는 매우 중요한 자리를 차지한다. 임동권은 일찍이 고정옥의 『조선민요연구』를 들어 "우리 민요의 최초의 과학적 체계 수립을 시도한 것"[7]으로 높이 평가한 바

6 고정옥, 『조선민요연구』, 수선사, 1949.
7 임동권, 『한국민요사』, 집문당, 1981(4판, 1964 초판), 245쪽.

있으며, 조동일은 해방 이후 고정옥을 "일찍 민요 연구서를 내서 모은 자료를 활용"[8]한 학자로 최상수, 임석재와 함께 주목한 바 있다. 『조선민요연구』는 이후 고정옥의 국문학 연구 성과를 논의하는 장에서 직접 조사한 자료를 바탕으로 한 "최초의 본격적인 민요 연구서"[9]라는 평가와 위치를 갖게 되었다. 누구나 이 점에 대해 이견을 달기 어렵지만, 고정옥의 학문 전반을 깊이 있게 검토하는 연구가 뒤따라야 마땅한 설득력을 갖추게 된다.

고정옥의 학문적 성과를 구비문학 전반으로 확대하거나 민요, 시조 등의 개별 갈래에 집중하는 방향에서 천착하는 연구들이 1990년대 중반 이후부터 본격화되었다.

김헌선은 「고정옥(1911~1968)의 구비문학 연구」(1995)[10]에서 고정옥의 중요 저작들, 예컨대 『국어국문학요강』(1949),[11] 『국문학개론』(1949),[12] 『조선민요연구』(1949), 『조선구전문학연구』(1962)[13] 등을 일별하면서 각 저작들에서 고정옥이 담당한 집필 내용을 중심으로 저작들 사이의 상호 관련성을 파악하는 한편 국문학 특히 민요학에 대한 관점과 문제의식을 비판적으로 성찰하고자 했다. 고정옥의 『조선민요연구』가 민요의 실상을 최대한 존중하고 있는 점, 구비문학과 기록문학과의 관계와 현재적 관점에서 갖는 민요의 가치를 고양시킨 점, 민요의 시학적 가치와 특질 등을 밝힌 점을 높이 평가하면서도 영남지역 민요 중심의 민요 인식, 음수율에 의존한 율격 인식, 동요에 대한 논의 배제, 일정하지 않은 민요의

8 조동일, 앞의 책, 116쪽.

9 장덕순 외, 『구비문학개설』, 일조각, 1978(중판, 1971 초판), 78쪽.
김태곤 외, 『한국구비문학개론』, 민속원, 1995, 170쪽.

10 김헌선, 「고정옥(1911-1968)의 구비문학 연구」, 『구비문학연구』 제2집, 한국구비문학회, 1995, 323~343쪽.

11 고정옥, 『국어국문학요강』, 대학출판사, 1949.

12 우리어문학회, 『국문학개론』, 일성당서점, 1949.

13 고정옥, 『조선구전문학연구』, 평양: 과학원출판사, 1962.

분류 방식 등에서 한계가 있음을 지적했다. 이밖에 고향인 경남 함양지역의 민요를 다수 거론한 점이 주목된다고 했으나 더 이상의 논의를 펼치지는 않았다.

고정옥의 민요 연구를 좀 더 집중적으로 검토하고자 한 글이 강등학의 「고정옥의 민요연구에 대한 검토」(1996)[14]이다. 고정옥의 『조선민요연구』가 주왕산의 『조선민요개론』(프린트본, 1947)보다는 늦게 활자화되었지만, 민요에 대한 연구 시각과 문제의식에서 주왕산의 경우보다 크게 진전되었다는 점을 구체적으로 파악하고자 했다. 단독 민요 논저와 민요론이 부분 포함된 논저로 『조선민요연구』를 중심으로 하되 고위민(高渭民)으로 발표한 「조선민요의 분류」(1941)[15]부터 『조선구전문학연구』(1962)까지 차례로 들면서, 각각의 논저가 갖는 관계와 주요 논의의 특징을 먼저 검토했다. 고정옥에 와서 민요의 문학적 연구가 비로소 체계적이고 분석적으로 이루어지기 시작했으며, 민요의 기능에 주목한 다양한 논의를 펼치고, 민요의 분류를 종합적인 기준으로 체계화하고자 하는 한편, 민요 현상에 대한 외국의 여러 연구 성과와 이론을 수용하여 새로운 문제의식을 갖고자 했음을 중요한 성과로 제시했다. 민요 연구의 문제점과 한계로도 민요의 범주에 대한 이중적인 견해, 영남지역 민요에 편중된 논의와 그 확대 적용의 한계, 민요의 존재 단위인 '개체성'에 대한 불완전한 인식 등을 들었다. 아울러 김헌선의 지적을 받아들여 함양지역 민요를 다수 거론하여 안배한 것도 주목된다고 하면서도 더 이상의 논의는 하지 않았다.

고정옥의 생애를 자세하게 조명하면서 청년시절에 쓴 시작품들과 영화평을 처음으로 논의하고, 경성제대 시절 독서회 활동으로부터 이어진

14 강등학, 「고정옥의 민요연구에 대한 검토」, 『한국민요학』 제4집, 한국민요학회, 1996, 23~38쪽.

15 고위민, 「조선 민요의 분류」, 『춘추』 제2권 3호, 1941. 4.

반제동맹의 결성과 동맹원의 체포, 공판(1932. 11. 24 선고), 퇴학(1932), 집행유예기간 3년(1933~1935)과 종료 후 재입학부터 졸업까지(1936~1939)의 과정을 유족과 친지, 당시 동료들과의 면담, 그리고 이충우가 쓴 『경성제국대학』의 기록들을 통해 소상하게 밝히고, 광복 이후 진행된 학문 업적들을 폭넓게 고찰하고자 한 글이 신동흔의 「고정옥의 삶과 학문(상)~(하)」(1995)[16]이다. 학창시절 중에서도 경성제2고보 시절의 학적부를 찾아 고정옥의 학업 성취와 태도, 성격 등을 파악하는 한편 고보시절에 이어 경성제대 예과시절(1929~1930)에 쓴 시 작품들과 영화평들을 찾아서 문학청년과 영화평론가로서의 새로운 면모를 밝혔으며, 독서회 참가 이후 반제동맹 활동과 체포, 공판 등에 이르는 과정을 자세하게 구명함으로써 특히 고정옥의 생애에 관한 많은 사실들을 새롭게 찾아 알리는 데 크게 기여했다.

고정옥은 『조선민요연구』를 간행했던 1949년에 『국어국문학요강(國語國文學要講)』과 『고장시조선주(古長時調選註)』[17]도 함께 발간했다. 이들 저술 중 김용찬은 『고장시조선주』를 중심으로 장시조에 대한 문학관과 작품 해석의 면모를 자세하게 살피고자 했다. 「고정옥의 장시조론과 작품 해석의 한 방향」(2005)[18]과 이를 확대 논의한 「고정옥의 시조관과 『고장시조선주』」(2005)[19]에서 귀족문학으로서의 시조가 점차 평민을 포함한 서민문학으로 전환되는 과정에서 민요와의 교섭을 통해 장시조가 개척되었으며, 그 내용적 측면에서 '인간성의 해방'을 적출했다고 본 고정옥의

16 신동흔, 앞의 글(「고정옥의 삶과 학문(상)」), 270~316쪽.
신동흔, 앞의 글(「고정옥의 삶과 학문(하)」), 221~241쪽.

17 고정옥, 『고장시조선주(古長時調選註)』, 정음사, 1949.

18 김용찬, 「고정옥의 장시조론과 작품 해석의 한 방향 -『고장시조선주』를 중심으로」, 『시조학논총』 제22집, 한국시조학회, 2005, 57~83쪽.

19 김용찬, 「고정옥의 시조관과 『고장시조선주』」, 『고전문학연구』 제27집, 한국고전문학연구회, 2005, 255~285쪽.

장시조관을 대체로 긍정적으로 평가하는 시각에서 논의했다. 김용찬은 선행 신동흔의 글을 주로 참고하여 고정옥의 생애를 다시 간략하게 정리하는 한편 시조론에서 시야를 더 넓혀 월북 이전에 고정옥이 쓴 공동저서와 개인 저서 전체를 개괄하는 논의를 「고정옥의 인생과 월북 이전의 저술 활동」(2005)[20]에서 했다. 짧은 시기에 『고장시조선주』를 중심으로 펼친 논의들이 새로운 관점과 해석을 이끌어내지 못하고 여러 글에서 반복되거나 확대 또는 요약되고 있다.

근래에 들어 고정옥의 인생과 학문 업적에 대한 관심은 크게 두 갈래 방향에서 이루어져 왔다. 한 가지는 월북 이후 재북한 시기 고정옥이 작고하기까지의 생애를 추적하는 한편 북한에서 발간한 『조선구전문학연구』(1962)를 중심으로 한 저술들이 월북 이전의 연구와 어떤 맥락을 이루고 있는지 파악하는 방향이고, 다른 한 방향은 고정옥의 대학 졸업논문인 「조선 민요에 대하여(朝鮮の民謠に就て)」(1938)가 찾아짐에 따라 그의 스승인 다카하시 도루(高橋亨, 1878~1967)의 민요관, 그리고 졸업논문을 개고하여 쓴 『조선민요연구』와의 계승적 측면과 변별점을 밝히려는 방향이다.

먼저 전자의 경우 신동흔이 이미 개괄적인 작업을 했지만, 임경화의 「'민족'에서 '인민'으로 가는 길 : 고정옥 『조선민요연구』의 보편과 특수」(2013)[21]과 장정룡의 「고정옥의 재북한 시기 구전문학 연구 활동」(2016)[22]이 주목된다. 임경화는 『조선민요연구』의 민요 담론이 서구(일본)의 국민문화운동을 선례로 삼아 민중을 기반으로 아래로부터의 민족문학의 창출을 목표로 한 것이었으나, 해방 후 소련의 사회주의적 사실주의

---

20 김용찬, 「고정옥의 인생과 월북 이전의 저술 활동」, 『한민족어문학』 제46집, 한민족어문학회, 2005, 145~174쪽.

21 임경화, 「'민족'에서 '인민'으로 가는 길 : 고정옥 『조선민요연구』의 보편과 특수」, 『동방학지』 제163집, 연세대학교 국학연구원, 2013, 261~286쪽.

22 장정룡, 「고정옥의 재북한시기 구전문학 연구 활동」, 『근대서지』 제14호, 근대서지학회, 2016, 487~506쪽.

에 기초하여 인민의 창작이라는 개념을 수용하고 민요의 보편적 발전 원칙을 실현하는 방향으로 전환되었다고 했다. 장정룡은 고정옥의 춘천사범학교(현 춘천교육대학교) 재직 시절을 부분적으로 보완하는 논의를 하고, 월북 후 고정옥이 펴낸 『조선속담집』(1954)[23]과 『전설집』(1956)[24]와 연구서 『조선구전문학연구』의 특징을 파악하기 위한 논의로 이어졌으나, 그것은 분석적 논의로 나아가지 못하고 간략한 해설적 논의에 그치고 말았다.

후자의 경우, 고정옥의 대학 졸업논문과 『조선민요연구』의 비교를 통해 계승점과 차이점을 밝히려는 김영희와 임경화의 연구로 이어졌다. 김영희는 「고정옥의 「조선민요연구」: 탈식민적 전환의 모색과 잉여」(2016)[25]에서 경성제대 졸업논문(1938)과 『조선민요연구』(1949)의 비교를 통해, 고정옥의 졸업논문이 지도교수인 다카하시 도루로부터 받은 영향에 따라 이른바 '제국'의 지적 계보에 연동되어 있었으나, 해방 후 정치적 전략과 포즈에 가까운 '탈식민'의 노력에 따라 '제국'으로부터 물려받은 흔적들을 지우는 노력으로 나아갔다고 보았다. 그러나 '탈식민'적 전환 노력은 피지배계급의 노래로서의 민요가 갖는 긍정적 가능성을 한층 부각시켰지만, 여전히 토속적인 것이 '조선적인 것'으로 보존됨으로써 제국의 흔적은 잔여 혹은 잉여로 남아 있는 것으로 파악했다. 임경화도 「식민지기 '조선문학' 제도화를 둘러싼 접촉지대로서의 '민요' 연구 : 고정옥 졸업논문을 통해 본 경성제대 조선문학 강좌의 성격」(2016)[26]에서 기본적으로 김영희와 같은 생각을 가지고 고정옥의 두 민요론을 고

23 고정옥 편저, 『조선속담집』, 평양: 국립출판사, 1954.

24 고정옥, 『전설집』, 평양: 국립출판사, 1956.

25 김영희, 「고정옥의 〈조선민요연구〉: 탈식민적 전환의 모색과 잉여—경성제국대학 학부 졸업논문(1938년)과 수선사 발간본(1949년)의 비교」, 『온지논총』 제49집, 온지학회, 2016, 28~78쪽.

26 임경화, 「식민지기 '조선문학' 제도화를 둘러싼 접촉지대로서의 '민요' 연구 : 고정옥 졸업논문을 통해 본 경성제대 조선문학 강좌의 성격」, 『동방학지』 제177집, 연세대학교 국학연구원, 2016, 33~63쪽.

찰했다. 특히 고정옥의 졸업논문에서 다카하시의 영향이 강하게 스며들어 있음을 파악하고, 오리엔탈리즘의 종속적 관계 속에서 조선민요를 배치하고 있는 점 등을 문제점으로 지적했다. 그리고 졸업논문과 『조선민요연구』의 전체 목차와 내용 기술을 대조적으로 살핀 후 다카하시를 비롯한 경성제대나 제국 일본의 학술 관련 서술이 축소되거나 삭제되고, 『조선민요연구』가 미래지향적 민주적 민족문학의 토대이면서 동시에 민족문학의 미래적 전망으로서 조선민요를 규정하고 있다는 점에서 졸업논문과 뚜렷한 차이를 보인다고 했다. 하지만 민중 중심의 민족을 내세운 민족문학의 담론과 조선민요의 고유성에 대한 해석의 관점을 여전히 유지하고 있다는 점에서 졸업논문에 대한 선택적 수용과 변형으로 창조된 접촉지대의 산물이라고 파악했다.

고정옥의 인생과 학문에 대한 그동안의 연구는 상당히 진척되었다고 말할 수 있다. 고정옥이 이룬 민요를 비롯한 구비문학 연구의 업적이 김헌선, 강등학에 의해 본격 고찰되기 시작한 이후 신동흔에 의해 고정옥의 인생과 관련된 많은 사실들이 새롭게 학계에 알려짐으로써 고정옥의 인생과 학문에 대한 연구는 크게 진전되었다. 이제는 고정옥의 가족 관계, 경성제2고보 시절, 경성제대 시절, 춘천 교사 시절, 광복 이후의 여러 저술 활동과 관련된 사항들이 상당한 정도로 파악되는 단계에 이르렀다. 김용찬이 고정옥의 장시조론을 집중 분석하고, 김영희와 임경화가 고정옥의 대학 졸업논문을 입수해서 면밀하게 분석한 성과도 고정옥의 민요학이 정립되어 간 과정과 성격을 파악하는 데 큰 도움을 주었다.

고정옥의 인생과 학문에 대한 연구는 물론 아직도 공백 상태에 있는 부분을 남기고 있고, 한층 더 면밀하고 심층적인 검토를 요구하고 있다. 고정옥의 유년기에 해당하는 6년간의 함양공립보통학교 시절은 미확인 상태로 여전히 남아 있고, 경성제대 퇴학 조치 후 집행유예기간 3년(1933~1935)이 공백 상태이며, 월북 후 사망 때까지의 생활과 학문 활동에 대해서도 문헌으로 확인되는 것 이상으로 파악되지 못하고 있다. 이 글은 아쉽게도 이런 미확인 상태와 공백 상태를 해소할 수 있는 자료를 확보하지 못하고 있다. 향후에 미해결의 과제가 천착되기를 기대하되, 앞서 언급한 바와 같이, 이 글은 고정옥의 청년기에 발표한 시 작품들과 영화평 등을 중점적으로 검토하여 고정옥의 내면적 고뇌와 사상의 변화 추이를 파악하고, 고정옥의 민요론에서 함양지역 민요를 중심으로 한 민요의 실체적 이해 문제를 중점 고찰하고자 한다.

3. 고정옥의 내면적 고뇌와 사상 변화의 추이
—청년기의 시와 영화평을 중심으로

고정옥은 함양공립보통학교를 1924년에 졸업한 후 바로 경성제2고보에 입학하게 된다. 함양공립보통학교 시절의 학적부를 아직 확보하지 못한 상태이지만, 우수한 학업 능력을 더욱 신장하기 위해 부모의 기대를 업고 고향 함양을 떠나 경성제2고보로 진학했으리라 본다. 이때부터 고정옥은 경성의 도시에서 홀로 외지생활을 하는 상황을 맞이하게 된 것이다. 부모와 결별하여 지내는 상황이 한층 자유로울 수도 있겠지만, 다른 한편으로 자신의 처지와 그를 둘러싸고 있는 사회적 상황에 대해 깊이 고민하고 성찰할 수 있는 계기를 맞게 되었다고 본다.

경성제2고보 4, 5학년 때의 학적부 기록에 따르면, '성질'란에 온화하고 사색적이라는 평에 '비판적'이라는 지적을 덧붙이고 있다고 한다. 여기에 '품행'에서 거의 '양(良)'을 받았지만 3학년 때는 '불가(不可)'를 받기도 했고, 재학중 결석일 수가 총 34일에 이르는 점[27] 등을 참고하면, 청년기에 고정옥은 내성적인 성향을 지녔음에도 불구하고 비판적이고 반항적인 기질을 이따금 드러내기도 했음을 알 수 있다.

고정옥은 경성제2고보 시절 상급 학년으로 올라갈수록 비판적이고 반항적인 기질을 더 많이 드러냈다고 판단되며, 경성제대로 진학한 후에는 좀 더 적극적인 사회활동을 도모하는 방향으로 나아갔다고 본다. 경성제국대학 예과시절 독서회와 이에서 나아간 반제동맹에도 적극 가담하여 활동한 이력 등이 이를 말해준다.

경성제2고보 시절과 경성제대 예과시절 고정옥의 내성적이면서도 비판적이고 반항적인 성향을 구체적으로 파악할 수 있는 자료들이 바로 그의 시작품들과 영화평들이다. 고정옥의 시작품들과 영화평이 발표된 시기가 1927년부터 1930년까지 햇수로는 4년에 걸치지만, 이들은 고보 시절(1927~1929. 2)과 대학 예과시절(1929. 3~1930)로 편의상 구분해서 살펴볼 필요가 있다.

1) 시를 통해 본 내면의식과 사상 변화의 궤적

현재까지 파악된 고정옥의 시는 동아일보, 조선일보, 중외일보로 모두 일간지 신문에만 발표되었다. 다음은 고정옥이 발표한 시작품 목록이다.

[표 1] 고정옥의 시작품 목록

구분	순서	제목	게재지	게재시기	비고
경성제2고보 시절	01	실비 나리든 바다의 추억(追憶)	조선일보	1927. 11. 28	
	02	그대 게실 때는	조선일보	1927. 12. 14	
	03	뽀-덴양(孃)의 인상화(印象畵)	조선일보	1927. 12. 21	영화 관련 시
	04	못 가겟네	조선일보	1928. 1. 15	
	05	눈	조선일보	1928. 2. 8	

27 신동흔, 앞의 글(「고정옥의 삶과 학문세계(상)」), 272쪽. 고정옥이 고보 시절 영화에 빠져 있었던 사실을 고려하면, 34일의 결석 중에서 영화 관람으로 인한 결석도 있었을 것으로 본다.

	06	제야(除夜)	조선일보	1928. 2. 8	
	07	돌로레스 돌레오양(孃)의 초상화(肖像畵)	조선일보	1928. 2. 24	영화 관련 시
	08	기럭아?	조선일보	1928. 2. 28	
	09	병(病)든 시계(時計)	조선일보	1928. 3. 22	
	10	마음	조선일보	1928. 11. 27	
	11	우울(憂鬱)	조선일보	1929. 1. 9	
	12	눈 내리는 이월(二月)의 밤	조선일보	1929. 2. 7	
	13	물망초(勿忘草)	조선일보	1929. 2. 19	小曲
경성제국대학 예과 시절	14	가을이 오니	중외일보	1929. 10. 1	
	15	삶의 갑	동아일보	1929. 11. 6	
	16	생활(生活)의 거리	동아일보	1929. 11. 11	
	17	일기시(日記詩)	동아일보	1929. 11. 17	
	18	동모여!—조선(朝鮮)의 학도(學徒)들에게	동아일보	1929. 12. 20	
	19	감정양기(感情揚棄)	동아일보	1930. 1. 21	
	20	동모여 나아오라 우리의 일터로	동아일보	1930. 2. 5	
	21	님이여!	조선일보	1930. 4. 6	
소계		21편			

고정옥은 틈틈이 습작으로 쓴 시작품들을 비교적 용이하게 발표할 수 있는 매체로 일간지 신문을 선택했던 것으로 보인다. 일간지 신문이 대중들이 쉽게 접하면서 폭넓게 읽혀지고, 신문에 작품을 발표할 때마다 소소한 원고료도 받을 수 있다는 나름대로의 계산이 작용했을 수도 있다. 적극적으로 시를 써서 시인이 되고자 했다면 일간지 매체보다 문예 전문 잡지에 더 많은 작품을 발표했을 것이다. 햇수로는 4년이지만 작품 발표 시기를 따지면 채 3년이 되지 않는 기간에 쓴 시가 21편이다. 열성적으로 시를 썼다고 보기는 어렵다.

고정옥이 발표한 시는 무엇보다 청년기 고정옥 자신의 내면의식과 감정을 이해하는 데 유효하다. 경성제2고보 4, 5학년 때에 발표한 13편

(01~13)의 시작품에서 드러나는 중요한 특징을 파악해 보자. 그의 첫 발표 시작품인 「실비 나리든 바다의 추억(追憶)」을 보자.

고요한 바다가에
이 한 밤을 실비가 울리네
젊은이의 두빰에 ᄯ대리여
새파란 혼을 울리더니
바다가에 고요한 이 밤을
또다시 그 비가 울리노라

나리는 주리줄기 비-ㅅ발에
멀리 졋는 등대불을 바라네
이 땅의 녯날을 멀금이 세고 섯스니
마음 역시 눈물에 비에 저저 오도다

—「실비 나리든 바다의 추억(追憶)」(1927. 11. 28) 중에서[28]

고정옥의 첫 시작품이 바다를 배경으로 하고 있다는 점에서 관심을 끈다. 산으로 둘러싸인 내륙의 함양 출신인 고정옥으로서는 바다는 분명 새로운 감각과 감정을 느끼게 하는 시적 대상일 것이다. 위 시는 이런 바다에 대한 경험을 회상하는 작품이다.

자유시 형식에 비교적 안정된 어조(tone)를 취하고 있지만, 시에 흐르는 정서의 주조는 애상적이다. 바다란 시적 공간에 밤을 시간적 배경으로 하면서도, 실비가 내리는 밤바다에서 비를 맞고 서 있는 시적 자아는

28 시작품의 인용은 원문대로 하되, 'ㅆ'과 같은 이중자음은 'ㄸ'과 같이 쓰고, 띄어쓰기는 현재 한글맞춤법에 따라 했다. 본문의 한자는 '한글(한자)'로 표기했다. 이후 작품 인용도 이와 같은 표기 방식을 취한다.

우울한 내면을 토로하고 있다. "울리네/울리더니/울리노라"와 같은 반복적인 어휘 사용, "뿌리여/젓는/저저" 등의 하강 이미지가 '비'와 '눈물'의 이미지와 만나면서 애상적 정서를 강화하고 있다. 여기에 시적 자아인 '젊은이'는 밤바다를 향해 있으면서, 실비가 내리는 밤바다와 일체화되어 슬픈 존재로 부각되고 있다.

그런데 "이 땅의 넷날을 멀금히 세고 섯스니/마음 역시 눈물에 저저오도다"라는 구절을 주목하게 된다. "이 땅의 넷날"이 국권 상실의 역사 현실로 읽을 수 있는 여지가 있기 때문이다. 그러면 시적 자아는 불행한 역사 현실에 대한 자각적 인식으로부터 슬픔의 근원을 찾고 있는 셈이다.[29] 이 시에서 역사 현실에 대한 자각은 더 이상 구체적으로 드러나지 않지만, 고정옥의 시가 처음부터 시적 자아의 고독한 내면만을 토로하는 시에 그치지 않고 있다는 점이 예사롭지 않다.

고정옥이 『조선일보』(1928. 1. 15)에 발표한 「못 가겟네」는 구체적인 현실인식을 보여준다는 점에서 관심을 끌지만, 기본적으로 전승민요의 형식과 수사법을 그대로 보여준다는 점에서 문제적이다. 고정옥의 시 전체를 일별하면 다양한 형식의 자유시가 주류를 이루는데, 「못 가겟네」는 특히 전승민요 자체로 채록된 바 있어서 예외적이다. 김소운이 편찬한 『언문조선구전민요집』(1933)에 강원도 철원 민요(1847번)로 올라 있는 것이 확인된다. '소곡(小曲)'으로 발표된 시 「물망초(勿忘草)」와 함께 민요를 수용한 민요시로 볼 수도 있겠으나, 발표 당시와 가까운 시기에 동일한 전승민요로 채록된 것이 있기 때문에 민요시 작품으로 보기가 어렵다.[30]

29 신동흔도 이 구절을 주목하여 "비 내리는 어두운 밤은 화자에게 민족의 암울한 현실을 환기시켜 눈물짓게 하는 것이다"라고 한 바 있다. 신동흔, 앞의 글(「고정옥의 삶과 학문세계(상)」), 275쪽.

30 「못 가겟네」는 김소운이 편찬한 『언문조선구전민요집』(동경: 제일서방, 1933), 487쪽에 강원도 철원 민요로 올라 있는 것이 확인된다. 자료 번호는 1847번이며, 제목과 내용도 동일하다. 제보자는 철원군 철원면 관전리 이규용(李奎瑢)이며, 이규용이 제보한 다른 민요 자

고정옥이 민요 자체를 올린 것이든 민요시 작품이든, 고정옥이 굳이 이 「못 가겟네」를 신문지상에 발표한 데에는 나름대로 이유가 있었다고 본다. 그 첫째가 「못 가겟네」가 당대의 힘들고 고된 현실을 구체적으로 보여준다는 점이며, 둘째가 민중적 상상력에 의한 시적 비유가 뛰어나다는 점에서일 것이다.

못가겟네 못가겟네
새등가튼 허리에다
태산가티 짐을지고
활등가티 구분길을
설대가티 못가겟네

못가겟네 못가겟네
어린동생 압세우곤
다리썰려 못가겟네
가시덤불 얼킨길은

료들과 함께 "신라시대(新羅時代)부터 경상도(慶尙道)에 전하는 노래"라는 편찬자의 주석이 붙어 있다. 『언문조선구전민요집』에 수록된 상당수의 민요 자료들이 『매일신보』(1930. 5. 10~12. 21)에 독자들이 올린 민요 자료들 중에서 선별된 것들인데, 이규용의 이름은 『매일신보』 지면에서는 확인되지 않는다. 『매일신보』에 수록된 독자 투고의 민요 자료에 관해서는 전계영, 「20세기 전반기 민요집 『언문조선구전민요집』(1933)에 대한 연구」, 『한국민요학』 제54집, 한국민요학회, 171~214쪽을 참고할 수 있는데, 이 논문의 부록으로 「『매일신보』(1930년 5월 10일~12월 21일) 수록 전래동요 · 구전민요」(198~214쪽)이 붙어 있다.

고정옥이 「못 가겟네」를 『조선일보』에 발표한 때는 1928년 1월 15일인데, 이규용이 민요를 제보했을 시기인 1930년이나 민요집이 발간된 1933년보다 상당히 앞선다. 고정옥 자신이 자주 들어서 알고 있는 전승민요를 가감 없이 발표한 것일 수도 있는데, 별도로 '민요'란 표지를 하지 않았다. 민요의 형식을 활용한 창작시인 민요시로 규정하기에도 동일한 민요로 채록된 것이 있어서 주저하게 된다.

화살가티 못가겟네

—「못 가겟네」(1928. 1. 15)의 전문

「못 가겟네」의 화자가 "못가겟네"라고 반복적 하소연을 하는 까닭은 가고 넘어야 할 길이 "활등같이 구분길"과 "가시덤불 얼킨길"이기 때문이다. 여기서 '길'은 중의적인 의미를 지닌다. 축자적인 의미로 화자가 실제 넘어가야 할 험난한 길이면서, 상징적인 의미로 고난과 역경의 인생 길이기도 하다. 극도의 궁핍한 현실을 이기지 못하고 고향을 떠나 중국 만주나 소련 연해주 등으로 떠났던 숱한 유이민들과, 꼭 그런 유랑의 길이 아니더라도 힘들고 고된 삶을 이겨내야 했던 일제강점기의 민족 현실을 떠올리게 한다. 「못 가겟네」는 그러한 처지에 놓인 민족의 고통스런 목소리를 고스란히 담아내고 있다. 고정옥이 이 「못 가겟네」를 통해 말하고자 하는 바가 여기에 있었을 것이다. 또한 '새 등-허리, 태산-짐, 활 등-굽은 길, 설대-(연약함), 가시덤불-얽인 길, 화살-(빠름)'과 같은 대응적 비유가 연쇄적으로 이루어진 시적 상상력은 다소 과장적이지만 화자의 처지와 현실의 상황을 적절하게 표현하고 있는 것으로 보았을 것이다. 그런데 이어서 발표한 시 작품들을 보면, 시적 자아는 고통스런 현실에 좌절하기보다 희망적인 미래를 상상하면서 이겨내고자 한다.

①

풀 한 닙의 가업는 외롭은 몸이오

물새 우름에도 딸아우는 마음이어늘

지금가티 나의 마음에 그대가 게실 때는

거룩하다 모든 것은 내 압헤 빗뿐이네

(그대는 희망(希望)이다 이 희망(希望)을 파지(把持)만 하면

사람은 빗에 차는 것을 잘 보여주엇다)

—「그대 게실 때는」(1927. 12. 14) 중에서

②

어둠 가온대 한 손님 내려오시여
검은 世界는 근저(根底)로부터
채곡채곡 덥히여 가네
×
동모여! 긋처라! 눈 떠라!
세계(世界)는 마츰내 희게 될 것이다
광대(廣大)한 공간(空間)이 백화(白化)치 안터라도
뿌리에만 흰 양분(養分)이 잇스리라면
반드시 가지와 꼿도 희게 될 것이다
그리하야 우리는 흰 설매를 맛볼 것이다

—「눈」(1928. 2. 8) 중에서

위의 두 작품들은 고독과 슬픔, 또는 어둠을 노래하는 가운데서도 희망을 노래하고 있다는 점에서 공통적이다. ①에서 시적 자아는 가엾고 외로운 처지라는 점에서 '풀 한 잎'과 동일시되고, 내면의 슬픔을 물새 울음에 이입하고 있다. 문제는 시적 자아가 존재에 대한 비극적 인식으로부터 헤쳐 나오고자 한다는 점이다. 시적 자아의 비극적 존재 인식은 막연한 고독감과 슬픔 때문이 아니다. 그것은 '그대'가 계시지 않는 현실 때문이다. 이 시에서 '그대'는 모든 것을 거룩하게 하고, 내 앞을 비추는 빛이며, 희망이다. 시적 자아는 이 거룩함과 빛과 희망인 '그대'를 파지하고자 한다. 여기서 '그대'는 한용운의 시에서 보아온 '님'에 상응하는 것으로 보아도 별 무리가 없다. ②에서는 '흰 눈'을 통해 어두운 현실을 자각하고 있다. 눈은 어둠 가운데 오는 손님이라 했다. 눈은 또한 광대한 검은 세계를 덮고 백화된 새로운 세상을 만든다고 말하고 있다. '흰'과 '검은'을 선악의 대립으로 파악하고 있는 한계는 있지만, 시적 자아는 '흰' 눈으로부터 촉발되는 새로운 세상을 동경하고 염원한다. 결국 '흰' 눈은 어둠 속에서 '흰 양분(養分)'을 품은 뿌리로부터 '흰 가지와 꽃'이 피는 세상을 만들고, 그런 세상에서 '흰 설매'를 타는 그날을 희망하고 꿈꾼다는 것이 이 시의 취지이다.

고정옥의 시에서 현실은 비정상적이다. 신음하는 병자들의 세계이거나 병든 시계와 같이 고장 난 세상으로 묘사된다. 다음 작품들을 보자.

①

분수령(分水嶺)에 걸어안자 지내여온 발잣취를 멀금히 보고 내려갈 새 길을 「입」과 「몸」으로 신흠하는 병자(病者)야! 보이는 발잣취를 흙으로 묻어버리고 좌우(左右) 행로(行路)의 달음을 제멸(除滅)하야 뒤딸는 군중(群衆)들에게 티글 업는 새 길을 개척(開拓)하야 주라 뒤딸는 군중(群衆)을 나의 마음으로 하야금 녯 기억(記憶)을 환생(還生)케 말라

그제야 너의 몸도 탈천(脫天)하야 익화등선(化登仙)[31]도 하리니

—「제야(除夜)」(1928. 2. 8) 중에서

②

병(病)든 시계(時計)를 아모리 애써 흔드나 맛츰내 갈 리(理)가 업다
직각직각……묵어운 발목으로 한 거름 두 거름
실음 업시 갓다가 맛츰내 그대로 슬어저 바린다

31 '우화등선(羽化登仙)'을 잘못 인쇄한 것으로 본다. 문선공이 문선 과정에서 날개 우(羽)를 익자로 잘못 알고 식자한 결과의 잘못으로 추정된다.

×

이 사람아!

병(病)든 시계(時計)를 흔들지 말고

마음속 파도(波濤)를 진정(鎭定)하야

방책(方策)을 세워 저자 속 기계(機械)를 곳처 보라

—「병(病)든 시계(時計)」(1928. 3. 22) 중에서

시 ①에서 역사의 분수령을 맞아 '새 길'을 찾지 못하고 신음하는 병자를 호명하고 있다. 그런데 이 병자는 "「입」과 「몸」으로 신흠하는" 병자이다. '입'과 '몸'으로 신음하는 병자는 어떤 병자일까? 여기서 '입'은 언론의 자유에 대한 환유로, '몸'은 행동의 자유를 환유하는 것으로 읽힌다. "「입」과 「몸」으로 신흠하는" 병자는 그래서 언론과 행동의 자유가 없는 식민지 백성에 다름 아니며 또한 시적 자아 자신을 지칭한다. 그럼에도 병자로 호명되는 시적 자아에게는 뒤따르는 군중들이 갈 깨끗한 새 길을 개척해야 하는 임무가 주어져 있다. 과연 시적 자아에게 가능한 일인가? 지나온 "발잣취를 흙으로 뭇어버리고 좌우(左右) 행로(行路)의 달음을 제멸(除滅)하야"야 하고, "녯 기억(記憶)을 환생(還生)케 말라"고 했듯이 부정적 옛 기억에서 벗어나야 한다. 그래야만 '탈천(脫天)'의 자유를 군중들이 누릴 수 있다. 시적 자아는 새로운 역사의 길을 인도하는 이유를 알고, 또 그러한 임무가 자신에게 주어져 있음도 자각하지만, 현실적으로 이를 실현하는 일은 불가능할 수밖에 없다. 이런 불가능성은 시 「기럭아?」(1928. 2. 28)에서 "놉흔 한울 네 나라에 자유(自由)스런 몸을/한탄함이 웬일일고—이내 몸엔 까닭이나 잇것만—"이란 탄식의 목소리로 표명되기도 했다.

시 ②에서 시적 화자는 "병(病)든 시계(時計)를 아모리 애써 흔드나 맛츰내 갈 리(理)가 업다"고 했다. 시계란 무릇 시간을 알리는 기계이지만,

그것은 과거로 되돌아가지 않고 미래의 시간으로만 나아가는 속성을 지닌다. '병든 시계'는 미래의 시간이 없이 멈춰버린 시간만 지속시킬 뿐이다. 말하자면 미래가 없는 비정상적 암담한 현실 자체를 '병든 시계'가 상징한다. 그렇다고 '병든 시계' 탓만 할 수 없고, 흥분된 마음을 진정하여 대책을 세워 시계를 고치려는 적극적 노력을 해야 한다는 것이 이 시의 메시지이다.

시적 자아는 비정상적 현실을 타개하는 기적같은 일이 일어나기를 소망한다. 시 「우울(憂鬱)」(1929. 1. 9)에서 "『빼ㅅ트』가 두동갈 나거라! 하고 처바렷스면/『홈-ㅁ런』과 가티" 우울을 일시에 날려버릴 상황을 상상한다. 상상은 그러나 현실에서 가능하지 않다. 다음 시 「눈 내리는 이월(二月)의 밤」은 불합리하고 비정상적인 현실이 타개되지 않는 상황에서 일종의 종말론에 가까운 회의와 절망감을 보여준다.

> 이 날의 마지막을 가슴에 안고
> 아즉도 어름 풀리지 안은 싸늘한 땅바닥에
> 해 저문 봄바람에 힘 업시 지는 꼿송이처럼
> 사람의 마음을 끗업는 평화(平和)와 감상(感傷)과 추억(追憶)과 환영(幻影) 속에 파뭇으면서
> 천지(天地)도 마즈막가티
> 때 아닌 눈이 고이고이 내리네
>
> ㅡ「눈 내리는 이월(二月)의 밤」(1929. 2. 7) 중에서

"이 날의 마지막", "천지(天地)도 마즈막"과 같이 '마지막'이란 어휘의 반복적 사용이 시사하듯, 이 시의 시적 화자는 분명 자신이 위치한 시간과 공간을 모두 종말론적으로 사고한다. 이런 종말적 시공간에서 때 아닌 눈이 내리는 상황은 반갑기보다 "싸늘한 땅바닥"의 현실을 지속시키

기만 한다. 인간의 존재는 "힘 업시 지는 꼿송이"와 같은 '눈'과 동일시 되면서 허무와 좌절감을 배가시킨다. 이런 점에서 앞에서 살핀 시 「눈」과는 '눈'에 대한 대척적인 인식을 보여준다. 시 「눈」에서 '눈'은 새로운 세상에 대한 희망과 동경을 보여주었지만, 이 시에서 '눈'은 '고이고이'의 동정적 표현에도 불구하고 인간의 내면에 쌓이는 슬픔 내지 절망감을 환기하는 사물의 이미지이다.

그러나 고정옥의 시는 비극적 현실인식에도 불구하고 그 비극적 정서에 빠지지 않는다는 장점을 보여준다. '소곡(小曲)'으로 발표된 민요시 「물망초(勿忘草)」(1929. 2. 19)에서 세월의 무심함 속에서도 한 떨기 물망초는 "그 얼골이 어엽버서 하늘빗이라"고 했듯이, 순수하고 아름다운 내면을 간직하고 있는 존재로 묘사되고 있다. 고정옥의 시는 바로 이런 점에서 힘들고 암담한 현실인식 중에서도 자신을 포함한 주변의 모든 사물들을 건강하면서도 희망적으로 바라보고 있다. 고정옥의 고보시절 시에 나타나는 허무와 절망감은 따라서 막연한 감상주의(sentimentalism)에 빠진 결과가 아니다. 그의 첫 시작품에서부터 함축되어 드러나듯이, 그것은 암담한 민족 현실로부터 자각된 것이면서 그 허무와 절망감에 매몰되지 않고 새로운 세계에 대한 희망과 열망으로 표출되었다는 점에서 의의를 가진다.

경성제대에 입학한 후에 발표한 시작품들은 어떠한가? [표 1]에서 보듯, 고정옥이 경성제대에 입학하여 쓴 시작품들은 모두 8편(14번~21번)으로 기간을 따지면 1929년 말에서 1930년 초에 집중되어 있다. 그런데 시의 제목들을 일별하면, 첫 작품인 「가을이 오니」(1929. 10. 1)를 제외하고,[32] 삶, 생활, 일기 등이 시사하듯 구체적인 삶의 현실을 시적 제재로

32 시 「가을이 오니」(1929. 10. 1)에서는 "달 밝은 가을밤은 방랑객(放浪客)의 구슯흔 로맨티즘이외다"라고 하고, "구슯흔 노래 부르든 녯날이 그립습니다"라고 하여 고보시절의 감상적 낭만주의의 경향을 이어받고 있음을 알 수 있다.

삼거나, '동모여!' '님이여!' 처럼 제목 자체가 청자 지향의 메시지를 중심으로 한 시작품들임을 알 수 있다. 고보시절 시작품들이 현실과 연관된 내면의식의 토로에 치중된 주체 중심의 시라고 한다면, 대학시절 시작품들은 현실 자체를 매개로 하되 청자 지향의 메시지 중심 시라고 할 수 있다. 어떤 점에서는 고정옥의 대사회적 인식과 관련된 정신적 성숙을 대학시절 시작품들이 보여주는 셈이다. 시작품들을 먼저 살펴보자.

괴롬 만흠이 삶의 갑일가
밝은 삶이란 어리석은 사람들의 노력(努力)의 철학(哲學)일가
젊고 어린 녯날에 나 스스로
무더운 고민(苦悶)을 관미(觀美)하얏스나
그는 지난 세기(世紀)와 세기(世紀)들의 무용(無用)한 감상(感傷)이엇다
서픈짜리 자유(自由)를 연약(軟弱)한 감정(感情)의 목에 걸고 왼 겨울밤이 다 새이도록
천정(天井)의 거미줄만 똑바로 처다 본 뒤의 공리(功利)는 이 몸과 이 마음을 차듸찬 이불 우에 그대로 남기어 두엇슬 뿐이엇다
그 모든 헛수작이 나의 타고난 불가항력(不可抗力)의 소산(所産)이엇슬지나
이제 시대착오(時代錯誤)의 정지(靜止)를 버리고
새 세기(世紀)의 전진(前進)의 나래를 탄 나의 희망(希望)은
밝고도 복잡한 거리에서서
투명(透明)한 사색(思索)과 판단력(判斷力) 잇는 이지(理智)를 압세우고
녯날의 치기(稚氣)를 조소(嘲笑)하노라 오—이 우숨!　(11월(十一月) 2일(二日))

—「삶의 갑」(1929. 11. 6) 전문

이 시는 "젊고 어린 녯날"의 '나'와 결별하는 선언문이면서 새 세기를

맞이한 '나'의 각오를 천명하는 선언문이기도 하다. 그 옛날에는 "고민(苦悶)을 관미(觀美)"하고 "무용(無用)한 감상(感傷)"과 "연약(軟弱)한 감정(感情)"에 빠져 있었으며, 몸과 마음을 다해 추구했던 자유도 치기에 의한 "서푼짜리 자유(自由)"에 지나지 않았다고 말한다. 고민, 감상, 감정, 치기 등의 어휘가 말하듯, 과거의 '나'는 주관적 감정에 치우쳐 세상을 보았던 "어리석은 사람들의 노력(努力)의 철학(哲學)"을 신봉했다고 반성한다. 이제 이런 시대착오적 자아를 버리고 새 세기를 맞아 전진하는 자아가 되어야 한다고 했다. 이를 위해 "투명(透明)한 사색(思索)과 판단력(判斷力) 잇는 이지(理智)"를 가져야 한다고 선언한다.

위에서 말한 "투명(透明)한 사색(思索)과 판단력(判斷力) 잇는 이지(理智)"는 어떤 것인가? 이즈음 고정옥이 대학 입학 후에 참여했던 독서회 활동을 거론할 수밖에 없다. 시 「삶의 갑」을 쓴 때를 작품 끝에 11월 2일로 밝히고 있는데, 이때는 1929년 11월 3일 광주학생의거가 일어나기 하루 전날이다. 시작품 발표는 이보다 늦지만, 이 시는 당시 고정옥이 앞으로 취할 가치관과 사상이 무엇인지를 암시하고 있다. 경성제국대학 6회로 예과에 입학한 고정옥은 광주학생의거가 일어나기 전, 정확한 시기는 알 수 없지만, 시 「가을이 오니」가 발표된 1929년 10월 초와 시 「삶의 갑」이 발표된 1929년 11월 초 사이에 비밀결사의 성격을 띠고 이미 결성되어 있었던 독서회에 참여하여 활동했던 것으로 추정할 수 있다. 이충우(李忠雨)가 당시를 회고하는 글을 보자.

> 예과의 조선 학생들끼리도 자신이 속한 소그룹 멤버 외에는 누가 독서회에 참가하고 있는지 소상히 알지 못했다. 6회 입학생 가운데는 신현중(愼弦重), 최기성(崔基晟), 정태식(鄭泰植), 고정옥(高晶玉), 김해균(金海均) 등이 독서회에 간여했다. 독서회 토론과정에서는 자신들의 활동이 민족운동이냐, 사회주의운동이냐를 놓고 왈가왈부한 때도 있었다.[33]

독서회에 가담한 인물들 중에 고정옥의 이름을 분명하게 기억하고 있는 것을 보면, 고정옥은 당시 독서회 활동에 매우 적극적으로 참여했던 것으로 보인다. 독서회 회원들의 활동이 민족운동이냐 사회주의운동이냐를 두고 토론을 했다고 했지만, 사상학습의 중심 자료들은 사회주의 이론서였다고 본다. 그것은 "독서회가 채택하고 있는 서적은 부하린의 「유물사관」, 마르크스의 「자본주의 연구」 1, 2, 3권 등으로 이들 책을 읽고 3~4명씩 모여서 토론을 했다"[34]는 진술을 참고하면, 독서회 회원들이 읽은 서적들은 거의 사회주의 이론서임을 알 수 있다. 물론 당시 사회주의운동은 민족운동과 깊이 결부되어 있었기 때문에 둘이 쉽게 결별되는 것이라 말할 수 없다. 이제 고정옥이 시 「삶의 갑」에서 말한 "투명(透明)한 사색(思索)과 판단력(判斷力) 잇는 이지(理智)"는 사회주의이론에 입각한 것임을 확인할 수 있다.

독서회 활동에 참가한 이후 고정옥의 관심은 '집-자아'에서 벗어나서 '거리-민중'으로 바뀌게 된다. 시 「생활(生活)의 거리」(1929. 11. 17)에서 시의 화자는 "생활(生活)을 점치는/수(數)만흔 영리(怜悧)한 사람들" 또는 "생활(生活)의 거리에서 몸부림치는 현명(賢明)한 떼들"을 향하고 있다. 이들 거리에서 점치거나 몸부림치는 영리한 사람들과 현명한 사람들은 어떤 사람들일까? 이 시에서는 구체적으로 말하지 않고 있지만, 이들이 바로 일제의 민족차별에 항거하는 광주의 학생들일 수도 있을 것이다. 시 「동모여!—조선(朝鮮)의 학도(學徒)들에게」(1929. 12. 20)는 고정옥의 시적 발언이 같은 동료 학도들을 분명하게 향해 있음을 보여준다. 그것은 선언적이고, 설득적인 목소리로 청자를 향한 메시지를 강하게 전달하고자 한다. 이런 경우 시는 묘사시(descriptive poetry)가 되지 않고 이념을 선

---

33 이충우, 『경성제국대학』, 다락원, 1980, 158쪽.

34 이충우, 위의 책, 같은 곳.

전 · 선동하는 아지프로시로서의 진술시(statement poetry)[35]가 된다.

동모여—
우리는 할 일 만흔 이 땅의 졂은이로다
우리의 두 엇개에는 이 땅의 압날이 무겁게 실려 잇지 안는가

오늘 어제 우리는 힘써 배와서
이 땅의 암흑(暗黑)과 무지(無智)를 밝히고 가르키자
무더운 싸움터에서 피 흘린 우리들
반듯이 압날엔 승리(勝利)의 놀애 부르리니
만약(萬若) 우리 전사(戰士)들 가운대
십팔세기(七八世紀)의 시인(詩人)이 아즉도 남아잇다면
우리는 그의 시(詩)를 말살(抹殺)하자
타락(墮落)의 유흥(遊興)에 빠진 자(者) 잇다면
그의 유흥(遊興)을 빼아서버리자
아모 할 일 업는 나라의 졂은이들처럼
졂은 감격(感激)을 놀애하는 자(者) 잇다면 그 놀애ㅅ가락마저 헛터버리자
공상(空想)과 환멸(幻滅)의 초현실주의자(超現實主義者) 잇다면
채ㅅ죽으로 그를 모라 거리로 내어쫏자
그리고 또 천치(天癡)와 반역(反逆)조차 잇고 하면
우리는 천치(天癡)를 가르키고 반역(反逆)을 간(諫)하자

—「동모여!—조선(朝鮮)의 학도(學徒)들에게」(1929. 12. 20)에서

35 묘사시와 진술시에 대한 개념적 정의와 논의는 김준오, 『시론』, 제4판, 삼지원, 2017, 91쪽, 102~105쪽 참조할 것.

이 시에서 청자로 호명되는 '동모(동무)'는 사회주의의 사상을 같이 하는 '우리'와 공동체를 이루며, "이 땅의 압날"을 위해 투쟁하는 젊은이들이며 또한 '우리 전사(戰士)들'이다. 말하자면 사회주의 건설을 위해 투쟁하는 전위로서 사상적 일체를 이루는 동지들이다. 이들에게 18세기의 시인들과 같은 낭만주의 시인들, 타락의 유흥에 빠진 자들, 공상과 환멸의 초현실주의자들은 모두 배척하고 말살해야 할 적이다. 이 시의 화자가 긍정하는 대상과 부정하는 대상은 이처럼 사회주의사상에 입각하여 동지와 적으로 분명하게 갈라진다. 과연 고정옥 자신은 어느 쪽인가. 이 지점에서 고정옥은 철저한 자아비판과 각성이 필요함을 깨닫는다. 그것을 보여주는 시가 「감정(感情) 양기(揚棄)」(1930. 1. 21)이다.

나는 한(限)업시 밧은 사람이다
벌레만도 존재가치(存在價値)조차 업는 적은 그들이
나를 곡해(曲解)하며 오해(誤解)한들 나에게 무슨 상관(相關)이 잇느냐 개인주의자(個人主義)를 들추는 것은 아니언만
『꾀-테』는 『모든 것을 나에겐 무(無)다』라고 부르짓지 안핫느냐
[…중략…]
다라나는 용사(勇士)의 압길을 막은 연약한 감정(感情)—
내 발길에 채여 하수도(下水道) 미테서 죽어버리리라
감정(感情)을 버리기 전(前)에는 백(百)파-쎈트의 천재(天才)도 생명(生命)을 일코
불가튼 정의(正義)도 힘을 일라니
나는 모든 갑업슨 몬지의 감정(感情)을 불사르려 한다
목 뷔틀랴 한다 발길로 차려 한다

—「감정(感情) 양기(揚棄)」(1930. 1. 21)에서

위 시에서 첫 행의 "나는 한(限)업시 밧은 사람이다"는 발언은 함양에서 비교적 부유한 집안에서 성장하고 또한 집안의 도움으로 학업을 지속했던 고정옥으로서는 기본적으로 프롤레타리아계급 혁명을 위한 전위로 나서기에 한계가 있다는 솔직한 자기고백이면서 동시에 자아비판의 성격을 지닌다. 자아비판은 철저한 자아혁신을 요구하는데, 그것은 자신의 내부에 있는 개인주의자로서의 근성인 연약한 감정을 청산하는 데서 가능하다. 위 시는 이처럼 자기고백-자아비판-자아혁신의 과정을 거침으로써 사회주의자로서의 사상적 전환을 꾀했음을 보여준다.

고정옥의 시는 내부의 적인 개인주의적 감정을 버리고 철저한 자아비판을 거침으로써 좀 더 자신 있게 계급적 연대를 강화하고, 선전 · 선동을 위한 강력하고 직설적인 어조를 띠게 된다. 시 「동모여 나아오라 우리의 일터로」(1930. 2. 5)는 이런 면모를 잘 보여주는 작품이다.

> 내 이제 잇는 힘 다하여 소리치노니
> 동모여!
> 나아오라! 우리의 일터로—
> 싸혓다 사라지는 봄날의 눈처럼
> 어설픈 치정(癡情)을 울묵에 던지고
> 힘 세인 두 팔을 한울 놉히 치어들고
> 오랫동안 무덥게 썩어오든
> 도야지고기의 구토(嘔吐)를
> 바람 가득한 출전(出戰)의 문턱에서
> 청산(淸算)을 하고 깃븜의 둥근 눈 들어
> 전인류(全人類)의 미래(未來)를 가슴에 안고
> 용감(勇敢)하게 쏘다니는 우리의 일꾼을 보라!
>
> —「동모여 나아오라 우리의 일터로」(1930. 2. 5)에서

계급적 연대자로서 동무를 불러내는 이 시는 "잇는 힘 다하여" 소리친다고 했듯이, 부르주와의 감정과 욕망을 청산하고 이제는 "전인류(全人類)의 미래(未來)"를 위한 투쟁의 대열에 동참할 것을 호소한다. 여기서 "전인류(全人類)의 미래(未來)"는 사회주의 혁명이 프롤레타리아 계급의 국제적 연대를 통해 달성되어야 한다는 코민테른(Comintern)의 노선을 따르는 것을 의미하는 것으로 이해된다. 그렇다면 고정옥이 추구한 사회주의의 노선에서 '민족'의 문제는 배제되는 것인가? 그렇지 않다는 것이 경성제대의 우리말 교가를 따로 제작하여 부르는 데 고정옥이 주도적인 역할을 했다는 점과 마지막으로 남겨진 시작품인 「님이여!」(1930. 4. 6)에서 애타게 부른 '님'의 존재가 민족의 해방과 깊이 결부되어 있음을 읽을 수 있다는 데에서 찾을 수 있다. 우리말 교가 제작과 관련된 다음 증언을 보자.

> 조선 학생들이 학교 당국에서 제정한 교가를 배척하고 우리말 교가를 따로 만들어 부른 일이 있다. 우리말 교가의 작사자는 6회의 고정옥(高晶玉)(문B)이지만 혼자서가 아니라 여럿의 의견을 들어 작사했고, 이화(梨花)여전 음악교수 안기영(安箕永)이 작곡을 했다.
>
> 『먼동은 새힘으로 닥쳐 왔으니
> 우리의 할 일은 태산같도다
> 동무여 나오라 우리의 일터로, 상아탑 기만을 발길로 차고……』[36]

현재는 1절만 기억하고 있는 우리말 교가의 제작을 위해 여럿의 의견을 들어 작사했다고 했지만, 작사자의 이름으로 고정옥을 내세우고 있다는 점에서 그가 교가 작사에서 주도적 역할을 한 것으로 보인다. 특히

---

36 이충우, 앞의 책, 169쪽.

1절의 가사에서 "동무여 나오라 우리의 일터로"라는 구절은 이미 논의한 시 「동모여 나아오라 우리의 일터로」의 제목과 거의 같고 "발길로 차고"의 표현도 시 「감정(感情) 양기(揚棄)」에서 이미 사용한 바 있다. 이 우리말 교가를 6회 조선인 입학자들이 중심이 되어 익히고 7회 조선인 입학자들에게도 익히게 하여 교내에서 내놓고 부르지는 못했지만 교외에서 부르면서 민족의 얼을 새겼다고 이충우는 말하고 있다.[37] 시 「님이여!」에서도 민족의식이 절절히 토로되고 있다. 작품을 보자.

님이여!
지나간 겨울날 사나운 눈보라가
너머나 가엽게 태여난 그대의 몸을
열 해에도 또 열한 해 꾸준히도 못살게 구러
오 그다지도 어엽부든 녯날 그대의 얼골이
오래ㅅ동안 병상에서 신음한 사람처럼
이제는 보기에도 끔직하게 여위엿나이다
사나이 두 눈에 애닯흔 눈물 서리우고
순정에 날뛰든 자유로웁든
그대의 녯날을 눈 압에 어리워 보오니
긋칠 줄 업시 쏘다지는 눈물을
참아 것잡을 길 아득하외다
[…중략…]
녯날의 질겁든 노래 억울한 싀집사리 노래 그리고
이제 봄 마진 녯터에서 생리별한 지 스물하고 또 한 해만에 뜨거운 가삼 마조치는 노래

37 이충우, 앞의 책, 같은 쪽.

오늘밤 어스름 달밤 아래 저 강에 상아ㅅ배 띠워 고이고이 온 로 저어 드리오리니

님이여 우슴 치며 노래 부르소서

저 들이 저 강이 저 산이

님의 아름답기 금줄가튼 목소래에 길게 울든 녯날에 목마른 가삼 축이려 노래 부르소서! 소래 놉히 맑게 우슴 치면서 님이여—

—「님이여!」(1930. 4. 6)에서

위의 시는 '님'을 대상화한 연시의 형식을 띠고 있다. '님'에 대한 애달픈 마음과 함께 애절한 사랑을 노래하는 연시의 형식이다 보니 시적 화자의 감정도 흥분되어 반복적 어휘와 감탄어구가 많고, 시행이 무려 47행으로 풀어져 있다. '님'을 노래한다는 점에서 한용운의 시에 비견될 수 있으나, 감정의 절제를 이루지 못하고 있을 뿐만 아니라 직설적 어법이 많아 비유와 상징의 수사법을 주로 쓴 한용운의 시적 수준에는 한참 미치지 못한다. 그럼에도 이 시에서 주목되는 점은 '님'에 대한 애타는 절규를 듣게 된다는 점이다.

고정옥의 시에서 '님'은 어떤 존재이기에 애타게 절규하는 대상이 되는가? 한용운의 시에서 '님'이 복합적 의미를 띨 수 있는 것과 달리 이 시에서 '님'은 명시적으로 해석될 여지를 보여준다. 그것은 '님'이 태어나서 "열 해에도 또 열 한 해" 또는 "스물하고 또 한 해"를 지났다는 표현에 의해서 명료화되기 때문이다. 작품을 쓴 1930년을 기준으로 하면, 1910년 일제의 강제 조선 병합 시기부터 21년째 시달려온 존재가 바로 '님'이 되는데, '님'은 그래서 쉽게 '조국'으로 환원된다. 일제의 조선 강제 병합이 실제로는 8월 29일 여름이지만, 이 시에서는 겨울로 설정되어 있다. 그때 "너머나 가엽게 태여난 그대"인 '님'은 "꾸준히도 못살게" 군 일제의 횡포와 탄압 때문에 21년이 지난 세월에도 "어엽부든 녯

날 그대의 얼굴"은 병상에서 신음하는 사람처럼 끔찍하게 여윈 모습으로 묘사된다. 이 시의 전반부는 국권을 상실한 조국의 뼈아픈 현실을 이처럼 '님'에 대한 비극적 모습으로 환기하고 있다.

고정옥의 고보시절 시도 그랬듯이, 대학시절 그의 시도 비극적인 감정에 함몰되지 않고 이를 이겨내고자 하는 의지와 희망을 노래하는 특성을 보여주되, 그 어조는 더욱 강력하고 의지적이다. '님'은 가혹한 탄압과 시련을 겪었으면서도 여전히 "녯날의 즐겁던 노래"를 간직하고 있고 "아름답기 금줄가튼 목소래"와 "녯날에 목마른 가슴"을 지녔다. "저 들이 저 강이 저 산이"이 웃음을 치도록 소리 높이 맑게 노래를 부르기를 바라는 염원은 다시 되찾아야 할 21년 전의 '님'이며, 그것은 바로 조국의 해방에 대한 염원임을 알 수 있다. 고정옥의 시가 전반적으로 감정의 절제를 제대로 이루지 못한 작품들이 많고, 성글고 직설적인 표현으로 아직 세련된 수준을 이루지 못한 한계를 분명 지녔지만, 그가 시를 통해 말하고자 했던 메시지는 당대를 살아가는 젊은이의 심각한 고뇌로부터 전해지는 진정성을 가지는 것으로, 사회의식과 민족의식이 결부된 의미심장한 현실인식을 보여준다는 점에서 중요한 가치가 있다.

2) 영화에 대한 관심과 사회주의 사상의 고양과 실천

고정옥이 영화에 각별한 관심을 가지기 시작한 때는 경성제2고보 시절부터로 보인다. 영화를 관람할 수 있는 여건 자체가 당시 경성에서 가능했던 사정에서 영화는 고독감을 달래고, 청년기의 예민한 감수성을 자극하면서 예술적 욕망도 충족시킬 수 있는 적절한 대상이었을 것이다. 청년기의 사색적이면서도 비판적인 성향, 그리고 비사교적인 성격[38]의 고정옥과 영화는 잘 조우되는 측면을 지닌다.

고정옥이 고보시절부터 영화에 관심을 두었다는 증거는 그가 고보시절 발표한 시작품들 중에서 찾을 수 있다. 「뽀-덴양(孃)의 인상화(印象畵)」(1927. 12. 21)와 「돌로레스 돌레오양(孃)의 초상화(肖像畵)」(1928. 2. 24)가 그것들이다. 이들 시작품은 자신이 본 영화의 여주인공 역을 맡았던 여배우에 대한 인상을 중심으로 영화에 대한 느낌과 생각을 표현한 일종의 메타영화(Meta Cinema) 시이다.

전자의 시에서 '뽀-덴양'이 구체적으로 어느 영화의 여주인공으로 나온 배우인지를 특정할 수 없다. 다만 작품 중에 "어엽부고 눈물겨운 해적(海賊)의 처녀(處女)"란 표현이 나오고 '열대지방', '남국 삼림지방' 등의 표현이 나오는 점 등에 비추어 당시 미국 영화로 더글러스 페어뱅크스(Douqlas Fairbanks) 주연의 「해적(원제: The Black Pirate)」과 관련된 시가 아닐까 추정해보지만, 확정할 수 있는 근거를 찾을 수 없다.[39] 이 시가 영화 「해적」과 무관하더라도, 모험과 사랑과 복수, 그리고 바다를 배경으로 펼쳐지는 활극의 영화에 대한 매력을 표현한 작품으로 보인다. "상상력(想像力)이 풍부(豊富)할 뿐더러 표현(表現)이 아름답다"고 한 시작품의 구절은 직접적으로 '뽀-덴양'이 출연한 영화에 대한 감동을 나타낸 것이다.

후자의 시 「돌로레스 돌레오양(孃)의 초상화(肖像畵)」에서 '돌로레스 돌

38 신동흔은 조규찬과의 대담에서 고정옥이 대학 시절 "그리 활달하고 사교적이지 않았던 것 같다"라는 조규찬의 회고를 소개한 바 있다. 신동흔, 앞의 글(「고정옥의 삶과 학문세계(상)」), 279쪽.

39 당시 「해적」은 1926년부터 1928년까지 단성사, 우미관 등에서 4회 이상 상영될 정도로 높은 인기를 타고 흥행했던 활극 영화였다. 모험과 사랑, 복수, 그리고 바다를 배경으로 펼쳐지는 활극의 스펙터클, 총천연색의 영상기술을 통한 환상적 재미를 갖춘 할리우드 영화의 전형적인 매력을 가진 영화이다. 1920년대 「해적」의 상영 상황에 대해서는 이호걸, 「식민지 조선의 외국영화」, 『대동문화연구』 제72집, 성균관대 대동문화연구소, 2010, 98쪽, 101쪽 참조. 그리고 「해적」의 특징은 이호걸, 「1920년대 조선에서의 외국영화 담론」, 『영화연구』 제49집, 한국영화학회, 2011, 261~264쪽 참조. 그런데 「해적」에서 당시 여주인공은 이소벨 공주(Princess Isobel)로 빌 도브(Billie Dove)가 그 역할을 맡아서 '뽀-덴'과 전혀 다른 인물이다. 영화 「해적」(1926)에 관한 자세한 사항은 다음 사이트(https://en.wikipedia.org/wiki/The_Black_Pirate)를 참조함.

레오'는 멕시코 출신의 미국 여배우 돌로레스 델 리오(Dolores del Rio, 1905~1983)를 지칭하는 것으로 보인다. 시의 구절 중에 '카츄사'란 호칭이 보이고, 영화 중 여주인공의 매혹적이면서도 애처로운 모습을 "유혹(誘惑) 많은 도색(桃色) 입살", "천지(天地)를 저주(咀呪)하는 모진 여성(女性)", "사람을 굿게 밋는 철모른 비닭기" 등으로 묘사하고 있는 점을 참고하면, 돌로레스 델 리오가 출연한 영화[40]로 1928년 UA사가 제작한 「부활(카츄사)」를 관람하고 쓴 메타영화 시가 아닌가 한다.

고정옥의 고보시절 쓴 메타영화 시작품들은 청년기에 이국여성의 고혹적이면서도 가냘픈 모습에 자연스럽게 이끌린 감정, 영화에 대한 예술적 감동을 표현한 것으로 읽힌다. 대학 시절로 넘어와서도 영화에 대한 고정옥의 관심은 멈추지 않았지만, 관심의 초점은 고보 시절과 달랐다. 우선 영화에 대한 관심을 시작품을 통해 간접적으로 표명하지 않고 영화평을 통해 직접적으로 피력했다. 고정옥의 한 해 선배인 조규찬의 회고에 의하면, 고정옥은 "어느 영화든 첫날 첫 회에 혼자 가서 전력을 기울여 감상하고 나서 작품평을 썼다"[41]고 한다. 고보 시절부터 이어온 영화에 대해 관심이 어느 정도인지 짐작할 수 있다. 그런데 영화에 대한 관심이 영화평을 통해 피력하는 수단의 차이뿐만 아니라 영화 자체를 보는 관점과 수준이 크게 달라졌다.

고정옥의 영화평은 시작품들과 마찬가지로 일간지 매체를 통해 발표되었다. 『동아일보』는 당시 '극과 영화'란을 두어 독자들의 영화평을 받

---

40 참고로 돌로레스 델 리오(Dololes del Rio)가 출연한 영화로 「부활(카츄사)」(UA, 1928)이 조선극장에서 1928년 3월 10일, 1929년 4월 25일 개봉되었고, 「아마존의 홍장미」(파라마운트, 1928)가 조선극장에서 1928년 11월 1일, 「칼멘」(폭스사, 1929)이 우미관에서 1929년 6월 22일 개봉한 것으로 파악된다. 이에 대해서는 다음 블로거(https://blog.naver.com/merenguero/221548834802) 참조.

41 신동흔은 조규찬과의 대담을 통해 고정옥의 영화에 대한 관심을 회고하는 내용을 전했다. 신동흔, 앞의 글(「고정옥의 삶과 학문세계(상)」), 283쪽.

아 게재했는데, 여기에 고정옥은 「템페스트 인상(印象)」(1929. 11. 5)과 「파리(巴里)의 아팟슈」(1929. 11. 12)를 짧은 기간에 연속해서 투고하여 발표했다. 그리고 『조선일보』에는 「프로영화교육론(映畵教育論)」(1930. 4. 23~24, 26)이란 글로 독자 투고의 형식이 아닌 '영화(映畵) · 연예(演藝)' 란에 전문가의 글로 3회 연재했다.

먼저 「템페스트 인상(印象)」은 1928년 미국에서 제작된 「템페스트(Tempest)」[42]에 대한 단문의 영화평으로, 조선극장에서 상영된 영화를 본 후의 감상을 쓴 것인데 독자 투고의 형태로 게재되었다. 영화 「템페스트」가 성공적인 영화가 된 까닭을 크게 네 가지 점에서 말했다. 첫째는 영화의 표현 방식이 현실을 과장하지 않은 점, 둘째는 배광(配光)의 촬영방식에서 전쟁 장면을 잘 찍은 점, 셋째는 배우 배리모어(John Barrymore)의 뛰어난 연기력, 넷째는 카밀라 호른(Camilla Horn)의 실감나는 표정 연기력이라고 했다. 그러면서 이 영화가 오락 위주의 아메리카 영화를 벗어나서 유장한 무게 있는 작품을 보여주었다고 했다. 아울러 향후에는 "문학소년덕 애매한 영화는 전멸할 것"이라고 했다. 영화를 보는 관점이 흥행과 오락 위주의 미국 헐리우드영화를 예찬했던 관점에서 벗어나서 리얼리티(reality)의 구현, 실감나는 연기력, 그리고 스케일이 큰 사회영화에 중요한 가치를 두는 쪽으로 변화되었음을 알 수 있다.

영화평 「파리의 아팟슈」는 1927년 프랑스와 독일 합작으로 제작된 영화 「파리의 아팟슈(원제: Apaches of Paris)」[43]에 대한 단문의 영화평이다. 이 영화가 1929년 영화시장에서 최고의 상품이 될 수 있는 까닭을 첫째 주연 배우인 '잭크 카트랑'(Jaque Catelain; 1897~1965)의 연기력, 둘째 "종횡무

---

42 영화 「템페스트(Tempest)」(1928)에 대해서는 다음 사이트 참조.
https://www.imdb.com/title/tt0019451/?ref_=nm_flmg_act_40

43 영화 「파리의 아팟슈(Apaches of Pris)」에 대해서는 다음 사이트를 참조.
https://en.wikipedia.org/wiki/Apaches_of_Paris.

진한 촬영"이라고 하면서도 아쉬운 점에 대한 비판적 견해도 제시했다. 스토리의 부자연스러움, 여배우의 얼굴 모습이 제대로 촬영되지 못한 점, 카트랑 연기의 아쉬운 점, 아팟슈의 소굴 폭로가 빈약한 점 등을 들었다. 전체적으로 전반부는 좋지만 후반부가 그에 미치지 못한다고 했다. 「템페스트 인상」에서 리얼리티의 구현과 실감나는 연기력을 중시한 관점이 이 영화평에서도 견지되고 있는 것으로 파악된다.

이들 단문의 영화평이 발표되었던 1929년 11월에는 고정옥이 독서회 활동에 참가하고 있었을 때인데, 고보 시절 영화에 출연한 여배우 중심의 감상적 관심에서 상당히 벗어나 있음을 알 수 있다. 배우의 연기력뿐만 아니라 촬영 기술, 장면의 배치와 조명 등에 대해서도 관심을 넓히고 있다. 「프로영화교육론(映畵教育論)」은 고정옥의 영화에 대한 관심을 집적하면서도 사회주의 사상을 기반으로 영화가 진전되어야 한다는 관점을 분명히 보여주고 있다. 1920년대 말부터 임화, 한설야를 거쳐 김유영, 서광제, 박완식 등으로 이어진 프로영화론[44]의 대열에 고정옥의 영화론도 중요한 자리를 차지하고 있다. 당연히 기존 개인주의적 자유주의적 자본주의 영화가 그릇된 이데올로기를 담고 있다고 비판하면서, 향후의 프로영화는 무산계급을 위한 대중성을 확보하고, 감정의 사회화를 위한 선전 · 선동의 효과를 극대화해야 한다고 주장한다.

> 예술(藝術) 일반(一般)의 근본(根本) 정의(定義)가 임의 「감정(感情)의 사회화(社會化)」「사람의 정서적(情緒的) 전파(傳播)의 한 수단(手段)」인 이상(以上) 우리 무산계급(無産階級)의 예술운동(藝術運動)은 「선전(宣傳)」과 「선동(煽動)」의 효과(效果)가 가장 강렬(强烈)한 예술(藝術) 부문(部門)에 노력(努力)의 집중적(集中的) 초점(焦點)을 두지 안흐면 아니 되는 것이니 선술(先述)

44 이호걸, 앞의 글(「1920년대 조선에서의 외국영화 담론」), 270~272쪽 참조.

한 바와 가티 또는 「레-닌」이 설파(說破)한 것과 가티 무산계급(無產階級) 대중(大衆)에게 아-필하는 효과(效果)의 율(率)에 잇서서 영화(映畵)가 그 제1위(第一位)를 점령(占領)한다면 우리는 공리적(公利的) 타산적(打算的)으로 현명(賢明)하게 영화예술(映畵藝術)의 진전(進展)을 도모(圖謀)하지 안흐면 아니 될 것이다.[45]

이상에서 보듯이, 영화예술을 보는 관점이 예술운동이 기본적으로 무산계급의 대중적 선전과 선동을 위한 효과적인 수단이 되어야 한다는 레닌의 관점을 채용하고 있다. 특히 영화는 "공리적 타산적"인 목적을 실현하는 데 '제1위'의 위치를 가진다는 점을 강조하고, 향후의 영화는 프로의식을 견지한 영화가 되어야 영화예술의 진전을 도모할 수 있다는 것이다. 고정옥은 이즈음에서 사회주의 이론을 경직된 채로 수용하면서, 향후 프로영화의 진전을 위해 프로의식적 영화, 상설관의 국경 철폐, 프로영화 잡지 발간, 프로영화인의 조직, 시나리오의 발표 등 현안 문제들은 차례대로 장을 나누어 논의했다. 이들 현안의 논의들 중에서 고정옥은 '상설관의 국경 철폐'에서 일본영화, 미국영화, 구주영화(유럽영화), 조선영화를 막론하고 영화시장에서 공급되는 영화들을 프로의식적 관점에서 걸러낸 후 걸러진 영화들을 무산대중에게 보여주어야 한다고 하면서, 프로영화들이 일본에서 가장 많이 제작되고 또한 일본 상설관을 통해 공급되는 현실을 말하면서 일본영화관을 찾는 것도 주저하지 말라고 했다.[46] 프로영화의 현안이 국경이나 국적의 문제가 아니라 영화의 네러티브(narrative)에서 얼마나 프로의식을 담아내고 있는가를 중요하게 생각했기 때문이다.

45 고정옥, 「프로영화교육론(映畵教育論)(1)」, 『조선일보』, 1930. 4. 12.

46 이 점에 대해서 이호걸, 앞의 글(「1920년대 조선에서의 외국영화 담론」), 271쪽에서 언급한 바 있다.

고정옥은 독서회의 활동을 통해 사회주의 이론에 대한 학습을 강화하고 또한 회원들과의 토론을 통해 점차 강경한 사회주의 사상을 동조하는 방향으로 나아갔다. 점조직 형태로 이루어진 독서회는 1931년에 들면서 실천적 운동조직인 반제동맹으로 변화하게 된다.

> 1931년 4월 신현중(愼弦重)과 이찌가와(市川朝彦) 등이 학부로 올라오면서 조규찬과 접촉이 잦아지게 되었다. 이들은 독립운동을 좀 더 효율적으로 수행하기 위해서 경성제국대학 안에 있는 종래 독서회 조직을 식민지 해방기구인 반제동맹(反帝同盟)으로 바꾸어 결성하자는 데 의견을 같이 했다.
>
> [···중략···]
>
> 반제동맹 결성 제안에 가장 열의있는 찬동을 보이기는 신현중(愼弦重) · 이찌가와(市川朝彦)와 같은 법학과 1학년인 최상규(崔翔圭) · 최기성(崔基晟) · 사꾸라이(櫻井三良) · 히라노(平野而吉)와 문학과의 고정옥(高晶玉) · 김해균(金海均) 등이었다.
>
> [···중략···]
>
> 이들을 제외한 멤버들은 최상규(崔翔圭)와 고정옥(高晶玉)의 하숙집을 돌면서 3인이 작성한 반제동맹 강령 규약을 심의하여 새로 초안을 만드는 등 활발히 움직였다.
>
> 31년 봄부터 여름에 걸쳐 반제동맹의 동지를 규합하기 위해 「독서회뉴스」라는 인쇄물을 몇 차례 만들어 학생들에게 비밀리에 돌렸다.[47]

고정옥이 반제동맹의 결성에 어느 정도 깊이 관여했는지를 알기 위해 다소 길게 인용했다. 인용문에서 보듯이, 고정옥은 반제동맹의 결성에 매우 적극적이었다. 반제동맹의 규약과 강령 작성, 「독서회뉴스」 제작,

---

47 이충우, 앞의 책, 184~185쪽 참조.

동지의 규합 등에서 핵심 인물은 아니어도 중요한 역할을 담당했던 것으로 보인다.

반제동맹의 조직은 경성제국대학 학생에 한정되지 않았다. 경성제2고보, 기독교청년학교로 파급되었고, 조선총독부, 조선일보, 동일은행 소속인 청년도 참여하였다. 1927년 브뤼셀 국제회의에서 코민테른의 후원을 받아 결성된 반제국주의동맹의 지부 성격을 띠면서 당시 국내의 공산당 조직과 연결되어 있었다. 이러한 반제동맹은 1931년 9월 만주사변이 일어나자 「반전격(反戰檄)」이라는 격문을 만들어 9월 28일 조선극장 등에서 비밀리에 배포하는 등 행동을 개시했다. 그러나 사건이 일어난 지 얼마 되지 않아 반제동맹 가담자 50명이 검거되었다가 최종 19명이 공판에 회부되었다. 19명 중에서 일본 학생 3명을 포함한 8명이 보석 출옥되었는데, 고정옥도 그 중의 한 명이었다. 보석금은 학생 신분인 점을 감안하여 당시 50원으로 최저 금액이었는데, 결국 부모의 도움으로 풀려난 셈이다. 1932년 8월 16일 예심이 종결되고 11월 24일 최종 언도가 내려졌다. 주동자 신현중을 비롯한 3명이 3년 또는 2년의 징역형을 받고, 고정옥, 최기성 등 나머지 16명은 모두 집행유예 판결을 받아 실형은 살지 않았다. 고정옥은 징역 1년 6개월, 집행유예 3년을 선고받았다.[48]

고정옥은 반제동맹 가담 사건으로 대학에서 퇴학을 당하고 학업을 중단하게 되었다. 신동흔이 고정옥의 따님 등 친지들을 대상으로 탐문조사한 바에 따르면, 고정옥은 집행유예 기간이기도 한, 퇴학 후 1936

48 이충우, 앞의 책, 184~196쪽에 반제동맹의 진행, 검거, 공판에 이르는 과정에 대해 자세히 설명하고 있다. 공판 회부자 19명 중에서 고정옥을 비롯한 16명이 집행유예 판결을 받은 데에는 당시 경성제대 야마다(山田三良) 총장이 여러 요로에 선처를 호소한 덕이 컸다고 한다(이충우, 앞의 책, 193쪽). 『동아일보』(1932. 8. 17~31)에 게재된 「성대(城大) 반제동맹(反帝同盟) 예심결정서(豫審決定書)」에도 반제동맹의 진행과정에 관한 내용이 보도되었다.

년 재입학할 때까지의 기간인 3년 동안 주로 고향 함양에서 생활했으며, 이 기간에 『조선민요연구』에 수록된 상당수의 함양지역 민요를 비롯한 경상도 민요를 수집했다는 것이다.[49] 『조선민요연구』 수록 민요들 중에서 현장 수집한 민요들이 상당한 비중으로 포함되어 있지만, 현장조사 날짜와 제보자에 대한 기록이 없어서 이를 사실로 확인하기는 어렵다. 고정옥은 퇴학 전에는 문과생으로 영문학 전공자였는데, 고향에 있는 동안 갑자기 민요를 수집하기 시작했다는 것은 쉽게 이해되지 않는다. 다만 고정옥이 민요에 대한 관심이 일찍부터 있었다는 한 증거로 그가 고보 시절 전승민요인 「못 가겟네」를 신문에 발표했다는 것을 들 수 있다. 그러나 당시 더 이상의 민요 발표나 수집 사실이 없는 점으로 미루어 보면 민요에 대한 일시적인 관심 이상으로 의미를 부여하기 어렵다. 더구나 집행유예 기간이기도 한 상황에서 함양을 비롯하여 여러 지역을 돌면서 민요 조사를 공개적으로 하기는 어려웠을 것으로 본다.

고정옥은 3년의 집행유예 기간이 끝나자 재입학을 신청하게 된다. 확실한 전향과 복학 후 면학에 전념하는 것을 명분으로 재입학이 허용되었는데,[50] 고정옥의 친지 증언에 의하면 이때 부모가 많은 재산을 썼다고 한다.[51] 그런데 재입학 때의 전공은 영문학이 아니라 '조선어문학'이다. 고정옥이 고보시절과 대학시절에 외국영화, 특히 미국 제작 영화에 유독 많은 관심을 가지고 있었던 점을 고려하면, 그가 대학

49 신동흔, 앞의 글(「고정옥의 삶과 학문세계(상)」), 287~288쪽.

50 임경화, 앞의 글(「식민지기 '조선문학' 제도화를 둘러싼 접촉지대로서의 '민요' 연구」), 46쪽 참고. 『사상월보(思想月報)』(일문) 제9집, 1936, 83쪽의 「전 조선 학생들인 생도와 아동들이 치안유지법 위반죄로 검거되어 복교한 자에 관한 조사(全鮮の學生,生徒及兒童にして治安維持法違反の罪に依り檢擧され復校したる者に關する調査)」에 관련 기록이 있다.

51 신동흔, 앞의 글(「고정옥의 삶과 학문세계(상)」), 288쪽 각주 28).

에서 영문학을 전공으로 선택하게 된 것은 매우 자연스럽다. 왜 영문학에서 '조선어문학'으로 전공을 바꾸게 되었을까? 여기에 비록 일시적이었지만 과거 민요에 관심을 두었던 사실을 떠올리게 된다. 그런 전례가 '조선어문학'을 전공으로 선택하는 데 한 계기로 작용되었을 가능성은 있다. 조규찬은 당시 영문학과는 졸업 후 취업이 어려웠지만 조선어문학과는 교사 등으로 사회 진출이 유리했기 때문에 고정옥이 '조선어문학'을 전공하게 된 것 같다고 회고하고 있다.[52] '조선어문학'의 전공 선택 이유에 이런 현실적인 고민이 더 중요하게 작용되었을 것이다. 여기에 덧붙여 고정옥이 경성제2고보 진학 이후 당시 경성에서 수학하면서 민족현실에 눈뜨기 시작했고, 비록 명분상 전향을 복교 이유로 들었지만, 대학시절에 독서회와 반제동맹 활동을 거치면서 내면화된 사회주의의 학습 경험이 재입학 이후 민족문학의 요체이자 민중문학인 민요로 관심을 돌리게 된 배경으로 작용되었을 가능성도 있다고 본다.

이제 고정옥이 경성제대에 재입학하여 '조선어문학'을 전공하고, 특별히 민요를 대상으로 졸업논문을 쓰고, 해방 후 이를 기반으로 역저 『조선민요연구』를 펴내고, 이어서 월북 후 『조선구전문학연구』에서도 민요론을 펼친 일련의 과정 속에서 민요에 대한 관점과, 민요론을 펴는 근거인 함양지역 민요를 비롯한 민요에 대한 논의가 어떻게 달라졌는지를 살펴볼 차례이다.

52 신동흔, 앞의 글(「고정옥의 삶과 학문세계(상)」), 288쪽. 고정옥은 1939년 졸업과 동시에 개교한 춘천사범학교 교사로 부임했으며, 후에 교장으로 지내다 해방을 맞았다.

4. 고정옥 민요 연구의 관점 변화와 민요 자료의 성격

1) 민요 연구의 관점 변화와 인용 민요 자료

고정옥은 1936년 경성제대 법문학부에 재입학하여 '조선어문학과'를 3년간 이수하고 1939년 2월에 졸업한다. 졸업논문은 「조선 민요에 대하여(朝鮮の民謠に就て)」이며, 지도교수는 다카하시 도루(高橋亨)이다. 이 졸업논문은 '조선민요론'이란 제목의 상권(서, 예언, 본문 전 9장, 보유)과 '조선민요의 분류'라는 제목의 하권(본문 전 4장, 참고문헌)으로 이루어져 있으며, 480자 원고용지 584매 분량이 된다. 본문 중에 331편의 민요 자료가 인용되어 있는데, 일본어 대역을 붙이고 필요한 주석도 넣고 있다.[53]

고정옥의 졸업논문을 검토한 바에 의하면, 고정옥은 지도교수인 다카하시의 영향을 받는 한편 오리엔탈리즘의 식민주의 문화관이 짙게 드러나고 있다고 했다.

> ① 독창적이고 고유한 발달을 거치면서 민요를 근대의 국민문화로 발전시킨 서구와 일본을 이상으로 삼고 문명화되지 않은 원주민으로 표상되는 아이누, 류큐, 제주도의 원시성, 자연성, 순수성에서 오리엔탈리즘을 읽어내는 한편, 전근대적 중국문화와의 관계성 속에서 조선민요를 제국 질서 속에 배치하여 그

---

53 고정옥의 졸업논문 체제에 관해서는 임경화, 앞의 글(「식민지기 '조선문학' 제도화를 둘러싼 접촉지대로서의 '민요' 연구」), 37쪽과 김영희, 앞의 글(「고정옥의 「조선민요연구」: 탈식민적 전환의 모색과 잉여」), 36쪽, 50~51쪽을 참고함. 필자는 임경화 선생의 도움으로 졸업논문의 일부와 상권 제8장의 한국어 번역문을 받아 보았으나 전문을 아직 보지 못했다. 졸업논문 전문은 모 출판사에서 영인 출판하기 위해 작업을 하고 있는 중이라는 말을 들었다. 이 자리를 빌려 부분적인 자료라도 제공해준 임경화 선생께 고마움을 표한다. 고정옥의 학부 졸업논문에 대한 필자의 논의는 고정옥의 해당 논문을 대상으로 연구한 임경화와 김영희의 선행 연구에 의존했음을 밝혀둔다.

특성을 규명하는 것이 고정옥 졸업논문의 지향점이었다고 할 수 있다.[54]

> ② 고정옥은 일본인 관학자들의 글에서 드러나는 '제국'의 시선을 여실히 보여주고 있다. 조선의 '민족성'을 논하는 일본인 학자의 글을 적극 수용하여 '조선민요'의 특성으로 재기술한 것이다. [⋯중략⋯] 전체 서술에서 그가 주목하고 있는 것은 '조선민요'의 애상미, 곧 애조(哀調)다. [⋯중략⋯] 그리고 이와 같은 애상미에 소극성, 이기성, 도피성, 퇴폐성 등이 드러난다고 주장하였다.[55]

위의 두 글에서 공통적으로 지적하고 있는 사항은 고정옥의 졸업논문에서 '조선민요'의 특성을 주로 다카하시의 저작들뿐만 아니라 일본인 학자들의 글을 근거로 재규정하고 있을 뿐만 아니라, 조선민요가 전근대적 중국문화의 영향(무기력한 체념관과 운명관)을 많이 받았다는 것이다. 이는 일제의 식민주의에 입각한 문화 관점 즉 '제국의 시선'을 그대로 수용함으로써 빚어진 조선민요 논의의 근본적 한계이자 문제점이다. 고정옥은 한 민족의 문화는 모두 민족성의 표현이며, 민족성은 사회적 경제적 정치적 조건에서 유래한다고 전제하고, 조선의 소극적 민족성이 4·4조의 애상적 율조를 형성하게 된 것이며, 민요의 가사에서 나타나는 비독립성, 이기성, 소극성, 도피성, 향락성, 퇴폐성 등 일련의 민족성이 자연성으로 되어 드러난다고 했다. 조선의 민족성을 이처럼 조선민요의 부정적인 요소 파악을 통해 규정하는 시각은 피식민 문화를 야만적인 원시성(이를 '자연성'으로 호도함)으로 비하함으로써 식민주의 제국의 효율적인 통치 전략에 결과적으로 협조하는 셈이 된다.

고정옥은 물론 조선민요를 민족문학사의 큰 흐름 속에서 논의하고자

54 임경화, 앞의 글(「식민지기 '조선문학' 제도화를 둘러싼 접촉지대로서의 '민요' 연구」), 48쪽.

55 김영희, 앞의 글(「고정옥의 「조선민요연구」: 탈식민적 전환의 모색과 잉여」), 52쪽,

했고, 조선민요의 특성을 모두 부정적인 요소로만 파악하지 않았다. 발랄한 성적 표현, 욕설, 해학 등이 나타난다고 하면서 이는 노동을 통한 민중의 건강성과 정치적 풍자에 해당한다고 했다. 문제는 조선민요에 나타나는 민중의 건강성과 정치적 풍자가 주류가 되지 못하고 품격이 떨어지는 경우가 많다고 그 의미를 축소했다. 그리고 조선민요의 형식적 미학으로 말한 자연스러움과 소박함도 조선만의 고유한 문화적 특성으로 긍정되기보다 동양적인 것의 한 가지로 본다는 점에서 식민주의의 오리엔탈리즘에서 벗어나지 못한 한계를 보여준다. 고정옥이 사상 전향을 이유로 재입학한 후 지도교수인 다카하시의 식민주의 제국의 관점과 논리에 저항하기보다 이를 그대로 채용함으로써 조선민요와 조선 민족의 특성을 말하는 글쓰기의 논리로 삼았음을 분명히 확인하게 된다.

고정옥은 1939년 대학 졸업 후 춘천사범학교에 재직하고 있는 기간에는 일제에 순응적인 태도를 보였던 것으로 조사된 바 있다. 심지어 친일파라는 비난을 듣기도 했다는 것이다.[56] 일제 말기의 전시체제 속에서 체제비판적인 처신으로 교사직을 유지하기 어려웠을 것이라는 현실적인 고려와 판단도 여기에 작용했을 했을 것으로 본다.

해방을 맞이하면서 모든 상황이 달라졌다. 고정옥은 경성대학(현 서울대학교) 사범대학 국어과 교수로 부임하면서 국문학자로서의 길을 가게 되었다. 과거 대학시절 독서회와 반제동맹의 활동 전력을 학문적 차원에서 복원하는 일이 가능해졌다. 진보적인 학자로서 이제 과거 식민주의 제국의 관점과 논리를 수용한 전력에서 벗어날 필요가 있을 뿐만 아니라 진보적인 관점에서 학문의 성과를 내보일 필요가 있었다. 국문학의 출발을 근본부터 새롭게 해야 하는 과제를 안고 '우리어문학회'[57]의

---

56 신동흔, 앞의 글(「고정옥의 삶과 학문세계(상)」), 289쪽.

57 우리어문학회의 결성 과정과 성격에 대해서는 신동흔, 앞의 글(「고정옥의 삶과 학문세계(상)」), 290~292쪽에서 논의한 바 있다.

일원으로 고정옥은 본격적인 저술 활동을 시작했다. 그 결과가 우리어문학회의 이름으로 나온 『국문학사』(1948. 8)와 『국문학개론』(1949. 10)의 저술에 참여한 것들과 『고장시조선주』(1949. 1), 『국어국문학요강』(1949. 2), 『조선민요연구』(1949. 3) 등 개인 저서를 연이어 출간한 것들이다. 여기서 『조선민요연구』의 서술 관점과 논리가 학부 졸업논문의 경우와 어떻게 달라졌는가에 자연스럽게 관심을 두게 된다.

고정옥의 학부 졸업논문과 『조선민요연구』와의 비교를 통한 서술의 관점과 논리의 변화는 학부논문을 다룬 연구자들에 의해 구체적으로 검토된 바 있다. 민요 자료를 수집하여 연구해야 할 여러 이유 중에서 문학으로서의 민요가 갖는 의의를 한층 더 강조하고, 민요의 개념을 개인 대 집단, 향유계급 내지 통치계급 대 민중 내지 인민, 국가 대 민족의 대립 관계에서 후자의 '민'의 개념을 취하여 집단창작, 민중의식, 민족의 정체성을 중시하는 논리를 전개했다. 여기서 민요의 특성을 구명하는 논리를 재차 거론하는 것을 피하되, 조선민요의 특성을 밝히는 논리 전개과정에서 거론된 민요 자료들의 인용과 논의 방식을 주목하고자 한다. 민요 연구의 관점과 논리의 특징이 이론적 방법론을 통해 파악되는 것은 당연하지만, 논리 전개를 위해 참고한 민요 자료의 인용과 논의 방식을 통해 좀 더 실질적으로 파악될 수 있기 때문이다.

고정옥은 『조선민요연구』에서 학부 졸업논문에 들어있는 식민주의에 편승했던 흔적들을 지우고자 했다. 다카하시의 업적을 상당히 생략하거나 축소했을 뿐만 아니라 일본인 학자들의 논저들 중에서도 일부를 제외하고 대폭적인 삭제를 했다. 이뿐만 아니라 졸업논문에서 김소운의 『언문조선구전민요집』(62편), 엄필진의 『조선동요집』(4편), 조윤제의 『민요집』 등에 수록된 민요 자료들 외에도 다카하시의 논고들에서 인용한 민요가 32편으로 많았는데, 『조선민요연구』에서는 다카하시의 논고에서 인용한 민요들의 출전을 모두 삭제했다.[58] 이들 민요는 대부분 함경도와 제주도의 민요로 고정옥이 직접 현장조사하기 힘든 지역의 민요 자료였다. 졸업논문의 일부만 파악한 단계이지만, 졸업논문에 수록된 331편의 민요 자료가 거의 대부분 『조선민요연구』에 그대로 수록된 것으로 보인다. 『조선민요연구』에는 모두 364편의 민요 자료가 인용되어 있는데, 참고로 이들 민요 자료를 지역별로 구분해서 보이면 「표 2」와 같다.

[표 2] 고정옥의 『조선민요연구』 인용 민요 자료의 지역별 현황

지역	편수(편)	비율(%)	지역	편수(편)	비율(%)
강원도	8	2.20	충청도	17	4.67
경기도	9	2.47	평안도	13	3.57
경상도	240	65.94	함경도	7	1.92
전라도	22	6.05	황해도	9	2.47
제주도	34	9.34	지역 불명	5	1.37
계				364	100

이상 [표 2]에서 보듯이, 『조선민요연구』에 인용된 민요 자료는 전국적인 분포를 보인다. 고정옥 나름대로 지역적 고려를 한 듯이 보이지만, 지역간의 인용 민요 편수는 현저한 불균형을 보인다. 경상도 민요 즉 영남민요가 240편으로 전체의 65.94%의 비중을 보인다. 이와 반면에 강원도 · 경기도 · 함경도 · 황해도 민요는 모두 3% 이하이다. 제주도 민요

58 임경화, 앞의 글(「식민지기 '조선문학' 제도화를 둘러싼 접촉지대로서의 '민요' 연구」), 47쪽, 54쪽 참고. 고정옥의 학부 졸업논문에서 다카하시의 논고로부터 인용한 민요 자료들은 모두 32편으로 조사되었다. 이들 32편의 인용 민요 자료가 수록된 다카하시의 주요 논고는 다음과 같다. 高橋亨, 「北鮮の民謠」, 『朝鮮』 제219호, 朝鮮總督府, 1933. 8,, 高橋亨, 「民謠に現はれたる濟州の女」, 『朝鮮』 제212호, 朝鮮總督府, 1933. 1., 高橋亨, 「嶺南民謠に現れた女性生活の二筋道」, 京城帝國大學文學會 編, 『京城帝國大學創立十週年記念論文集-文學篇』 1936.

가 34편(9.34%)으로 경상도를 제외한 타 지역에 비해 인용 비율이 높은 편인데, 이는 제주민요의 특성을 고려한 때문이다.

지역민요에 대한 편향된 인식은 사실 고정옥의 졸업논문에서부터 지속된 것이다. 고정옥은 졸업논문에서 조선민요를 영남민요 · 호남민요 · 호서민요 · 경기민요 · 강원민요 · 함경민요 · 서도민요 · 제주도민요로 8분할 수 있으나, 호남민요 · 호서민요 · 강원민요는 고유한 특성이 거의 보이지 않는다고 하면서 영남민요 · 중부민요 · 북선민요 · 제주도민요로 5분하는 것이 타당하다고 했다. 이는 과거 중부에 집중되었던 민요가 지방으로 분산되었다가 근대 이후 영남민요가 조선민요의 대동맥 또는 방사의 중심이 되었다고 본 때문이다.[59] 여기에 제주민요와 화전민의 민요는 중국문화의 영향에서 벗어나 조선민요의 토속성을 간직하고 있는 민요로 주목했다. 이렇게 영남민요를 조선민요의 주류로 올려놓고, 조선민요의 고유성(토속성과 자연성)을 지닌 민요로 제주민요를 보고자 하는 관점은 지도교수인 다카하시의 편향된 생각에 그대로 영향을 받은 것[60]으로 『조선민요연구』에서도 시정되지 않았다.

경상도의 영남민요를 조선민요의 주류로 생각한 만큼 『조선민요연구』에서 영남민요는 다양하게 인용되어 논의되었다. 영남민요를 다시 세부 지역별로 보이면 [표 3]과 같다.

---

59 김영희, 앞의 글(「고정옥의 『조선민요연구』: 탈식민적 전환의 모색과 잉여」), 63쪽에 번역된 고정옥의 졸업논문을 참고함.

60 임경화, 앞의 글(「식민지기 '조선문학' 제도화를 둘러싼 접촉지대로서의 '민요' 연구」), 56쪽과 김영희의 앞의 글(「고정옥의 『조선민요연구』: 탈식민적 전환의 모색과 잉여」), 65쪽에서 이 점을 공통적으로 지적한 바 있다.

[표 3] 고정옥의 『조선민요연구』 인용 영남민요의 세부 지역별 현황

구분	지역	인용 민요 번호(출전, 번호)	편수	비율(영남/전국)
경상남도	거창	174~176, 200, 207, 280, 284	7	2.92/1.92
	고성	326(구민 1014)	1	0.42/0.28
	군북	244	1	0.42/0.28
	남해	68(구민 1302), 97(구민 332), 325(구민 1294), 334(구민 1334)	4	1.66/1.09
	동래	64(방송기사),[61] 67, 90(구민 941), 159(구민 899), 169(구민 893), 316(구민 943)	6	2.50/1.65
	울산	96(구민 2258), 136(구민 925), 323(구민 2321)	3	1.25/0.82
	진주	138, 145, 170, 173, 182	5	2.08/1.37
	창녕	195	1	0.42/0.28
	창원	95(구민 1202), 108(구민 303), 131, 133, 242(조선동요집), 264(구민 1116), 285(구민 1185), 329(구민 1115)	8	3.33/2.20
	통영	47~50, 70, 146, 193, 216, 221, 224	10	4.17/2.75
	함안	65(구민 1036), 116~117, 149, 150(구민 1048), 151(구민 1052), 288, 294(구민 1058), 331, 356	10	4.17/2.75
	함양	1, 3, 6[62]~7, 11, 15~18, 20~24, 26, 28~31, 53~63, 85, 110, 123, 127, 132, 148, 192, 230, 236, 254~255, 301, 304, 309, 337, 352, 355	47	19.58/12.91
소계	**12곳**		**103**	**42.92/28.30**
경상북도	경산	12~14, 32~36, 40, 46, 51~52	12	5.00/3.30
	고령	44	1	0.42/0.28
	군위	94, 102, 109, 147, 197, 208, 229, 233~235, 237, 256, 272, 274, 275(구민 1862),[63] 289, 302, 319(구민 2181), 330(구민 726), 333, 350, 353, 357	23	9.58/6.32

61 고정옥, 『조선민요연구』, 수선사, 1949, 131쪽에서 '1938. 6. 23일자 모 신문 방송기사'에 취한 것으로 기록됨.

62 『조선민요연구』에서는 지역 표시가 없었으나, 졸업논문에서 '경남 함양'으로 표시된 바에 따랐다.

63 김소운의 『언문조선구전민요집』, 494쪽에서는 1862번 민요로 '강원 춘천' 편 민요로 수록되어 있음.

	김천	4, 9, 27, 39, 111~115, 124, 178~181, 189, 220, 240(구민 766), 241, 312	19	7.92/5.22
	달성	107, 305	2	0.83/0.54
	상주	66, 129~130, 140, 177, 232, 261, 263(구민 807), 266	9	3.75/2.47
	선산	81, 84, 88, 104, 279, 349	6	2.50/1.65
	성주	154, 335(구민 866), 362	3	1.25/0.82
	성진	10	1	0.42/0.28
	안동	80, 157~158, 185~187, 265, 267, 287	9	3.75/2.47
	영일	42, 105~106, 262(구민 807)	4	1.66/1.09
	영주	258	1	0.42/0.28
	영천	2, 19, 37~38, 41, 45, 98, 118~120	10	4.16/2.75
	영해	222	1	0.42/0.28
	왜관	306	1	0.42/0.28
	의성	144, 161(구민 622), 183~184, 188, 190~191, 206, 209, 243, 268~271, 278, 286, 293, 332	18	7.50/4.94
	청도	307	1	0.42/0.28
	칠곡	43, 71, 82~83, 87, 89, 128, 139, 196, 273, 290, 348, 354	13	5.41/3.57
소계	**18곳**		**134**	**55.83/36.82**
영남	불명	25(영남), 259(영남, 기념논집), 324(영남, 기념논집)	3	1.25/0.82
총계	**30곳**		**240**	**100/65.94**

※출전: 구민 = 김소운, 『언문조선구전민요집』(동경: 제일서방, 1933)의 약칭. 출전의 약칭 다음의 숫자는 수록 번호임. 기념논집 = 경성제국대학문학회 편, 『경성제국대학창립10주년기념논문집—문학편』(1936)의 약칭. 조선동요집 = 엄필진, 『조선동요집』(창문사, 1924)의 약칭.

[표 3]에서 보듯이, 영남민요 240편은 경남지역 민요 103편과 경북지역 민요 134편, 그리고 세부 지역 불명의 영남민요 3편으로 구분된다. 이들 민요를 일별할 때 몇 가지 특징으로 정리할 수 있다.

첫째는 영남민요 대부분이 현장조사 민요 자료들이라는 점이다. 타 지역의 민요는 김소운의 『언문조선구전민요집』에 주로 수록된 민요로부터 인용된 자료로, 거의 타 문헌 소재 민요 자료들이다. 이에 비해 경남지역 민요 중 23편을 제외한 80편, 경북지역 민요 중 8편을 제외한 126편이 현장조사 민요로 파악된다.

둘째, 영남민요 중 함양지역 민요가 가장 많고, 군위, 김천, 의성지역의 순위로 인용 민요가 많다. 함양지역 민요는 고정옥이 고향에서 직접 수집한 것으로 보이며, 인근 지역인 거창, 진주, 통영지역 민요도 고정옥이 주도적으로 현장조사한 민요로 추정할 수 있다. 경북지역 민요는 당시 경성제대에서 함께 수학했던 오영진, 김사엽 등이 조사한 것들을 서로 공유했던 것이거나, 고정옥도 경북지역 민요 조사를 함께 해서 취득한 자료들일 수 있다고 본다. 민요의 현장조사가 주로 이루어진 때는 1936년 재입학한 이후부터 1938년 말 졸업논문을 완성하기까지의 수학기간이 아닌가 한다.[64]

셋째, 영남지역 민요가 전체 인용 민요의 65%를 초과하는 정도인 만큼 고정옥의 민요 논의에서 중요한 논거가 될 수밖에 없다. 『조선민요연구』에서 영남민요가 특별히 주목되고, 그중에서도 가장 많은 비중을 차지하는 함양지역 민요에 관심을 가지는 것은 자연스럽고 마땅하다.

『조선민요연구』의 민요 자료의 인용 현황은 고정옥이 월북 후에 간행한 『조선구전문학연구』(1962)에서는 어떻게 달라졌을까? 다음 [표 4]를 보자.

---

64 다카하시는 조선어문학과 학생들이 적극 호응해주어서 민요 채집이 이루어지고 이를 바탕으로 자신의 연구뿐만 아니라 학생들의 졸업논문과 여러 논문 발표가 가능했다고 회고한 바 있다. 高橋亨, 「濟州島の民謠」, 『東方學紀要』 別冊 2, 天理大學おやさと硏究所, 1968, 14쪽. 임경화, 앞의 글(「식민지기 '조선문학' 제도화를 둘러싼 접촉지대로서의 '민요' 연구」), 36쪽 참조.

[표 4] 고정옥의 『조선구전문학연구』 민요편 인용 민요 자료의 지역별 현황

지역	편수(편)	비율(%)	지역	편수(편)	비율(%)
강원도	2	3.23	충청도	0	0.00
경기도	7	11.29	평안도	0	0.00
경상도	25	40.32	함경도	3	4.84
양강도	2	3.23	황해도	5	8.06
전라도	4	6.45	지역 불명	7	11.29
제주도	5	8.06			
계				62	100

『조선구전문학연구』에서도 민요 자료의 인용 현황은 여전히 불균형을 보이고 있다. 경남과 경북민요가 전체 62편 중 25편으로 40%를 넘는다. 충청도와 평안도 지역 민요는 아예 없고, 강원도와 양강도의 민요도 그 비율이 낮다. 경상도 민요는 다시 경남지역 10편(16.13%)과 경북지역 15편(24.19%)으로 나뉘는데, 경남지역 중 함양지역 민요가 6편으로 전체의 9.68%를 차지한다. 『조선민요연구』의 경우에 비해 전체 비율에서 경상도 민요가 인용된 비율이 낮아졌지만, 경상도의 영남민요를 여전히 민요 논의의 주류와 중심으로 생각했음을 알 수 있다.

『조선민요연구』와 『조선구전문학연구』를 비교할 때, 큰 차이가 민요 논의의 관점, 서술 방식 등에서 드러나지만, 인용 민요 자료에서도 나타난다. 졸업논문과 『조선민요연구』에서 인용하지 않은 민요 자료로 경기도, 황해도, 함경도, 양강도에서 1958년과 1959년에 고정옥이 직접 조사했거나 학생들이 현장조사한 민요 자료 4편, 『언문조선구전민요집』에서 5편, 신문 소재 자료(『조선일보』, 1934. 3. 27)에서 3편, 기존 현장조사 자료로 4편, 북한 간행 『조선구전민요선집』(연변교육출판사, 1954)에서 1편, 기타 1편으로 총 18편(29.03%)을 새롭게 올려서 논의했다. 『조선구전문학연구』에 인용된 62편의 민요 중 거의 30%에 해당하는 민요를 새롭게 인용하여 논의했다는 것은 전면적이라 할 만큼 민요론을 새롭게 집필했음을 의미한다.

『조선구전문학연구』의 민요 편 논의에서 민요는 "자유스럽게 부르는 인민 창작 및 음악"[65]으로 규정된다. 전통적 조선민요는 따라서 조선 인민의 모든 지향과 염원, 기쁨과 쓰라림이 진실하게 반영되어 있는 것으로, '현실 반영의 진실성'을 무엇보다 중요한 민요의 가치로 논의된다. 봉건적 착취에 반항하는 노래, 빈궁의 농민 현실과 처지를 노래한 것, 양반과 관료를 풍자한 노래, 봉건시대 농민들의 폭동을 노래한 것 등이 가장 우선적으로 논의되는 사항들이다. 남녀의 다양한 노동요와 시집살이의 고통을 노래한 서사민요들이 그 다음 순서로 강조되는 노래 항목들이다. 임진란을 소재로 한 '의암이 노래' 등이 인민의 애국심을 고무한 노래들로 긍정적으로 논의되고, 가족간의 사랑을 주제로 한 노래, 향토의 자연과 명승고적 등을 노래한 것들도 반복적 수법과 해학성 등을 들어 상당한 비중으로 논의되었다. 민요의 반복적 표현과 운율 등과 관련된 형식적 특징에 관한 논의는 가장 나중에 간략하게 논의되었다. 졸업논문과 『조선민요연구』에서 민요의 형식적 특징이 민족성과 관련지어 가장 먼저 비중 있게 논의되었던 사정과 정반대이다. 남요와 부요로 크게 구분한 다음, 남요와 부요 모두 노동요 또는 작업요(시집살이 노래 포함)를 우선적으로 논의했던 사정과 크게 다르다. 민요의 특성과 중요한 가치를 토속성 또는 자연성에 두는 경우(졸업논문), 민족성(민중성 기반)과 문학예술성(『조선민요연구』)에 두는 경우, 인민성과 진실성(『조선구전문학연구』)에 두는 경우에 논의 대상 자료가 동일하더라도 서로 다른 논의 국면을 만나게 되는 것이다.

---

65 고정옥, 『조선구전문학연구』, 평양: 과학원출판사, 1962, 173쪽.

2) 함양지역 민요의 성격과 가치

고정옥의 졸업논문, 『조선민요연구』, 『조선구전문학연구』 민요편에서 공통적으로 영남민요가 중요한 비중을 차지하고 또한 영남민요 중에서도 함양지역 민요가 가장 높은 비중을 차지하고 있음을 확인했다. 민속학자들이 출신 지역의 민속을 토대로 학문적 출발을 하는 경우가 매우 흔한 일인 만큼, 고정옥도 출신 지역인 함양의 민요에 대해 많은 관심과 애정을 가지면서 학문 탐구의 자산으로 삼은 것은 매우 자연스러운 일이다. 일종의 함양에 대한 장소애(Topophilia)[66]를 기반으로 한 고정옥의 민요 연구는 이런 점에서 지역 또는 장소(place)를 통한(through) 학문[67]이라고 할 수 있다.

고정옥의 연이은 민요 연구 중에서 졸업논문은 현재 부분적인 내용만 파악한 단계이기 때문에 전편을 보아야 함양지역 민요의 인용 상황을 제대로 파악할 수 있다. 그리고 『조선구전문학연구』에서 인용된 함양지역 민요는 6편[68]으로 확인되어 제한적인 편수로 세부적인 논의를 하기가 어렵다. 셋 민요 연구 중에서 함양지역 민요가 가장 많이 인용된 『조선

66 장소애(Topophilia)는 투안(Y. F. Tuan)이 쓴 저서 Topophilia(Prentice Hall Inc, 1974)에서 비롯된 용어로 보통 '장소애'로 번역되는데, 사람이 장소(topo, 땅)에 느끼는 정서적 유대(philia, 사랑)을 의미한다. 심승희, 「장소 개념의 스펙트럼과 잠재력」, 한국문화역사지리학회, 『현대 문화지리의 이해』, 푸른길, 2013, 87쪽.

67 심승희, 위의 글, 95쪽.

68 고정옥의 『조선구전문학연구』에 인용된 함양지역 민요 6편은 다음과 같다. 「표」의 '번호'는 『조선구전문학연구』에서 인용된 민요의 순서를 말하며, '쪽수'는 첫 인용 쪽수를 말한다. 『조선민요연구』의 '번호'는 실제 인용 순서의 번호이며, '쪽수'는 인용 첫 쪽수를 말한다.

순서	번호(쪽수)	종류	『조선민요연구』 번호(쪽수)	순서	번호(쪽수)	종류	『조선민요연구』 번호(쪽수)
1	16(197)	이앙가	20(113)	4	26(204)	시집살이 노래	192(294)
2	18(198)	이앙가	16(111)	5	42(218)	처녀 사랑노래	309(444)
3	21(202)	보리타작 노래	11(104)	6	54(225)	자장가	254(373)

민요연구』에서 해당 민요가 가지는 성격과 가치를 살펴보는 것이 적절하고 타당하다.

『조선민요연구』에 인용된 함양지역 민요의 현황을 [표 5]로 보이면 다음과 같다.

[표 5] 고정옥의 『조선민요연구』 인용 함양지역 민요의 현황

순서	번호(쪽수)	종류	논의 항목과 주요 내용
1	1(57)	모심기 노래	제6장 조선민요의 형식 -4.4조
2	3(59)	모심기 노래	상동 -5.5조
3	6(62)	홍타령	상동 -3.3조
4	7(62)	아리랑	상동 -6.4조
5	11(104)	보리타작 노래	제8장 조선민요의 분류 -남요 -1. 노동요
6	15(111)	모심기 노래	상동 -남요 -1. 노동요
7	16(111)		
8	17(112)		
9	18(112)		
10	20(113)		
11	21(113)		
12	22(114)		
13	23(114)		
14	24(114)		
15	26(115)		
16	28(117)		
17	29(117)		
18	30(118)		
19	31(118)		
20	53(126)		
21	54(127)		
22	55(127)		
23	56(128)		
24	57(128)		

25	58(128)		
26	59(129)		
27	60(129)		
28	61(129)		
29	62(130)		
30	63(130)		
31	85(158)	담바구타령	상동 -남요 -2. 타령
32	110(188)	병자호란 노래	상동 -남요 -6. 근대요
33	123(197)	지신밟기 노래	상동 -남요 -7. 민간신앙요
34	127(204)	득관소원 노래	
35	132(210)	거미 노래	상동 -남요 -9. 경세가
36	148(224)	심청전 유래 노래	상동 -남요 -12. 전설요
37	192(294)	사촌형 노래	상동 -부요 -1. 시집살이 노래
38	230(354)	밭매기 노래	상동 -부요 -2. 작업요 -〔다〕 밭매기 노래
39	236(358)	물레 노래	상동 -부요 -2. 작업요 -〔바〕 물레 노래
40	254(373)	자장가	상동 -부요 -3. 모녀애정가 -〔가〕 자장가
41	255(374)		
42	301(428)	쌍가락지 노래	상동 -부요 -5. 열녀요 -〔가〕 정렬가
43	304(433)	부정요	상동 -부요 -5. 열녀요 -〔나〕 부정요
44	309(444)	찬화가	상동 -부요 -6. 꽃노래 -〔라〕 찬화가
45	337(473)	큰애기풀이	상동 -부요 -7. 동녀요 -〔라〕 큰애기풀이
46	352(486)	육친노래(부모)	상동 -부요 -7. 동녀요 -〔마〕 육친노래
47	355(487)	육친노래(어머니)	

「표 5」에서 보듯이, 『조선민요연구』에서 첫 번째로 인용된 민요가 함양지역 민요이다. 이 민요 연구서에서 함양지역 민요가 가지는 비중과 중요성을 뜻하는 것으로 받아들일 수 있다.

고정옥은 민요의 형식을 매우 중요하게 논의했다. 민요의 형식을 역사적 변천과정을 통해 파악할 필요가 있다고 하면서, 당시 민요의 형식을 4 · 4조, 5 · 5조, 3 · 3조, 6 · 4조, 4 · 5조, 부정연한 운율의 여섯 가지로 나누어 제시했다. 4 · 4조는 여섯 가지 형식 중에서 민요의 전형적인 형식이라고 하면서 함양지역에서 문답 형식의 교환창으로 불리는 민요를 예로 들었다. 이 외에도 5 · 5조의 예로 「모심기 노래」, 3 · 3조의 예로 「흥타령」, 6 · 4조의 대표적인 노래로 「아리랑」을 들되 모두 함양에서 채록한 민요를 들었다. 민요의 운율을 자수율로 파악하는 것 자체가 문제가 있지만, 당시의 운율 인식이 자수율의 인식에 갇혀 있었던 한계를 그대로 보여준다. 고정옥은 물론 여섯 가지의 운율 형태를 말하면서 조선 민요의 형식이 다양하고 자유롭다는 것을 말하고자 했다.

민요의 형식 논의 그 자체도 관심을 갖지만, 6 · 4조의 예로 든 「아리랑」(7번)은 이른바 본조아리랑이라고 한 서울아리랑의 한 가지이면서 '함양아리랑'으로 거론할 수 있다.

담넘어갈직에는 큰맘먹고
문꼬리잡고는 발발떠네
　아리랑아리랑 아라리요
　아리랑고개로 넘어간다(이후 동(以後同))[69]

문꼬리잡고서 떨지말고
심중에있는말 실토정하소

영감아땡감아 떡받아먹게
한나잘품들어서 개떡했네

영감아땡감아 떡받아먹게
*범버리개떡에 꿀발랐다 *봄보리

69 「아리랑」의 후렴은 『조선민요연구』에는 "……아리랑 後斂……(以後同)……"으로 생략되어 있으나, 졸업논문에서는 그대로 기록되어 있다. 졸업논문대로 후렴을 표기했다.

위의 「아리랑」은 "담넘어갈직에는"부터 이후 "실토정하소", "떡받아 먹게", "한나잘품들어서" 등에서 6 · 4조에서 벗어나고 있지만, 그 주류의 운율을 6 · 4조의 운율로 형식화하고 있다. 그런데 위 「아리랑」은 운율보다 관심을 끄는 것이 1, 2절의 사설이 남녀의 연정을 용기와 두려움이란 이중적인 심리로 흥미롭게 표현하고 있고, 3, 4절의 사설도 "영감아땡감아"로 호명하는 언사에서부터 일에 대한 감사의 뜻으로 보리개떡을 대접하는 상황을 동요적 발상을 통해 해학적으로 노래하고 있다. 함양의 풍속이나 지역성을 직접 드러내는 아리랑은 아니지만, 해학적인 성격의 아리랑으로 특징을 가진다. 1930년대 함양에서 채록된 '함양아리랑'이 갖는 독자성을 이 점에서 찾을 수 있다.

함양지역 민요로 「보리타작 노래」(11번)가 1편, 「모심기 노래」로 무려 25편이 인용되어 있다. 「보리타작 노래」는 선후창의 노래로 단순한 여음을 연발해서 부르는 원시적인 노래의 한 예로 들었다. 「모심기 노래」는 노동요 중에서도 가장 많은 지면을 두고 논의할 정도로 노동요에서 가장 중시한 민요 항목이다. 선후창의 문답 형식이 많은 「모심기 노래」의 사설이 매우 다양하고, 아침소리-점심소리-저녁소리 등으로 나뉜다는 점을 말하는 예로 함양지역의 민요를 가장 많이 들어 말했다. 나고자란 지역이 함양인 만큼 「모심기 노래」의 특성을 함양지역 민요를 토대로 자신 있게 논의하고자 한 셈이다. 함양지역에서 채록된 「모심기 노래」는 오늘날까지 전승력을 가진 사설들이 있지만, 그렇지 않은 사설들이 아침-점심-저녁소리로 다양하게 채록되었다는 점에서 가치를 가진다. 다음 「모심기 노래」(26번)는 노래의 의미를 자연스럽게 연결하고 있는 것으로 오늘날에는 쉽게 채록되지 않는다는 점에서 가치를 지닌다.

저건네라 황새봉에,
청실홍실 군대매네.

님카나카 둘이띠어,
떨어질가 염려로다.

군대줄은 *떨어져도, *여기서는 '끊어져도'의 뜻.
사랑을랑 떼지마소.
나중에랑 오마더니,
오만말도 허사로다.

딸각딸각 끄는소리,
우릿님의 집신소리.
쌀랑쌀랑 부는바람,
우릿님의 *한산바람. *한산모시옷 바람

남방초야 네가왔나,
우릿임이 보내드냐.
우릿임이 보낼적에,
아모말삼 안하든가.

「모심기 노래」는 남녀 연정을 노래하는 사설이 많다. 남녀의 사랑을 통해 다산을 추구하는 과정과 농경사회의 염원이 모를 심어 성공적인 결실이 있기까지의 과정과 수확의 기쁨을 기대하는 소망의 심리로 쉽게 전환될 수 있기 때문이다. 위 노래의 사설에서 표현되는 그네(군대)뛰기를 통한 남녀의 연정과 임을 애타게 기다리는 심리는 모심기하는 사람들의 생각을 가감 없이 드러내면서 심리적인 동일화(identification)를 이루는 동시에 일체감을 형성하여 즐겁게 모를 심는 데 기여한다.

함양지역 민요로 '타령'의 한 가지로 올린 「담바구(담배)타령」(85번)도

동종의 다른 노래에 비해 해학성과 풍자성이 높은 노래로 주목되며, '근대요'의 예로 든 일명 '병자호란 노래'는 "오라배 상투가 웨그런고/병자년(丙子年) 지내고 않그런가"로 불리는 짧은 노래인데, 병자년(인조 14년, 1636년)의 청나라 침입의 자취를 남기고 있는 노래로 관심을 끈다. '민간신앙요'로 인용된 「지신밟기 노래」(123번)는 당시 함양에서 '뜰잡이'(지신밟기)라 하여 불린 노래이고, 「득관소원(得官所願) 노래」(127번)는 불교적 색채를 지닌 것으로 모두 오늘날에는 전승이 중단된 노래로 가치를 지닌다. '전설요'로 「심청전」에서 유래한 노래로 채록된 민요(148번)도 판소리나 소설의 민요화를 보여주는 것으로 다른 판소리계(또는 판소리소설계) 민요와 함께 관심을 가질 만하다.

함양지역 '남요'로 올려진 민요 자료들 중에는 이처럼 해학성과 풍자성을 지닌 노래로 가치를 지니는 것들과 오늘날 전승이 중단되어 당시의 전승 상황을 파악하는 데 도움이 되는 것들도 있다. 그런데 함양은 지리산을 끼고 있는 지역이기도 해서 「나무꾼 노래(초부가)」나 「꼴베기 노래」 등이 수록되어 논의될 만한데 타 지역의 민요만 한두 편 인용되어 있어 아쉽다. 그리고 필자가 함양에서 조사한 「범벅타령」[70]과 같은 남창 위주의 서사민요가 당시에도 불렸을 가능성도 있는데, 그런 흔적은 전혀 나타나지 않는다.

고정옥이 함양에서 조사한 민요 자료 중에는 부요도 상당했음을 알 수 있다. 「시집살이 노래」로 일명 '사촌형 노래'로 일컬어지는 민요(192번)를 부요 논의의 첫 자리에 올려서 논의했다. '작업요'로 인용한 「밭매기 노래」(230번)와 「물레 노래」(236번)는 밭농사와 길쌈이 많았던 함양의 생업적 상황을 짐작하게 한다. '모녀애정가'의 예로 든 「자장가」(254번, 255번) 중에 전자의 노래는 "은자동아 금자동아"로 시작하는 노래로 오

70 졸고, 「함양지역 「범벅타령」의 문화지리학적 조명」, 『구비문학연구』 제44집, 한국구비문학회, 2017, 63~95쪽.

늘날에도 노인들 사이에 불리지만, 후자의 "뒤뜰에 우는송아지"로 시작하는 노래는 『언문조선구전민요집』에 수록된 여러 지역의 민요를 동종의 노래로 기록하고 있음에도 오늘날에는 잘 채록되지 않는 귀한 「자장가」로 파악된다. 이중 일부를 들어본다.

뒤뜰에 우는송아지,
뜰앞에 우는비들기,
언니등에 우리애기,
숨소리곱게 잘도자지.

앞산(山)수풀 도깨비,
방망이들고 온다지,
덧문닫고 기다리지.
작년동리(洞里) 다리아래,
*항수물이 붉었네. *洪水
앞산(山)밑에 큰아기네,
심은호박이 꽃피었네.
김매는형님 아니오네.
고은조름만 혼자오네.
우리애기 잘도잔다.

아기가 언니 등에서 편하게 자는 모습을 송아지-뒤뜰, 비둘기-뜰앞으로 각각 알맞은 처소와 연결해서 묘사하고 있다. 이어서 아기에게 두려운 존재와 상황인 도깨비와 홍수의 붉은 물을 이야기하면서 아기가 잘 자기를 바라는 심리를 간접적으로 표현하고, 잠자는 아기의 예쁜 모습을 심은 호박에 피는 꽃에 비유했다. 김매는 형님이 빨리 오지 않아도 원망하기보다 '고은 조름'에 자신도 감염되는 상황을 긍정적으로 노래하고 있다. 다양한 비교에 의한 비유, 상징 어법을 사용하고 있는 「자장가」로 눈여겨 볼만한 귀한 자료이다.

함양지역의 '부요' 중에는 서사민요의 성격을 지닌 것이 있다. '열녀요'의 「정렬가」(301번)라 한 것은 일명 '쌍가락지 노래'로 불리는 것으로, 억울한 오해를 받는 과정 – 항변하는 과정 – 죽음으로 지조 지키는 과정으로 연결되어 여성의 정절에 대한 강한 신념을 노래한 서사민요이다.

일제강점기의 생태적 상황을 반영한 부요로 올라있는 「큰애기풀이」(337번)도 관심을 끈다.

둥구마산(馬山) 큰애기는,
꼭감깎이로 나가고.
함경원산(咸鏡元山) 큰애기는,
명태(明太)잽이로 나가고.
김제만경(金堤萬頃) 큰애기는,
*갱피훑기로 나가고.
제주(濟州)연선 큰애기는,
망건(網巾)떠기로 나간다.
양태(凉太)틀기로 나간다.

*강피. 피의 일종. 가스랭이가 없고 빛이 붉은 것.

위의 민요에서 불리는 '큰애기'는 각 지역의 중요 생업과 연결되어 일하는 여인으로 다양하게 묘사하고 있다. 마산 큰애기는 곶감 깎기, 원산 큰애기는 명태 잡이, 김제 만경 큰애기는 강피 훑기, 제주 큰애기는 망건 뜨기와 양태 틀기 일을 생업으로 삼고 일한다는 것을 열거하고 있는 노래로 여러 지역의 여성들이 가지는 생업적 상황을 흥미롭게 연결시키고 있다는 점에서 관심을 갖게 한다. '동녀요'로 인용된 「육친 노래」(352번, 355번)에서 전자의 노래는 세월이 흘러 늙어가는 어머니를 안타깝게 생각하는 마음을 노래하고, 후자의 노래는 자식 정을 떼고 새 임을 만나 떠나는 어머니에 대한 원망과 섭섭함을 노래하고 있다. 이들 민요는 당대를 넘어서 오늘날에도 교훈적 의미를 가지는 노래로 교육적 활용도를 가질 수 있다.

이상에서 보듯이, 『조선민요연구』에 인용된 함양지역 민요는 전승민요의 다양한 특징을 논의하는 데 유효한 자료들이다. 당시의 세태를 반영하고 있는 민요들도 있고, 오늘날 전승이 중단되다시피 한 민요들도 있다. 전국의 민요를 가능한 많이 들면서 조선민요의 특징을 다각적으로 논의하는 데 함양지역 민요가 비록 제한된 범위에서지만 다른 지역 민요보다 월등하게 많이 인용되면서 중요한 논거 자료가 되었다는 점에서도 가치를 가지지만, 함양지역 민요의 지속적인 전승과 변화를 파악하는 데서도 유용한 자료로서의 의의를 가진다.

5. 마무리

이 글은 경남 함양 출신인 고정옥의 인생과 학문 활동을 전반적으로 파악하는 것을 목표로 하되, 크게 두 가지 점에 중점을 두고 논의를 전개했다. 한 가지는 청년기 고정옥이 발표한 시작품들과 영화평을 집중 분석하여 자아와 현실에 대한 고뇌와 성찰이 어떤 변곡점을 보여주는지를 읽어내는 한편, 이와 연계된 대학시절 독서회로부터 이어진 반제운동의 실천 과정을 파악하는 것이었다. 다른 한 가지는 경성제대에 재입학한 이후 국문학자로 성장하면서 내놓은 여러 학문적 성과들 중에서도 학부 졸업논문(1938), 『조선민요연구』(1949), 『조선구전민요연구』(1962)의 민요 편을 집중 검토하여 민요 연구의 이론적 기반과 관점을 구명한 후 민요론을 구성하는 데 중요한 토대가 된 영남민요와 특히 그 중에서도 큰 비중을 차지했던 함양지역 민요가 가지는 성격과 의의를 고찰하는 것이었다. 논의한 결과를 요약하여 제시하면 다음과 같다.

첫째, 고정옥이 발표한 21편의 시작품들과 3편의 영화평은 경성제2고보 시절과 경성제대 예과시절 내성적이면서도 비판적이고 반항적인 성향을 구체적으로 파악할 수 있는 자료들이었다. 고정옥의 시는 처음부터 시적 자아의 고독한 내면만을 토로하는 시에 그치지 않았고, 고통스런 현실에 좌절하기보다 희망적인 미래를 상상하면서 이겨내고자 하는 의지를 보여주었다.

둘째, 고정옥의 시는 신음하는 병자들의 세계이거나 병든 시계와 같이 비정상적인 세상으로 보는 비극적 세계인식을 보여주었다. 이는 암담한 민족 현실로부터 자각된 것이면서 그 허무와 절망감에 매몰되지 않고 새로운 세계에 대한 희망과 열망으로 표출되었다.

셋째, 대학시절 시작품들은 현실 자체를 매개로 하되 청자 지향의 메시지 중심 시로 대사회적 인식을 뚜렷하게 표명하고 있었다. 특히 독서회 활동에 참가한 이후 고정옥의 시는 '집-자아'에서 벗어나서 '거리-민중'으로 시선 변화를 보여주었다.

넷째, 고정옥의 시는 내부의 적인 개인주의적 감정을 버리고 철저한 자아비판을 거침으로써 계급적 연대를 강화하고자 하면서도 사회의식과 민족의식이 결부된 현실인식을 보여주었다.

다섯째, 고정옥이 영화에 각별한 관심을 가지기 시작한 때는 경성제2고보 시절부터이다. 초기에는 메타영화 시라 할 수 있는 영화 감상시로 청년기의 예민한 감수성과 예술적 욕망을 표출하는 작품이었다.

여섯째, 단문의 영화평은 독서회 활동에 참가하고 있을 때 발표된 것들로 배우의 연기력뿐만 아니라 촬영 기술, 장면의 배치와 조명 등에 대해서도 관심을 보여주었으며, 당대 중요한 프로영화론의 하나인 「프로영화교육론」은 사회주의 이론에 기반을 둔 영화론으로 프로영화의 진작과 진전을 위한 현실적 과제들을 제안하고 있었다.

일곱째, 고정옥의 졸업논문은 일제의 식민주의에 입각한 문화 관점 즉 '제국의 시선'을 그대로 수용함으로써 빚어진 조선민요 논의의 근본적 한계이자 문제점을 안고 있었다. 조선민요에서 4·4조의 애상적 율조는 조선 민족의 소극성에서 형성된 것이며, 조선민요의 특성을 비독립성, 이기성, 소극성, 도피성, 향락성, 퇴폐성 등 부정적으로 파악되었다. 이는 피식민 문화를 야만적인 원시성(이를 '자연성'으로 호도함)으로 비하하는 제국의 식민주의 논리를 승인하는 결과로 비판받을 수 있다.

여덟째, 『조선민요연구』는 학부 졸업논문에 들어있는 식민주의에 편승했던 흔적들을 대거 지우면서 민요를 집단창작, 민중의식, 민족의 정체성을 중시하는 관점을 새롭게 정립한 후 구체적인 민요론을 전개했다.

일곱째, 『조선민요연구』에는 모두 364편의 민요 자료가 인용되어 있는데, 영남민요가 240편으로 전체의 65%를 넘었다. 영남민요 대부분은 타 지역 민요와 달리 현장조사 민요 자료들로 민요론 전개의 중요 논거가 되었다. 영남민요 중 함양지역 민요가 가장 많고, 군위, 김천, 의성지역의 순위로 인용 민요가 많았다. 함양지역 민요는 모두 고정옥이 고향에서 1936년과 1938년 사이에 직접 수집한 것들로 추정된다.

여덟째, 『조선구전문학연구』에서도 민요 자료의 인용 현황은 여전히 불균형을 보였다. 다만, 인용된 62편의 민요 중 거의 30%에 해당하는 민요를 새롭게 적시하여 논의함으로써 전면적이라 할 만큼 민요론을 새롭게 집필했다. 여기서 민요는 "자유스럽게 부르는 인민 창작 및 음악"으로 규정되고, '현실 반영의 진실성'을 무엇보다 중요한 민요의 가치로 논의되었다. 봉건적 착취에 반항하는 노래, 빈궁의 농민 현실과 처지를 노래한 것, 양반과 관료를 풍자한 노래 등이 우선적인 논의 사항들이었고, 민요의 운율 등 형식적 특징은 마지막 순위로 간략하게 논의하는 것에 그쳤다.

아홉째, 고정옥의 졸업논문, 『조선민요연구』, 『조선구전문학연구』 민요편에서 공통적으로 영남민요 중에서도 함양지역 민요를 가장 많이 인용하면서 민요론을 전개했다. 이런 점에서 고정옥의 민요론은 일종의 함양에 대한 장소애(Topophilia)를 기반으로 지역 또는 장소(place)를 통한(through) 학문의 성격을 지닌다.

열째, 함양지역 민요들 중에서 「아리랑」은 해학적인 사설로 구성되었다는 점에서 독자성을 가지며, 1930년대 함양에서 채록된 '함양아리랑'으로 논의될 수 있다. 「모심기 노래」는 노동요에서 가장 중시한 민요 항목으로 선후창의 문답 형식으로 다양한 사설의 특징을 논의하는 데 요긴하게 활용되었으며, 당시의 전승 민요로 새롭게 인식하는 데에도 기여한다. 다만 「나무꾼 노래(초부가)」나 「꼴베기 노래」 등에서 함양지역 민요가 배제되어 지리산을 끼고 있는 지역적 특성을 제대로 드러내지 못한 점이 있다. 부요로 인용된 함양지역 민요들 중에서 「밭매기 노래」(230번)와 「물레 노래」(236번)는 밭농사와 길쌈이 많았던 함양의 생업 상황을 드러내며, 오늘날 쉽게 들을 수 없는 「자장가」(255번), 일제강점기의 생태적 상황을 반영한 「큰애기풀이」(337번)도 주목된다.

고정옥의 일련의 민요 연구 업적들에서 함양지역 민요는 전승민요의 다양한 특징을 논의하는 데 유효한 자료들로, 당시의 세태를 반영하고 있는 민요들, 오늘날 전승이 중단되어 새롭게 인식될 필요가 있는 민요들도 있다. 필자는 고정옥이 함양지역 민요를 조사했을 시기인 1936년~1938년으로부터 70년을 더 경과한 2009년에 한국학중앙연구원에서 추진한 『한국구비문학대계』 개정 · 증보사업의 일환으로 함양지역의 구비문학[71]을 조사할 기회를 가졌다. 70년 이상 경과된 시점이었지만 함양지역 민요의 풍부한 전승 상황을 확인하는 계기였다. 앞으로 함양지역 민요, 나아가서 한국 민요의 지속과 변화를 읽어내는 일을 과제로 인식하면서 이 글을 마무리한다.

---

71 박경수 · 황경숙 · 서정매, 『증편 한국구비문학대계 8-16~18 -경상남도 함양군 편』, 한국학중앙연구원/역락, 2014.

참고문헌

강등학, 「고정옥의 민요연구에 대한 검토」, 『한국민요학』 제4집, 한국민요학회, 1996, 23~38쪽.

高橋亨, 「嶺南民謠に現れた女性生活の二筋道」, 京城帝國大學文學會 編, 『京城帝國大學創立十週年記念論文集 -文學篇』 1936.

高橋亨, 「民謠に現はれたる濟州の女」, 『朝鮮』 제212호, 朝鮮總督府, 1933. 1.

高橋亨, 「北鮮の民謠」, 『朝鮮』 제219호, 朝鮮總督府, 1933. 8,

高橋亨, 「濟州島の民謠」, 『東方學紀要』 別冊 2, 天理大學おやさと硏究所, 1968.

고위민(고정옥), 「조선 민요의 분류」, 『춘추』 제2권 3호, 1941. 4.

고정옥 편저, 『조선속담집』, 평양: 국립출판사, 1954.

고정옥, 『고장시조선주(古長時調選註)』, 정음사, 1949.

고정옥, 『국어국문학요강』, 대학출판사, 1949.

고정옥, 『전설집』, 평양: 국립출판사, 1956.

고정옥, 『조선구전문학연구』, 평양: 과학원출판사, 1962.

고정옥, 『조선민요연구』, 수선사, 1949.

김소운, 『언문조선구전민요집』, 동경: 제일서방, 1933.

김영희, 「고정옥의 「조선민요연구」: 탈식민적 전환의 모색과 잉여 -경성제국대학 학부 졸업논문(1938년)과 수선사 발간본(1949년)의 비교」, 『온지논총』 제49집, 온지학회, 2016, 28~78쪽.

김용찬, 「고정옥의 시조관과 『고장시조선주』」, 『고전문학연구』 제27집, 한국고전문학연구회, 2005, 255~285쪽.

김용찬, 「고정옥의 인생과 월북 이전의 저술 활동」, 『한민족어문학』 제46집, 한민족어문학회, 2005, 145~174쪽.

김용찬, 「고정옥의 장시조론과 작품 해석의 한 방향—『고장시조선주』를 중심으로」, 『시조학논총』 제22집, 한국시조학회, 2005, 57~83쪽.

김준오, 『시론』, 제4판, 삼지원, 2017.

김태곤 외, 『한국구비문학개론』, 민속원, 1995,

김헌선, 「고정옥(1911-1968)의 구비문학 연구」, 『구비문학연구』 제2집, 한국구비문학회, 1995, 323~343쪽.

박경수, 「함양지역 「범벅타령」의 문화지리학적 조명」, 『구비문학연구』 제44집, 한국구비문학회, 2017, 63~95쪽.

박경수 · 황경숙 · 서정매, 『증편 한국구비문학대계 8-16~18—경상남도 함양군 편』, 한국학중앙연구원/역락, 2014.

신동흔, 「고정옥의 삶과 학문세계(상)」, 『민족문학사연구』 제7집, 민족문학사학회 · 민족문학사연구소, 1995, 270~316쪽.

신동흔, 「고정옥의 삶과 학문세계(하)」, 『민족문학사연구』 제8집, 민족문학사학회 · 민족문학사연구소, 1995, 221~241쪽.

우리어문학회, 『국문학개론』, 일성당서점, 1949.

이충우, 『경성제국대학』, 다락원, 1980,

이호걸, 「1920년대 조선에서의 외국영화 담론」, 『영화연구』 제49집, 한국영화학회, 2011, 261~264쪽.

이호걸, 「식민지 조선의 외국영화」, 『대동문화연구』 제72집, 성균관대 대동문화연구소, 2010, 98쪽, 101쪽.

임경화, 「'민족'에서 '인민'으로 가는 길 : 고정옥 『조선민요연구』의 보편과 특수」, 『동방학지』 제163집, 연세대학교 국학연구원, 2013, 261~286쪽.

임경화, 「식민지기 '조선문학' 제도화를 둘러싼 접촉지대로서의 '민요' 연구 : 고정옥 졸업논문을 통해 본 경성제대 조선문학 강좌의 성격」, 『동방학지』 제177집, 연세대학교 국학연구원, 2016, 33~63쪽.

임동권, 『한국민요사』, 집문당, 1981(4판, 1964 초판).

장덕순 외, 『구비문학개설』, 일조각, 1978(중판).

장정룡, 「고정옥의 재북한시기 구전문학 연구 활동」, 『근대서지』 제14호, 근대서지학회, 2016, 487~506쪽.

조동일, 『국문학 연구의 방향과 과제』, 새문사, 1985(증보판),

한국문화역사지리학회, 『현대 문화지리의 이해』, 푸른길, 2013,

https://blog.naver.com/merenguero/221548834802

https://en.wikipedia.org/wiki/Apaches_of_Paris.

https://en.wikipedia.org/wiki/The_Black_Pirate
https://www.imdb.com/title/tt0019451/?ref_=nm_flmg_act_40

김일훈의 생애와 의학 사상

곽재용

1. 서론

지리적 특성은 인간의 삶과 밀접하게 관련된다. 우리의 삶은 언제나 우리가 살아가고 있는 땅에 의해 형성되어 왔다. 전쟁, 권력, 정치는 물론이고 오늘날 거의 모든 지역에 사는 인간이 거둔 발전은 지리 환경적 특성과 무관하지 않다. 지리로 인해 전쟁이 일어나기도 하고 평화가 지속되기도 한다. 권력과 정치의 중심이 되기도 하고 소외 지역이 되기도 한다. 뿐만 아니라 지역적 환경이 사람 생활을 복되게 하기도 하고 열악하게 만들기도 한다.

그런 의미에서 경상남도 함양군은 축복 받은 곳이다. 지리산과 덕유산이라는 두 개의 국립공원을 가진 천혜의 자연을 가진 땅이다. 『택리지』에는 "경상도에는 좌도는 땅이 모두 메마르고 백성이 가난하나 우도는 기름지다(141)", "안음 동쪽은 거창이고, 남쪽은 함양이며, 산음(산청)은 지리산 북쪽에 있는데 네 고을은 모두 땅이 기름지다 함양은 더구나 산수굴(山水窟)이라 부르며 거창, 안음과 함께 이름난 고을로 일컫는다(77)." 라고 하여 함양을 살기 좋은 곳으로 묘사하고 있다.

그래서인지 예부터 좌안동 우함양(左安東 右咸陽)이라 하여 경상도 함양에는 걸출한 인물들이 많이 배출되어 왔다. 함양의 인물로 몇 사람들이 언급되고 있으나 이 중에서 아직 저 평가된 주식처럼 잘 알려지지 않는 인물이 있으니 그가 바로 김일훈이다. 이 글은 탁월한 민족의학자이자 참된 의료인으로 살아 온 함양의 인물인 인산(仁山) 김일훈(金一勳)의 삶을 조명해 보는 데 목적이 있다.

김일훈은 함경남도 출신으로서 일제 강점기와 6·25 전쟁과 같은 격동기의 삶을 살아온 사람이다. 그런 이유로 80회가 넘는 이사를 하면서도 어디에 있으나 늘 아픈 사람을 치료하는 일에 매진해 온 참 의료인이다. 그는 49세인 1957년 함양읍으로 이주하였고 그해 다시 휴천리로 가서 살았다. 서울, 대전 등지에서 살다가 65세 때인 1973년 다시 함양으로 거처를 옮겼다. 다시 서울로 잠시 가서 살다가 73세인 1981년 함양읍 하동으로 낙향하였다. 75세 때 하동에서 상동으로 옮겨 살다가 1990년 82세 때 함양읍 죽림리에 정착하게 된다. 그 이후 84세 때인 1992년 이곳에서 삶을 마칠 때까지 독특한 의술로써 난치병 환자들을 치료하는 삶을 살아 왔다.

김일훈이 그 많은 땅 중에서 하필 함양에 정착하게 된 것은 우연이 아니었다고 본다. 함양은 자연의 혜택이 많고 재해가 덜하며 인심이 순한 곳이다. 특히 그가 살았던 곳은 지리산 자락으로 약초의 보고이자 오염되지 않는 자연이 있는 곳이다. 예로부터 "풍속이 근신하고 정성스러움을 숭상한다(『신증동국여지승람 31권』)."라고 한 함양의 풍토를 감안하여 함양 땅에 내려온 것으로 보인다. 함양이 가진 이러한 지리로서의 미덕을 일찍이 알아차리고 이곳에 정착하여 대를 잇고 있는 그는 분명 함양의 인물이다.

김일훈은 여러 각도에서 조명이 가능하지만 가장 두드러진 것은 역시 의료인으로서의 자질과 업적일 것이다. 의학 사상의 뛰어난 면은 물론이고 질병에 대한 놀라운 처방과 치료 방법은 의학이 발달한 오늘날에도 연구하고 계승할 부분이 많다. 이런 지식과 처방으로 수많은 난치병 환자들을 치료해준 사례는 의학사에 남을 만한 업적이 될 것이다. 2019년인 올해는 인산 김일훈 탄생 110주년이 되는 해이다. 이 글은 함양의 인물인 김일훈의 생애와 의학적 세계를 살펴보는 데 목적이 있다.

2. 김일훈의 생애

김일훈은 1909년 3월 25일(음력)에 함경남도 홍원군 용운면 연흥리에서 태어나 1992년 5월 19일(음력 4월 17일) 오후 11시 25분에 경상남도 함양군 함양읍 교산리에서 세상을 떠났다. 그의 나이 84세였다. 김일훈의 생애를 의학 신동, 독립운동가, 참된 인술, 난치병과 공해를 대비한 처방, 의학 저술의 다섯 가지 부분으로 나누어서 살펴보고자 한다.[1]

1) 의학 신동이 태어나다

김일훈은 탄생부터 범상하지 않았다. 아버지는 언양 김씨로 이름은 김경삼(金慶參)이고 어머니는 강릉 유씨(劉氏)이다. 그는 7남 2녀 중 3남으로 태어났다. 그의 어머니는 태몽이 있었다. 구름 속에서 용이 품 안으로 내려오는 것을 보고 잉태하였다. 인산의 조부인 김면섭(金冕燮)은 꿈에 구름 속으로 봉황이 날아 내려오는 모습을 보았다고 한다. 그래서 김일훈의 아명을 운룡(雲龍)이라 했다. 본명은 김철진(金哲鎭)이었다. 동양에서 최고의

1 김일훈의 생애는 『인산 김일훈 선생 일대기』, 『신약』 부(附)에 나오는 '피안길 나루', 『인산 김일훈 선생 전기 의황』 등에 나오는 기록들을 참고하였다.

길한 동물인 용과 봉황이 태몽으로 나타났음인지 그는 신동이었다.

말과 글에 눈뜨면서부터 인간과 우주의 제 현상을 비롯하여 인신의 조직체계와 질병의 유무, 복화수요(禍福壽夭) 등에 대한 예지능력으로 주위를 놀라게 하였으나 가족들은 동네 사람들로부터 '귀신 붙은 아이'로 소문이 날까봐 크게 걱정하였다. 특히 조부 김면섭은 손자가 '신동'으로 소문나기 시작하자 일제치하에서 목숨을 부지하기 못할까 저어하여 재주가 드러나는 것을 엄중 단속하였다.

탄생만 이채로웠던 것은 아니었다. 그의 나이 네 살부터 다섯 살 때 그는 한글을 스스로 깨쳤다. 네 살 위의 누나가 당시 유학자이자, 명의로 이름 높던 할아버지 김면섭으로부터 '가갸거겨……'를 외우며 한글 배우는 것을 곁에서 지켜보다가 한글이 음양오행의 원리에 따라 제정된 것임을 간파하고 조기에 깨쳤다.

한글의 구성 원리를 자득한 뒤 옥편을 뒤적이며 한글본 『춘향전』을 읽고 이어 한문본 『춘향전』을 읽은 뒤 계속해서 한문본 『명사십리』, 『조운전』, 『충열전』, 『삼국지』와 같은 이야기책은 물론 『당시』, 『두시』와 같은 한시를 독파하였다고 하니 믿어지지 않을 정도다. 이런 뛰어난 자질이 뒤에 난치병을 치료하는 의학의 혁명을 이루는 바탕이 되었다고 본다. 그는 글자를 조기에 해득하는 등 단순히 지적 수준이 높은 신동이라고 할 수 있지만 그 뒤의 일화를 보면 그는 의학적 신동이었다.

7세 때는 비 개인 하늘의 5색 무지개를 보고 우주의 비밀과 약리를 활연대오하여 공간 색소중의 약 분자 합성 방법을 모색하기 시작하였다. 이 때부터 병명조차 모르고 죽어가는 이웃의 불치·난치병 환자들을 구료하기 시작하였다.

8세 때인 1916년에는 독사에 물려 죽어가는 사람에게 마른 명태(속초황태) 다섯 마리를 달여 먹이도록 했는데 할아버지[(유의(儒醫)]에게 건의하여 그대로 한 결과 후유증 없이 치료되었다. 동네 아이 중 같은 또래의 어느 아이가 부족증(不足症, 폐암의 일종)으로 죽음의 위기에 처해 있을 때 그 아이를 유인하여 땅벌집 근처로 데리고 가서 벌집을 부셔서 수백 마리의 벌에게 쏘이게 하는 방법을 이용, 아이의 생명을 구하였다. 또 다른 부족증 환자에게 까치독사 한 마리를 잡아다가 엄지손가락을 물게 하는 방법을 써서 다른 부작용이나 후유증 없이 완치시켰다. 이후 할아버지의 처방이라고 하며 자신의 처방을 제시, 병고로 신음하는 많은 사람들을 죽음의 위기에서 구제하였다. 이 사실은 뒤에 벌독이나 독사 독으로 난치병 환자를 치료하는 경험방이 되었고, 『신약』에 나오는 처방이나 『신약본초』에서 독을 이용한 숱한 처방이나 치료 사례의 출발점이 되기도 하였다.

9살 때는 대나무통 속에 천일염을 넣고 아홉 번 반복해서 구워야 하고 또 아홉 번째 구울 때는 송진 관솔 등으로 화력을 돋우어 소금을 용해시켜야만 제대로 효과가 날 수 있다는 사실과 원리를 할아버지께 설명하였다. 이 방법으로 하면 소금 속 독극물의 완벽한 제거와 천상 태백성(太白星)의 신철분(辛鐵粉), 대나무, 소나무, 황토 중의 묘약합성이 가능하다는 논리로 죽염(竹鹽) 제조법을 발명한 것이다. 이 역시 의학 신동이 아니면 있을 수 없는 일이다. 8세 때 일이니 지금의 초등학교 2~3학년 학생들을 생각해보면 그의 뛰어남을 알 수 있다. 이런 의학적 신동이었기에 뒤에 그토록 많은 약재와 처방을 남길 수 있었다.

2) 독립운동가로서 옥고를 치르다

김일훈이 독립운동을 했다는 사실은 많이 알려져 있지 않다. 그러나 그는 옥고를 치른 독립 운동가였다.

16살 때인 1924년의 가을이었다. 의주에서 친구들 네 명과 힘을 합해서 당시 한국인 아이들을 괴롭히고 횡포를 일삼던 같은 또래의 일본인 아이 열댓 명을 때려눕힌 뒤 곧바로 압록강을 건너 만주로 가서 광복운동에 투신하였다. 모화산 부대(대장 변창호) 대원으로 몇 번의 전투에 참가했다가 일본 경찰에 쫓겨 소련, 백두산, 묘향산 등지로 도피하였다.

26세 때 금강산에 숨어 있던 철원경찰서 습격사건의 주동자 변창호의 부탁에 따라 철원으로 가던 도중 김화군 김성면에서 서로 얼굴을 아는 조선인 일본형사 리희룡에 게 붙잡혀 법원으로부터 징역 3년형을 선고받고 춘천형무소에서 복역하다가 1년 6개월 되던 어느 날 작업 도중에 탈출하여 묘향산으로 들어갔다. 1942년 34세 때 김두운(金斗運), 문창수(文昌洙) 등의 주도하에 추진되던 총독부 습격사건 계획에 참여, 활동하였다.

1943년 35세 이해 일본경찰의 예비검속에 의해 주동 인물이 모두 체포됨에 따라 또다시 묘향산으로 들어가 설령암, 강선암에 은거하였다. 이때 김두운, 문창수, 김형로, 최니학(최용건의 부)이 주동인물로 검거되었다. 결국 문창수 형제와 최니학은 사형이 되었고 김두운과 김형로는 1945년 8월17일에 사형을 집행할 예정이었으나 조국광복을 맞아 석방되었다. 광복을 맞아 독립운동가로서 파란만장한 그의 삶은 마감되었지만 그 이후 이런 독립 정신이 바탕이 되어 가난한 환자의 생명을 구하는데 일생을 바쳤다.

인산(仁山)이라는 호를 갖게 된 것도 독립운동과 관련된다. 독립운동을 할 때 묘향산 등 명산에 은거하며 인술로 활인구세의 이적을 보였다 하여 문빈(文彬), 김승학(金承學, 임시정부 독립운동 사장 겸 주필), 김두운(金斗運, 평북의 유학자) 등이 붙여준 호이다. 본명은 김철진(金哲鎭)이었고, 김일훈(金一勳)이란 이름은 해방 후 스스로 개명한 것이다.

3) 참인술을 펼치다

김일훈은 인술을 베푸는 참된 의사였다. 그는 자신을 돌보지 않고 오로지 환자들 특히 난치병 환자들을 치료하였다. 청년 시절에 독립운동을 하면서도 가는 곳마다 독특한 인술로써 병고로 신음하는 환자들을 구제하였다. 어려웠던 시기에도 그의 환자 치료를 위한 열정은 사그라지지 않았던 것이다. 그의 치료는 어릴 때부터 시작하여 일생을 통해 이루어졌다. 여기서는 구체적인 몇 사례만 언급해 둔다.[2]

1961년 그의 53세 때 서울 주교동 김의환 씨 댁과 종로 5가 시중한의원(피현 출신 박 장로와 공동 경영)에서 수많은 난치, 불치병 환자를 고쳐주었다. 이 기적 같은 일을 사람들이 가만히 있을 리가 없었다. 서울 장안에서는 "묘향산에서 살아 있는 부처가 나타나 죽어가는 사람들을 구제해주고 있다"는 소문이 한동안 사람들의 입에서 입으로 전해졌다.

1961년 5 · 16 무렵, 쑥뜸으로 소경이었던 어 대사(魚大師)의 눈을 뜨게 하는 치료에 성공한다. 당시 48세의 어 대사는 17세 때 열병을 앓다가 시신경이 끊어져 소경이 된 이래 30여 년 동안 절에서 부처님께 다시 눈을 볼 수 있게 해달라는 기도를 했으나 영험이 없자 좌절해 있던 참이었다. 절에 온 기도객으로부터 묘향산의 활불이 서울에 나타났다는 소문을 듣고 간신히 찾아와 '영구법'에 대한 가르침을 들은 뒤 40일 동안 극심한 고통을 감내하며 뜸을 뜬 끝에 시력을 회복하였다. 어 대사는 그 뒤 10여 년 동안 7명의 소경을 손수 뜸으로 고쳐주었다고 하는데 이는 김일훈의 공덕이 아닐 수 없다. 이런 일을 하고도 그는 대가를 바라거나 흥정을 하는 일은 없었다. 그의 뇌리에는 환자의 입장에서 참된 의술을 베풀 줄만 알았지 돈이나 치료비를 많이 받아야 한다는 개념이 거의 없

2 여기에 언급된 내용 또한 『인산 김일훈 선생 일대기』, 『신약』 부(附)에 나오는 '피안길 나루', 『인산 김일훈 선생 전기 의황』, 『인산 쑥뜸 요법』 등에 나오는 기록들을 참고하였다.

었다.

이 무렵 소문을 듣고 아들과 며느리를 보내온 마포의 어느 할머니는 나면서부터 소경이었는데 자신의 눈도 보게 해달라고 간곡하게 청하여 이에 뜸법을 가르쳐 주었다. 그 할머니는 단 하루만 살아도 좋으니 꼭 눈을 보게 해달라고 졸라대어 '영구법(靈灸法)'을 일러준 것이다. 그 할머니는 눈을 뜨고 싶은 일념에 밤낮을 가리지 않고 뜨더니 마침내 40일 만에 기적적으로 광명을 되찾았다.

30대의 어느 여인은 결혼하기 전에 척수염을 앓은 적이 있었는데 결혼하여 아이를 출산한 뒤 급작스레 악화되어 허리가 굽어지고 다리를 못 쓰게 되었다. '앉은뱅이'가 된 것이었다. 김일훈의 지시에 따라 단전과 양쪽 족삼리에 쑥뜸을 뜬지 60여 일 만에 허리가 펴지고 다리에 힘이 붙기 시작해 1백 여 일 만에 가까스로 제 힘으로 일어날 수 있었다. 3년간을 계속 뜨더니 몰라볼 정도로 치유되었다. 이때 간질환자, 곱사, 뇌염, 폐암, 폐결핵 등 숱한 난치병 환자들을 구료하였다.

1967년 59세 때 서울 중구 충무로 5가로 주거지를 옮겨 '성혜한의원'을 개설하였다. 이 무렵 모 기업 회장 아들이 음독으로 거의 죽게 되었는데 쑥뜸으로 살려냈다. 또 심한 화상으로 죽어가는 사람에게 오이생즙을 먹여 구하는 등 많은 환자들을 구제하였다.

1978년 70세 때 11월 서울 도봉구 수유동으로 이사를 하였다. 서울역 앞 '고려한방병원'에서 난치병 담당 고문으로 병자구제에 힘썼다.

82세 때인 1990년 4월에 상동(을림리)에서 함양읍 죽림리 산 194의 3번지에 입주하였다. 그러나 이집이 무허가 주택이라해서 철거하고 죽림리 인산죽염 제조장 부지내로 옮겨 지은 조립식 주택으로 주거지를 옮겼다. 이로써 김일훈은 1945년 광복이후 모두 80회의 이사 기록을 갖게 되었다. 돈과 같은 물질에 관심이 없던 그는 평생을 가난하게 살았다.

자식들은 기력이 쇠잔해가는 아버지를 염려하여 잠시만이라도 환자들을 상대하지 말고 편안하게 지낼 것을 건의하곤 했으나, 그때마다 인산은 한결같은 대답으로 일관했다. "내 몸 편하자고 병고를 안고 답답한 심정으로 찾아오는 사람들을 소홀히 대하거나 외면한다는 것은 있을 수 없는 일이다." 그러면서 인산은 앉아 있을 만한 기력조차 소진할 때까지 환자와의 상담을 중단하지 않았다(『인산 김일훈 선생 전기 의황』 401).

그의 관심은 오로지 환자의 치료에 있었기에 언제 어디서 살든지 밀려오는 환자들을 보고 처방하기에도 바빠 84세로 세상을 마칠 때까지 청빈과 무소유로 일관했으니 참된 의료인의 삶을 살아왔던 것이다. 오직 질병에 고통을 겪는 민중들의 애환을 풀어주기 위한 외길 인생이었다.

84세 때인 1992년 임신년 음력 3월 3일, 가족들을 모이게 한 뒤 '세상에 남기고 가는 말'을 녹음토록 한다. "인업(人業)을 중시하는 나라가 잘 살게 되는 법이야. 자원 중에 으뜸이 국민이란 걸 다스리는 사람이나 백성들 스스로가 잊어서는 안 된다."이라는 요지의 이 말은 유언이 되었다. 그의 일생은 마지막 가는 순간까지 자신을 돌보지 않고 오로지 가난하고 병든 이들에 대한 사랑을 베푼 참 의료인의 모습으로 일관한 위대한 여정이었다.

4) 난치병과 공해에 대비한 처방을 내리다

김일훈은 난치병 환자를 많이 치료했다. 이것은 그의 탁월한 의학 지식과 처방에 근거한다. 그는 쉴 새 없이 공부를 했으며 지리산의 풍부한 약재를 바탕으로 환자에게 적합한 처방을 내리는, 당대는 물론 그 이전과도 비교할 수 없는 타고난 명의였다. 그는 현대인들의 난치병이 공해로 인하여 발생하는 암과 같은 질병일 것으로 보고 치료할 수 있는 명품 처방들을 남겼다. 김일훈이 우려하는 현대의 화학적 오염은 아래에 언급된 것처럼 그의 저서 곳곳에 나온다.

> 그래서 오늘 이야기는 우선 방사능독이 얼마나 무서우냐? 거 한번 걸려서 죽은 사람은 그 가족이 알아요. 건 못 고쳐요. 또 화공약의 피해는 공기 중에 얼마나 오염되어 있느냐? 또 농약 독은 모든 식품에서 얼마나 무서우냐? 그러면 이렇게 무서움 속에서 어떤 대책이 없다? 이건 도저히 막연할 수밖에. 우리 왜 인간인데 아무리 지혜 없어도 항시 이렇게 막연하게 죽어 가야 되느냐?(『신약본초』 222~223)

김일훈의 젊은 시절에는 자연보호나 공해라는 말 자체가 없었을 때고, 지금과 달리 암도 흔한 병이 아니었다. 그런데도 김일훈은 공해로 인한 난치병 시대가 온다고 예견하고 이에 대비한 처방을 남겼다. 그는 임상은 물론 저술과 강연에서도 공해와 암 처방에 많은 부분을 할애했다. 오늘날 한국인의 사망 원인 1위가 암이라는 걸 이미 선각자의 통찰력으로 알고 이를 치료하는 처방을 남겼다. 암 치료에 특효를 지녔다는 오핵단이나 삼보주사와 같은, 제조가 어렵지만 강력한 효능을 가진 처방은 물론이고 죽염, 유황오리, 사리장, 다슬기, 밭 마늘, 무, 호두기름, 쑥뜸 등을 때로는 창시하고 때로는 보완하여 난치병 치료제를 탄생시켰다. 이들은 치료제도 되지만 평소 복용하면 예방이 되는, 식품과 약이라는 양자의 효용가치를 지닌 김일훈표 의약품이자 식품들이다. 이 모든 것들은 공해시대를 살아가는데 꼭 필요한 처방으로 보았다.

> 뜸이라는 건 좋은데 그 뜸의 자극은 신경회복이 오겠지마는 경락을 회복시키고 또 쑥불의 힘으로 핏속에 있는 모든 공해물을 제거하고 염증이 싹 없어지면 그 피가 살이 될 것에 살이 옥같이 고와져요. 얼굴에 검버섯 돋고, 뭐 여드름 많

은 여자들 중완에 오래 떠봐요. 얼굴이 고와지지 않나? 거 만날 무슨 밀가루나 흙가루나 주어 발라 가지고 그거이 해결되지 않아요(『신약본초』 683).

위는 쑥뜸만 해도 공해시대에 알맞은 처방이다. 더 구체적인 것은 '4. 인산 의학의 핵심 처방'에 재론하겠다. 김일훈의 난치병 환자 구료 활동은 실로 대장정 그것이었다. 처방을 받으러 오는 이는 대개 암, 백혈병, 당뇨 등 난치병 말기 환자들로 병원에서 회복이 불가능하다고 판정 받은 사람들이었다. 이런 사람들을 하루 200명 이상 돌보았다. 그것도 밤낮이 따로 없었다. 과로하는 삶이 그의 생명에 영향을 주었을 것이다.

5) 뛰어난 의학 저술을 남기다

김일훈은 그 바쁜 의료행위 중에서도 적지 않은 기록을 남겼다. 주로 의학적 처방이다. 김일훈 의학이 아무리 훌륭하다 해도 이를 뒷받침할 자료가 없으면 공허할 것이다. 김일훈 의학이 주목을 받는 것은 그의 기록 때문이라고 해도 과언이 아니다. 여기서는 몇 가지 의학 저술과 관련된 활동 내용을 언급해 둔다.

1971년 63세 이 무렵 『대한화보』 11월 호부터 72년 7월 호까지 8면에 걸쳐 '신종철학이비전(神宗哲學 易秘傳)'이란 기사를 연재하였다. 그의 나이 70세인 1978년이었다. 이 기간 중 '의약부국의 길'을 제시하는 내용의 대통령께 올리는 건의문을 일곱 차례 제출하였다. 정책으로 반영되지는 않았으나 나라를 위한 충정을 이해할 수 있었다. 자신의 나라사랑 방법을 대통령에게 올린 것인데 그것의 주된 내용은 의약으로 부자 나라가 되는 방법에 관한 것이었다. 일곱 차례의 건의문에도 불구하고 응답을 받지 못했지만 그 정신은 높이 삼아야 할 것이다. 72세 때인 1980년에 서울 수유동에 거주하며 『우주와 신약』을 저술하여 출간하였다.

1981년 73세 되던 해 『우주와 신약』의 한글화를 시도한 『구세신방』을 출간하였다.

1986년 78세 때는 암 난치병과 각종 괴질에 대한 일생의 경험 의방을 모은 대표적인 저서 『신약』을 출간했다. 6월 20일 한국일보 12층 대강당에서 『신약』 출간 기념강연회 갖고 '신약의 실상과 그 활용방법'이라는 연제로 강연하였다.

1990년 82세 때 월간 『민의약』의 제호를 4·5월호부터 『건강저널』로 변경하여 발행하였다. 이 잡지는 김일훈의 특이한 의방(醫方)을 연구 실천 보급하는 한편 동서의학의 상호 수용을 통한 발전 방향을 모색하고 있다.

특히 김일훈의 사후 49재 때 봉정된 『신약본초』는 인산의 강연 때 구술한 것을 적은 책으로 색인만 해도 약명·병명·처방명 편, 지명편, 인명편, 서명편으로 나누어서 편집한 1044쪽의 방대한 책이다. 그의 저서는 차남인 김윤세와 삼남인 김윤수가 강연 내용 녹음한 것을 정리하고, 주석과 색인을 붙여 마침표 하나라도 틀리지 않도록 편집하는 등 손색없이 출판하여 인산 의학을 세상에 알리는데 기여했다.

김일훈은 함양읍 죽림리 농장 뒤편 산에 안장되었다. 그의 의학 사상과 처방은 자녀들에 의해 저서, 칼럼, 잡지로 재탄생하고 있다. 2009년에는 '인산학연구원' 주최로 탄신 100주년 기념 함양학학술대회를 함양군청 대회의실에서 개최하여 인산의 의학 세계 등을 재조명하였다.

지금은 주로 차남 김윤세와 셋째 자부 최은아에 의해 김일훈 의학을 계승하기 위한 저서들이 출판되고 있다. 김일훈 의학은 심오하고 이해가 어려워서 이들의 저서들은 주로 수 세대를 앞서간 김일훈 의학을 설명하고 그 비밀을 캐는데 데 초점을 두고 있다. 김일훈 의학의 비밀을 제대로 밝혀내기 위해서는 더 많은 노력과 오랜 시간이 필요하다.

3. 김일훈의 의학 사상

인산 김일훈의 의학적 사상을 한마디로 요약하면 활인구세(活人救世) 사상이라고 할 수 있다. 사람을 살리는 의학을 실천해온 것이다. 그의 의학적 사상 기반의 심연은 우주론에서 발현한다. 우주에서 만상만물이 나고 사람도 나고 사람을 살리는 의약도 나왔다. 또한 그의 의학에는 색소가 등장한다. 이는 현대 의학에서 잘 설명하지 않는 이론이다.

> 물론 질병이나 죽음의 이면에는 말로 이루 다 설명할 수 없는 인과가 내재해 있긴 합니다만 물질적 측면에서 보면 색소가 근본 원인입니다. 공간색소 중에는 죽어가는 많은 사람들을 살려낼 수 있는 무궁한 약성분이 함유되어 있고 바다 속의 광물질과 지상만물 역시 약 아닌 것이 없습니다(『신약』 520).

김일훈은 한국 상공에는 신비한 인삼 분자의 보고가 있다고 하였다. 그는 약성에서 나오는 기(氣, aspiration)를 중시하는 의학 사상을 가졌다. 그는 인산 의학의 본질을 우주에 두고 있다. 우주의 만물만상을 영물(靈物)로 보고 모두 약성을 지니고 있는 것으로 보았다. 이런 그의 우주관을 엿볼 수 있는 글이 있다.

> 우주의 영천(靈泉)이 은하계이고 지구의 영천이 바다라면 인간의 영천은 단전이다. 나는 단전을 우주등(宇宙燈)이라는 이름으로도 부른다. 우주간의 온갖 생명 있는 것들은 다 영물(靈物)이다. 바다 속에는 억천만 종의 생물로 생겨나는 분자와 색소가 있고 은하계에는 억천만 종의 신으로 화하는 분자와 영소(靈巢)가 있다. 지구의 생물과 우주의 신은 떨래야 뗄 수 없는 관계이고 따라서 모든 생물은 자연과 신의 도움이 필요하며 특히 인간은 더욱 그러하다. 우주에는 영이 조물주이고 산에는 산령이 모든 신의 주재자이며 땅에는 지령(地靈)이 조

물주이고 사람의 몸에는 영이 온갖 신의 주재자이다(『신약』, 311).

위와 같이 김일훈은 우선 우주의 영천을 논하면서 지구와 인간의 영천도 같이 다루고 있다. 인간의 영천을 단전으로 본 것은 인체를 소우주로 본 결과이다. 단전이야말로 인간의 근본적인 자리이다. 단전에 뜸을 뜨는 것은 이런 의미에서 그곳이 근본 자리가 되고 치료의 시작이자 완성이 된다고 보았다. 무엇보다도 인산은 우주의 존재를 영적 발현으로 보고 인간을 비롯한 모든 생물은 자연과 신의 도움이 필요하다고 하였다. 의학이나 치병의 원리를 영적으로 해석하고 있지만 그가 늘 신만 찾고 모든 걸 신에게 의탁하는 종교인은 아니었다. 영적인 측면에서 의학에 필요한 식물과 기운이 있다는 것은 인산 의학의 출발점이지만 이것이 한계를 지을 수 없는 열린 인식을 가졌음을 나타낸다. 그리하여 영약, 색소 등이 양질의 약재와 강한 기운이 되어 환자 치료에 이바지하게 된다. 그는 특별히 한국의 산하에서 나오는 동식물이 강한 약성을 가지고 있다고 보았다. 다음의 글들은 인산 의학의 특별한 해석과 적용을 나타내고 있다.

우주의 창조자는 음기이다. 허공은 수억 년 동안 음기가 성하여 마침내 냉기로 화한다. 냉기에서는 습기가 나오고 습기에서 수기가 화한다. 수기는 극냉에 냉동되어 수억 년을 동결하여 수세계가 빙구로 화하며 중심부에서 냉극발열하여 고열이 서서히 강해져 양기가 생기기 시작한다. 수는 양이고 화는 음이며 냉기는 음이고 열기는 양이다(『의사여래』, 89~90).

김일훈의 우주관은 성경처럼 창조론을 견지하였다. 우주는 영원불멸하면서 모든 생명을 살린다. 우주는 순수허공 그 자체다. 그는 음과 양으로 우주를 설명하였다. 음양관은 동양의 우주관이다. 우주를 또한 냉기와 열기로 설명한 것이 이채롭다. 허공이야말로 우주요 진리가 아니던가. 처음 생긴 허공을 음기로 보고 이것은 냉기와 습기, 그리고 수기로 보았다. 수기는 얼어서 수억 년을 오다가 이것이 극단으로 치달아서 열이 생기게 되었다. 열은 양기가 되었다. 수는 양이 되었고 화는 음이 되었다고 한다. 우주가 처음 대폭발(Big Bang)을 일으켰을 때는 분명 뜨거운 양기가 가득 차 있었겠지만 그 이전에는 차가운 음기로 형성되어 있었다는 해석이 가능하다. 그리고 블랙홀(Black Hole) 이론을 떠올린다. 블랙홀은 아인슈타인에 의해 개념화되었는데 2019년 4월에 전파 망원경으로 찍은 사진이 공개된 바 있다. 블랙홀이 모든 별을 끌어당기는 검은 구멍이라면 아직 미개척 분야이지만 모든 물질을 뿜어 올리기만 하는 화이트홀(White Hole)의 존재를 인식하게 되었다. 화이트홀은 미지이고 미개척분야다. 그렇다면 이를 음과 양으로 나눌 수 있는 것은 아닌지 의문을 던져둔다. 과학적으로 우주를 논하고 증명하는 것은 아직 초보단계다. 대개 김일훈과 같은 통찰력을 가진 선각자들의 우주관을 증명해 가는 순서를 밟게 되기 때문이다.

> 뭇별층[衆星層]에서 이루어져 발해지는 우주진이 사능선(射能線)을 따라 합성하는데 용암(鎔巖)으로 화하는 원료인 용액이라고 한다. 용액이 겹겹이 쌓여 무게가 가해지면 태양이 분열하고 분열된 화구가 극냉에 냉각되면 외부의 용암이 화성하여 외부의 습기가 내부 고열에 의하여 증발하여 양기가 시작한다. 양기를 따라 우주진이 수억 년 동안 누적되면 지구로 화성한다(『의사여래』, 89).

우주에서 지구가 생성되어진 원리는 설명하고 있다. 역시 음양의 원리가 작용하고 있다. 지구는 태양계가 분열하면서 뜨거웠던 용액이 차가워지다가 외부로부터의 용암을 만나 성질이 변하여 양기가 발생한다. 이 양기를 따라 우주 공간에 흩어져 있는 물질이 오랜 시간 동안 누적되어 지구가 되었다는 이론이다. 우주가 살아 있는 존재이기에 이런 새로운 별과 생명이 있게 된 것이다. 즉 지구나 태양 또한 우주의 아주 작은 한 부분이고 지구에 사는 모든 존재 또한 더 작은 부분이지만 우주는 이 모든 것을 존재하게 하고 살리고 있다. 김일훈의 우주관과 지구관은 음양과 기운으로 설명하고 있지만 현대 과학과 상통하는 점이 많으며 천문학의 발전은 아직 초보 단계를 보이고 있으므로 후세 사람들이 더 견주어 보고 발전시킬 것이다.

> 만물의 시조는 오색소요, 색소의 시조는 수정 흑색소요 수정 흑색소의 시조는 우주이다. 우주는 극냉으로 동력한 병세계이다. 만물의 생명은 색소다. 색은 초목의 목성분이고 소는 목성분자로 결실한 핵이다. 금목수화토 오종핵은 생기며 생명력이니 공기 중의 신비색소는 생기와 길기와 서기를 따라 호흡되고 병균은 흉기와 악기와 사기를 따라 흡수되니 전신의 기가 극강하게 충만하여 전신 신경의 온도가 가하여지면 십이 장부의 온도가 생기로 화하니 생기지핵이다(『의사여래』, 111).

> 한반도는 이 지구상에서 영약(靈藥)이 가장 많이 모여 있는 곳이다. […중략…] 예부터 삼신산(금강산, 지리산, 한라산) 불로초를 말하고 영약 산삼이 자라는 지역으로 일컬어져 온 것도 따지고 보면 우연이 아닌 것이다. 영약은 산삼이나 인삼만을 지칭하는 것은 물론 아니다. 자세히 관찰하여 보면 우리나라 땅에 존재하는 만물 중 특이한 약성을 지니고 있는 것들이 많은 양을 차지하고 있음을 발견할 수 있다.
>
> 그중에서도 특히 강한 효능을 가진 것들이 야산의 산삼, 인삼, 참옻, 벌나무, 토종오리, 동해산 마른명태, 서해의 핵비소 등이다. 또한 공간 색소 중에 조직되어 있는 각종 약분자들도 양이 많고 질적으로도 우수한 것들이다(『신약』 33).

공간색소 중에는 죽어가는 많은 사람들을 살려낼 수 있는 무궁한 약성분이 함유되어 있고 바닷속의 광물질과 지상만물 역시 약 아닌 것이 없다(『신약』, 520)

인산은 한국이나 주변 바다에서 자생하는 식물이나 동물이 특별한 공간 색소의 영향으로 한국 상공에 신묘한 생기색소가 있다고 했다. 이를 어떻게 볼 것인가? 이는 사람들의 판단에 따라 다르겠지만 국수주의적인 입장으로 매도할 일이 아니다. 실제로 한국산 산삼이 고가에 매매되고 또한 한국산 인삼이 중국이나 미국의 인삼보다 약성이 강하여 세계적으로 인정을 받고 있는 것은 잘 알려진 사실이다. 더욱이 최근에는 함양과 같은 환경이 좋은 곳에서 산양삼을 많이 재배하여 농약으로 인한 토양의 오염으로부터 자유로워졌다. 한국산 산삼이나 인삼의 약성이 한국의 기후풍토와 관련된다고 볼 때 인산의 생기색소 이론을 부정할 수 없게 되었다. 인산 의학 사상의 한 줄기가 여기에 있다 할 것이다.

또한 동해산 마른명태를 처방하여 난치병이 나은 사람들이 있다. 김일훈의 처방에 자주 나오는 의료 경험적 소산이다. 서해의 핵비소도 그런 맥락에서 볼 수 있다. 서해안에서 나오는 천일염으로만 죽염을 만들어야 질병 치유의 성과를 극대화할 수 있다고 한다. 김일훈의 경우 귀납적으로 이런 약재를 처방하여 사용한 결과가 아니라 이미 선지자로서 자연의 기밀을 알고 연역적으로 약재로 처방하여 우리에게 제시하였다.

4. 인산 의학의 핵심 처방

앞장에서 논의한 의학 사상을 바탕으로 김일훈은 어떤 처방을 했는지를 살펴볼 차례이다. 인산 의학의 처방은 일일이 열거하기 어려울 정도로 방대하고 다양하다. 또 처방에 따라 약재를 만드는 것이 복잡하고 긴 시간을 요하기도 한다. 이를 신통할 정도로 약효가 있다고 신약(神藥) 혹은 영약(靈藥)이라 한다. 인산 의학의 처방은 『동의보감』과 같은 전통적인 의서와 다른 점이 있다. 난치병 중 특히 암에 관한 치료 방법을 주로 다루고 있고, 약재의 사용 면에서 『동의보감』과 같은 전통 의서들과는 비교가 안 될 만큼 양이 많고 융합적이다. 단순히 모든 약재의 성질을 나열한 것과는 달리 뛰어난 직관으로 본인이 치료한 사례를 밝혀 증명을 하고 있다. 아홉 번 구운 죽염이나 오핵단 같은 약재는 인산 의학의 가진 창의성의 발로이다.

인산 의학에서는 전통한의학에서 주로 사용하는 식물은 물론이고 동물과 광물을 많이 사용했다. 특히 광물을 식물이나 동물과 합성하여 여러 가지 의학적 처방을 한 것은 인산 의학의 특징이라고 할 수 있다. 또한 기운을 강조한 인산 의학에는 금속의 기운과 성분에 대해 다음과 같은 언급이 있다.

> 인체의 골수는 경금속철분과 중금속철분이 석회질과 합하여 성골(成骨)하니 생기와 길기와 서기와 훈기는 생혈과 청혈로 이루어지니 정혈을 따라 수명골에서 경금속 철분이 강도가 높으면 전신의 보호신인 유기체와 대기권을 이루어 적혈은 극청하여 백색혈로 화하여 전기와 벼락도 흡수하여 자신의 만능의 신통력이 되고 미간에 서방백기가 옥호광으로 발하니 성불함이라. 불에 전신 사리요 선에 상중하 도태가 완성되니 백색혈은 백금기로 화하여 전극체로 이루어지니 선의 불로장생술이며 불의 영혼불멸이다. 공해와 오염이 심하면 사혈과 탁혈로 사기, 휴기와 악기가 성하여 중금속동성철분이 강도를 이루어 금왕지일시에 횡사한다(『의사여래』, 33).

위에서는 인체의 골수는 광물질인 철분과 석회질이 합하여 이루어지고 여기서 여러 기운이 나와 피를 만들어 인체를 형성한다고 보고 있다. 즉 광물질인 경금속철분이나 중금속철분이 석회질과 결합한 기운으로 이는 불교 혹은 선교적 완성으로 이어질 수 있다고 하였다. 그리하여 인간 완성이 물질은 특히 광물질과 매우 밀접한 관련이 있다고 본다. 이들 물질을 바탕으로 좋은 기운이 나오고 다시 혈액을 형성하여 청과 백색의 색소로 변화여 성불하는 사람이 되거나 불로장생하게 된다는 이론이다. 그러나 공해와 오염이 심해지면 사기와 악기가 나와 중금속과 같은 성분이 강해져 조만간 생명이 끊어질 수 있다고 경고하고 있다. 이런 의학적 견해는 (광)물질이 바탕이 되어 정신적 문제로 연결된다는 주장을 펴고 있다.

이처럼 광물질을 중시하는 인산 의학은 소금, 기왓장, 유황, 석고 등을 잘 활용하여 질병 치유에 실제 적용한 것이 성과 중의 하나이고 이는 앞으로 무궁한 연구 개발의 여지를 남기고 있다. 이 광물질을 다른 약재와 합성하여 열을 가하기도 하고, 오랜 세월동안 묵히기도 하여 특별한 약효를 내게 하는 방법을 사용했다.

인산 의학을 논할 때 독특한 처방을 언급하지 않을 수 없다. 핵심 저서인 『신약』 등에 적힌 인산 의학의 대표적인 몇 가지 처방들을 문헌을 중심으로 살펴보고자 한다.

죽염

인산 처방의 대표적인 것이 죽염(竹鹽)이다. 죽염은 목화토금수, 즉 오행이 결합하여 탄생한다. 왕대나무(목), 불(화), 황토(토), 쇠가마(금), 소금(수)이 죽염 제조의 핵심이다. 이들을 결합하여 열을 가해 전혀 새로운 물질로 탄생한 소금이 죽염이다. 이러한 죽염은 위장약이나 비염과 같은 질병은 물론 암과 같은 각종 난치병 치료에 쓰인다.

> 눈에는 눈약, 귀에는 귀약, 위(胃)에는 위장약, 암(癌)에는 암약 등 가벼운 외상(外傷)으로부터 심화된 암에 이르기까지 인체의 거의 모든 질병에 두루 불가사의한 효능을 발휘하는 이상적인 식품 의약이라고 하겠다(『신약』 35).

죽염은 인체의 거의 모든 질병에 불가사의한 효능을 발휘한다고 하였으니 죽염의 위력은 대단하다고 할 수 있다. 죽염을 제조하는 절차를 간단히 언급해 둔다. 3년 이상으로 된 왕대나무를 한쪽은 막히게 자른 다음 그 대나무통 안에 서해안 천일염을 가득 단단히 다져 넣는다. 산속의 거름기 없는 황토를 채취하여 모래를 제거한 뒤 된 반죽을 하여 입구를 막고 센 불에 반복해서 아홉 번까지 굽는다. 대나무가 다 타고난 뒤 드럼통 안의 숯을 주워내고 다시 그 속의 소금을 골라낸다. 이 소금을 덩어리만 대충 절구에 찧어 다시 새 대나무통 속에 채워 넣고 단단히 다진 뒤 반죽한 진흙으로 위를 봉한 다음 드럼통 속에 넣고 또 불을 때서 굽는다. 같은 방법으로 굽기를 여덟 번 반복한 다음 아홉 번째에는 송진으로만 불을 때서 재가 남지 않도록 굽는다. 아홉 번째 구울 때 천도의 고열로 처리하게 되면 소금이 녹아 물처럼 흐르는데 불이 꺼진 뒤 이 액체는 굳어져 돌덩이 같이 변한다. 이 덩어리가 죽염이다. 다음의 글처럼 김일훈 이전에도 죽염이 있었다.

> 죽염은 아주 먼 옛날부터 우리 조상들이 대나무 속에 소금을 넣고 구워 소화제 등으로 써왔던 민속약[鄕藥]이나 지금까지 이의 효능과 참 가치가 제대로 알려지지 못했다(『신약』 35).

그러나 죽염의 효능과 가치를 알게 하고 특히 9회 죽염을 전국적으로 알려지게 한 데는 김일훈의 공이 으뜸이다. 과문한 탓인지 몰라도 김일훈의 문헌 이전에는 죽염이라는 용어를 본 적도 없다. 무엇보다도 그의 저서나 처방전의 핵심은 죽염이다. 그는 죽염을 모든 환자들에게 필수적으로 처방하였다. 죽염 산업은 대중적인 상품이 되어 함양군을 대표하는 기업으로 성장하고 있다. 김일훈의 자녀와 제자들이 죽염을 제조하고 판매하고 있다. 차남인 김윤세는 '인산가'를, 셋째 며느리인 최은아는 '인산죽염(주)'을 운영하고 있다. 그 외 김일훈의 제자들 중에서도 '도해', '삼정식품'과 같은 죽염 회사를 만들어 판매하고 있는 곳들이 몇 군데 있다.

죽염은 9회 구운 것을 치료제로 쓰나 생활 죽염은 3회를 굽는다. 의약품이나 식품으로서 죽염은 가장 잘 변하지 않는 제품 중 하나이다. 죽염으로 만든 간장인 사리장도 변하지 않기는 마찬가지다. 죽염은 누구에게나 필요한 식품이자 의약품이기 때문에 앞으로 많은 사람들이 찾을 것으로 본다.

쑥뜸

쑥뜸은 인산 의학의 핵심이다. 물론 쑥뜸은 인산이 개발한 고유의 것은 아니다. 쑥뜸은 오랜 세월 동안 우리 민족과 같이 해온 치료 방법 중 하나였다. 그러나 김일훈 의학에서의 쑥뜸은 매우 특별하다. 오늘날 횡행하고 있는 약한 간접뜸은 인산 의학에서는 한 마디도 언급되지 않았다. 강력하고도 깊은 쑥뜸이 김일훈표 쑥뜸이다. 김일훈의 강연 내용을 모아 놓은 『신약본초』에서 가장 많이 나오는 말이 '죽염'과 함께 '쑥뜸' 혹은 '뜸'이다. 쑥뜸의 재료로는 강화약쑥이 제일이다. 쑥은 아무데서나 쑥쑥 잘 자란다고 해서 붙여진 이름이다. 단군 출생에 관한 옛 기록에서부터 쑥이 등장한다. 곰이 쑥과 마늘을 먹고 사람이 된다는 이야기의 상징은 오늘날 인산 의학에서 핵심 요법인 쑥뜸과 밭 마늘과 직접 관련된다. 그래서 인산을 '민족의학자'라고 하였다. 쑥을 단전과 중완에 뜨면 그 효력은 상상 이상이다.

그 생명력이 얼마나 강한지 히로시마에 원자폭탄이 떨어져 초토화되었을 때 쑥만이 죽지 않고 살아남은 유일한 식물이다. 옛날 프랑스군 함대가 나타나 강화도에 무자비한 폭격을 가해 온통 폐허가 되고 그 자리에 쑥이 무성하게 자라 '쑥밭'이 되었다고 한다. 그 만큼 쑥은 생명력이 놀랍도록 강하다(『인산 쑥뜸 요법』 83).

뜸법으로 건강을 찾는 묘는 고행이니 망상과 허욕을 버리면 해물지심(害物之心)과 인종을 멸하는 살인핵을 제조하지 않게 된다. 대자대비한 자비심으로 일관하면 지구는 일가다. 인간의 대자대비한 자비도(慈悲道)는 자비심으로 이뤄지니 자비심으로 이뤄지는 문명과 발달은 진정한 행복이다(『의사여래』, 156).

뜸은 고행이지만 이를 통해 자비심을 가진 사람으로 거듭나 행복하게 산다고 하였다. 쑥뜸은 이제 보편화된 한의학 처방이다. 따라서 인산 의학만의 고유한 것이 아니다. 그러나 간접뜸을 사용하는 현대의 한의학과는 달리 김일훈은 직접뜸만을 고집해 왔다. 인산은 쑥뜸을 영구법(靈灸法)이라 하였다. 단순한 신체의 치료만을 말하는 게 아니라 고도의 정신적 수련과 관련된다는 말이다. 주요 직접뜸 자리는 관원(關元)과 단전이다.

약쑥으로 중완이나 관원을 뜨게 되면 단전인데 관원은, 뜨게 되면 전신의 피가 맑아직 되고, 모든 피가 맑아지면 살결이 옥 같이 고와지고 살결이 고와진 후에는 피는 맑아서 청혈이 되고……(『산약본초』 97)

단전에 제일 가까운 명문에 온도가 먼저 가면 신장 정력이 극강하고, 정력이 강하여지면 정신이 맑아지고, 다음 소장에 온도가 가하여 삼초에 이르면 전신에 기력이 강하여 건강은 회복하고, 심포락에 이르면 비위경에 식욕과 소화력이 증진하고, 심장에 단전호흡이 미치면 심장이 극강하여……(『의사여래』, 148).

쑥뜸은 위에서 언급한 것처럼 정력이 강해지고 정신이 맑아지며 소화력이 증진하고, 심장이 강해진다. 이는 양생하는 데 쑥뜸의 효능을 말한 것으로 당연히 질병을 예방하는데도 도움이 된다. 사십 후는 오백 장을, 육십 후는 천 장을 뜨고 혹 이천 장도 가하며, 칠십 후는 이천 장 삼천 장을 한 평생 뜨면 장수한다고 하였다. 인산 의학을 신봉하는 사람들은 상당수가 직접뜸을 한다. 또한 영구법은 암을 치료한다고 되어 있다.

위암과 비암과 비선암은 간과 비 사이에 심장 심포락에서 통하는 조혈신경세포와 폐암과 기관지암과 폐선암 시초에는 중완혈에 5분 이상 타는 약쑥 뜸 3천 장 이상 뜨라. 간암과 신장암과 대장암과 소장암에는 관원혈에 5천 장 이상 뜨라. 5분 이상 타는 뜸장을 말한다(『의사여래』, 117).

암에 관한 뜸 처방의 일단을 볼 수 있는 글이다. 5분 이상 타는 약쑥으로 수천 장을 뜬다는 것은 여간한 인내와 의지가 아니고서는 불가능하다. 그러나 만약 위암이나 간암과 같은 난치병이라면 시도할 사람들이 있을 것이다.

암이 한창 진행 중일 때는 인산 뜸법을 해서는 안 된다. 직접구 5분짜리가 인산 암뜸법인데 장부암이 한창 진행 중일 때는 결코 실시해서는 안 된다. …… 그러나 암세포는 멀리 떨어진 뜸자리로 이끌려 나가지 않는다. 암세포는 질긴 생명력을 지니고 있다. 암세포를 당처에서 직접 바로 쑥뜸으로 녹여낼 수만 있다면 쑥뜸으로 깨끗이 뽑아내어 완치될 수 있다. 예를 들어 장부암이 아닌 당처암, 즉 골육종이나 버거스병, 그리고 유방암이라 하더라도 임파선 쪽으로 번지기 전의 국소부위암일 때 ……(『인산의학 힐링 푸드 테라피』 104~105).

암에는 뜸 안 돼. 죽어버려요. 암에는 약을 써 고쳐야지. 암이 나은 연에 마지막 뿌리를 뽑는 덴 뜸이지. 암이 낫고 기운이 생긴 연에 암 뿌리 뽑는 덴 뜸이 좋아요(『신약본초』 후편 120).

암에 관한 접근은 다소 모순적이다. 정리하면 "암 부위가 직접 뜰 수 있을 경우인 당처암에는 효과가 있으나 장부암에는 효과가 적고 체력 손실로 이기기 어렵다. 쑥뜸은 암의 마지막 치료시기인 뿌리 뽑는 데 효과적이다."라고 할 수 있다. 실제로 양생법으로서 쑥뜸을 하여 인산 의학을 믿고 따르는 사람들을 만나 보기도 하였다. 인산의 둘째 며느리는 시아버지의 방법으로 정기적으로 뜸을 뜨고 있었다. 직접뜸은 고통스럽기도 하고 뜸자리에 흉터가 남는다. 그래서 한의원이나 현대인들은 간편하고 흉터가 거의 없는 간접뜸을 선호한다. 그러나 직접뜸이 갖는 문제점에도 불구하고 난치병에는 매우 효과적임은 알 수 있다. 다만 직접뜸은 화상이 우려되고, 뜸 뜰 때 부부 관계나 육식 등 금기시해야 하는 일도 있으므로 함부로 해서는 안 된다.

유황

인산 의학에서 가장 빈번히 언급되고 있는 광물질 중의 하나가 유황이다. 김일훈은 유황에 대해 다음과 같은 언급을 하고 있다.

유황은 전류 중에서 화하는 황색의 화기이며 독이 있는 인성(燐性)으로서 광석물질이다. 반면에 공기 중에서 화하는 독 없는 인성은 최고의 보양제이다. 유독한 인성리라도 완전히 제독하면 무독으로 변할 수 있다. […중략…] 유황은 다음의 원리로 이루어진다. 지구는 태양에서 우주진과 우주영양성분을 합성하여 분열된 물체로서 그 성분이 지중화구에 그대로 함유되어 있다. 이 지중화기가 황토에 숨어들어 수만 수억 년간을 화한 광석물이 곧 유황석이다. 황토사질에 유황가루를 뿌리면 황토중의 유황원료 보양제가 흡수된다. 그리고 유황은 유독해도 살충제이며 해독제인데, 어린 열무가 세근에서 흡수하는 성분은 지중수분을 따라 유황의 보양제만 흡수하며 독성을 흡수하게 되면 어린 무는 독기가 과하면 죽는다. 자라면서 독성을 흡수하므로 인체에 중독이 오는데 상강 이전은 유독하다. 지상생물은 오래되면 영묘, 영특, 영독한 자가 생긴다(『의사여래』, 202~204).

유황(硫黃)은 원자번호 16이고 원자량은 32.06이며 원소기호는 S로 표시되는 비금속원소이다. 유황은 옛날부터 수은과 더불어 동양연금술(東洋鍊金術)에서 가장 필요한 성분 중의 하나였고, 또 일찍부터 화약 제조에 사용되었기 때문에 특별히 많은 관심을 모아 왔다. 허준(許浚)의 『동의보감』과 이규경(李圭景)의 『오주서종박물고변(五洲書種博物考辨)』 등에서 유황의 제법과 용도 등을 살펴볼 수 있다.

김일훈은 유황의 형성 원리를 오랜 시간을 거쳐 변한 광석물질이라고 규정하고 있다. 유독한 것도 오랜 시간을 거치면 독성이 제거되고 영양분이 된다는 원리이다. 유황의 유독성을 보양제로 만드는 방법을 제시하고 있다. 황토에 유황가루를 뿌리면 보양제가 된다고 하면서 열무가 이 보양제를 흡수하면서 약성을 지닌다고 설명한다. 그런데 이것도 시기가 있으니 바로 서리가 내리기 전인 상강(霜降) 이전에 먹으면 독을 흡수하는 것이 되어 위험하다고 한다. 계절의 변화와 순환의 중요성을 알고 이를 잘 활용한다면 영묘하고 영특하며 영독한 것이 된다는 것이다. 여기서 탄생한 대표적인 약재가 바로 유황오리이다. 유황오리는 죽염과 함께 김일훈의 전매특허라고 해도 과언이 아니다. 김일훈은 무와 배추로 양생 식품을 만드는 법을 다음과 같이 소상히 설명하고 있다.

> 명승지에 휴양지를 세우고 식사는 양생 식품으로 한다. 맛을 내는 소금은 죽염에 단맛을 약간 가미하고 무와 배추는 심을 때에 유황 가루를 평당 2홉씩 흩치고 비료를 주고 심으면 땅의 병균을 멸종하고 지령과 수정과 유황성이 합성하여 양생 채소가 된다. 부식물인 고구마와 감자도 채소와 같이 하여 병균을 소명시켜 직용으로 한다. 마늘, 파, 고추 그리고 양파는 살충하는 성분이 강하여 유황을 사용하지 않아도 된다. 이런 양생식품으로 제조한 식사를 하면 만병은 자연 해소되니 일생 건강은 자연 안심이다(『의사여래』, 21).

무와 배추에 유황 가루와 비료를 뿌리고 심으면 유황의 독성으로 땅의 병균이 멸종되니 농약을 뿌릴 필요가 없어진다. 또한 유황 성분이 합성하여 인체에 힘을 내게 하는 양생 채소가 된다고 하였다. 무와 배추뿐만 아니라 고구마, 감자도 같은 방법으로 하면 땅의 병균을 죽이고 약성을 가진 뿌리를 캘 수 있다고 보았다. 그러나 마늘, 파, 고추, 양파는 식물 자체가 살충하는 성분이 강하므로 유황을 뿌리지 않아도 된다고 하였는데 이런 식물들은 자체가 양생식품이기 때문이다. 이들 식품들을 식탁에 올리면 온갖 병이 치료되거나 예방되어 일생 동안 건강을 지켜준다고 보았다. 독성이 있는 유황을 여러 가지 병의 약으로 처방한 것은 그의 탁견 때문이다. 유황을 그 자체로 섭취할 수 없으니 동물이나 식물이 흡수하게 하여 그것을 사람이 먹도록 한 것은 혜안이 아닐 수 없다. 인산 의학의 수월성이 돋보이는 처방이다.

삼보주사

삼보주사는 김일훈만의 독특한 처방이다. 삼보주사(三寶注射)란 집오리 뇌 3개로 만든 3차 삼보수(三寶水)에 웅담, 사향, 우황을 적당량 타서 제조한 주사약이다. 삼보수를 만드는 법은 집오리 세 마리를 잡아 머리의 털을 뽑고 목을 잘라 머릿속의 피를 뺀 뒤 뇌를 꺼낸다. 오리 세 개의 뇌를 곱돌솥 안에 넣고 맑은 샘물 약 5백cc 가량을 부은 다음 솥뚜껑을 꼭지가 아래쪽으로 향하도록 젖혀 놓고 가열한다. 이때 솥 안에 사기그릇을 놓아 솥뚜껑 꼭지에 떨어지는 증류수를 받을 수 있도록 한다. 물이 끓어 사기그릇에 증류수가 모이고 곱돌솥 안의 물이 마르면 사기그릇의 증류수를 솥 안에 붓고 다시 끓여 증류수를 받는 것을 두 번 더 반복한다. 솥뚜껑이 더워지면 김이 새어나와 증류수의 양이 적어지므로 뚜껑에 얼음을 얹어 차게 해 준다 김이 새면 나중에 삼보수의 해독성이 약화되므로 주의해야 한다. 수증기가 새지 않도록 틈에 밀가루 반죽을 발라주면 안전하다. 이와 같이 세 차례 끓여서 받아낸 증류수를 삼보수라고 한다(『신약』 48-51 참조).

삼보수는 토종 집오리 뇌를 이용하여 만들지만 절차가 복잡하고 웅담이나 사향과 같은 약재를 구하기 어려워 거의 사장된 처방이다. 그러나 삼보수는 주사액이라 죽염이나 오핵단과 같은 내복약에 비해 효과가 빠르고 치료 작용이 강한 특장을 지녔다.

> 삼보주사약은 위암, 간암, 폐암, 신장암, 심장병 등 인체의 오장육부의 각종 암과 난치병 치료에 있어서 실로 눈부신 효능을 보여 준다. 특히 질병의 악화로 인하여 극도로 쇠약해진 환자에게 최고의 영양제 겸 치료제가 되므로 암치료에 없어서는 안 될 중요한 신약의 하나이다(『신약』 49).

오장에 병이 들면 치료가 어렵다. 그런데 삼보수는 현대인들이 잘 걸리지만 치료가 어려운 주요 장기의 암을 치료하는데 효능이 뛰어나다고 주장하고 있다. 또한 질병이 진행됨으로써 몸이 쇠약해지는데 삼보수가 영양제로서의 역할도 한다. 삼보수는 집오리 뇌수 속의 암약을 추출하여 만든 주사약이므로 인체에 빠르게 침투한다. 또한 인체의 부족한 수분을 보충하고 강력한 해독작용을 하므로 신비의 증류수이다.

삼보주사는 현대인의 난치병 치료제로서 인산 의학의 가장 뛰어난 처방일 수 있지만 제조 방법이 단순하지 않고 약재를 구하기가 거의 불가능하여 실제로는 가장 조제하기 어려운 약제이다. 다른 처방보다 더 많은 과학적 분석과 사례 및 증거 수집이 필요하다.

오핵단

인산 의학의 신비 중 하나가 바로 이 오핵단이다. 이름도 생소한 이 약의 원료는 흑염소, 누렁개, 돼지, 닭, 집오리의 다섯 동물이다. 모두 토종이어야 한다. 흑염소는 음양곽 1백 근, 인삼 20근, 마른 옻껍질 30근을 분말하여 밀기울로 쑨 죽에 타서 먹인다. 누렁개도 인삼, 마른 옻껍질, 유황을 보리밥에 1년간 먹인다. 돼지는 생부자, 유황, 인삼, 마른 옻껍질 분말을 보리밥에 저장하여 1년간 먹인다. 닭은 인삼, 마른 옻껍질을 분말로 만들어 보리밥과 섞어서 1년간 먹인다. 입추가 지난 뒤 독사 30마리와 구렁이 3마리에 구더기를 내어 다 먹이도록 한다. 집오리는 생부자, 초오, 마른 명태를 푹 고아서 독성을 제거한 뒤 분말하여 인삼, 마른 옻껍질, 유황 분말을 보리밥에 비벼서 1년간 먹인다. 5마리 모두 중간 것 크기가 적당하다. 사육이 끝난 뒤 이들의 간(肝)만을 떼 내어 시루에 푹 쪄서 말린 다음 토종꿀이나 석청에 반죽하여 알약 1개의 무게가 2돈 중이 되도록 빚으면 오핵단이 된다(『신약』 57~58 참조). 오핵단을 직접 제조하고 실험해 보면 갖가지 불가사의한 효능들이 나타난다고 하였다. 오핵단은 각종 암에 특효가 있다. 또 어떤 질병이든 체질, 혈액형, 성별, 나이에 구애받지 않고 완벽하게 치료할 수 있는 영약이라고 한다.

그러나 제조방법에 시간과 노력이 많이 들고, 특히 닭의 경우 독사와 같은 동물은 위험하므로 약을 만들어 복용하기는 매우 어려운 일이다. 특히 암과 같은 난치병은 빠른 시간에 전이가 되는 경우가 많으므로 동물들을 1년 동안 기른다는 것 자체가 무의미할 수 있다. 편한 처방과 복용에 익숙한 현대인들에게는 요원한 일이지만 현대적 시설로 갖추어서 과학적으로 만들어 보고 약의 성분 분석과 임상 사례가 필요하다.

기왓장

인산 의학에서 기왓장에 대한 기록은 다음과 같다.

> 산중 사찰에 천년 이상 된 기왓장은 금성과 금기가 강한 점토로 두텁게 제조하여 고열에 구운 관계로 산중 약성약초와 약목산소 중에 약성색소의 분자며 명산명천의 감로정과 산중 광석물의 약성과 금기가 발산하여 공간에 체류 중 우하(滯留中雨下)하면 약성과 분자는 우중에 포함하여 기와에 모르게 잠복 누적하면 천 년 간에 잠복초가 자주 나와 크니 속칭 '와용(瓦茸)'이라 한다. [⋯중략⋯] 우중(雨中)에 약성분자는 기와의 토기와 토중에 잠재한 화기와 금기와 수기와 목기를 따라 화하는데 잠복초인 와초(瓦草)가 화생한다. 이런 약성을 가진 기왓장으로 붕어를 백반과 죽염으로 소회존성(消灰存性)하면 각종 암약이 이루어진다(『의사여래』, 64~65).

위는 광물 합성 재료인 오래된 기와에서 나오는 기운과 색소를 머금은 식물인 와초의 생성과정을 설명하고 있다. 이것은 오늘날 '와송(瓦松)'을 말한다. 지붕의 기와 위나 바위에서 자라는데 모양이 소나무 잎이나 소나무 꽃을 닮았다고 해서 이런 이름이 붙여졌다. 물론 와송은 초목류이지만 인산 의학에서 광물질인 기와와 연결하여 색소와 기운으로 설명한 것이 특기할 만하다, 더구나 이 단락에서는 기와에서 크는 와송을 강조한 것이 아니라 기와라는 광물질 덩어리를 중요시하고 있다. 즉 기왓장으로 붕어를 백반과 죽염으로 소회존성(消灰存性)하면 각종 암약이 이루어진다고 하였다. 이는 기존 한의학에서 보는 와송에 대한 견해보다는 적극적인 암 처방 방안을 제시하고 있다.[3]

이상으로 인산 의학의 몇 가지 약재나 처방을 논의했다. 더 많은 중요한 약재들이 있다. 유황오리, 유근피, 참옻나무, 벌나무, 노나무, 서목태, 열무, 개똥참외, 홍화씨, 벌독, 독사독, 도마뱀, 다슬기, 생강감초, 백강잠, 부자, 강활, 설상사, 말벌집, 은행, 구기자, 계내금(鷄內金), 연근, 흰대파뿌리[총백], 금은화, 호도기름, 계분백(鷄糞白), 천마, 창출, 백출, 봉출, 숙지향, 계지, 익모초, 용담초, 석고, 당귀 등이다.

그 외 인산 의학의 처방 중 빼놓을 수 없는 것으로는 다음과 같은 것들이 있다. 근골강화제로서는 밤[栗], 어혈 · 염증약인 고추 약엿, 비위의 양약 보리약차, 당뇨약 생동쌀, 장염 · 이질약인 대궐찰, 만병을 예방하는 들기름 찰밥, 이질의 신약인 들기름 메밀국수 등이 채소며 과일이며 곡류에서 오는 천연신약이다. 난치병 묘약인 설상사, 돼지와 부자 · 웅담, 결핵약 두더지, 결석약 땅강아지, 각종 종창 · 약창약 두꺼비, 연탄독 · 독사독의 영약인 마른 명태, 비 · 위약인 참조기 등은 조수와 어패류에서 오는 천연신약이다. 이런 약재들의 특별한 약효는 김일훈의 저서 『신약』과 『신약본초』에서 강조하고 있다. 모두 민족의학 처방들이다. 이에 대해서는 더 많은 후속 연구와 성분 분석 및 논의가 필요하다. 그리하여 이 처방을 의학적으로 살려 처방으로 매뉴얼화할 수 있다면 오랫동안 답보 상태였던 민족 의학의 역사는 새로 쓰이어질 것이다.

---

3 와송: 돌나물과 식물인 바위솔 Orostachys japonicus (Maxim.) Berger의 전초를 말린 것이다. 바위솔은 각지의 바위 위나 오랜 돌담 · 오랜 지붕 위에서 자란다. 여름과 가을에 지상부를 뜯어 햇볕에 말린다. 맛은 시고 쓰며 성질은 서늘하다. 간경(肝經) · 폐경(肺經)에 작용한다. 열을 내리고 해독하며 출혈을 멎게 하고 습사(濕邪)를 없애며 부기를 가라앉힌다. 약리 실험에서 해열 작용이 밝혀졌다. 토혈, 코피, 적리(赤痢), 학질, 열림(熱淋), 치질, 옹종(癰腫), 정창(疔瘡), 습진, 화상 등에 쓴다. 간염에도 쓴다. 하루 15~30g을 탕제 · 환제 형태로 먹거나 신선한 것을 짓찧어 즙을 내어 먹는다. 외용약으로 쓸 때는 짓찧어 붙이거나 달인 물로 씻는다. 까맣게 덖어서 가루를 내어 기초(약)제에 개어 붙이기도 한다(『한의학대사전』).

5. 마무리

인산 김일훈은 한국이 낳은 탁월한 의학 선각자였다. 그는 함경도에서 출생하였으나 남한으로 내려와 서울과 부산에서 살다가 함양에 들어와 정착한다. 그의 일생은 오직 질병으로 고통 받는 민중을 살리는 데 맞추어져 있었다. 그는 의학적 신동으로 태어났다. 그리하여 그의 의술과 처방은 보통의 의료인들이 가질 수 없는 탁월한 경지를 보여주었다. 그는 일제 강점기를 살아오면서 독립운동가로서 옥고를 치르기도 하였다. 그의 의학은 특별하고 신효하여 현대의 공해시대를 예측・대비하였고 각종 난치병 환자들을 낫게 하였다. 그의 의학세계는 기존 의학과 다른 방식으로 접근하여 식물은 물론 동물과 광물까지 융합하고 법제하여 신효한 약으로 탄생시켰다. 숱한 난치병 환자를 고쳐도 그는 늘 가난했다. 그는 돈이나 명예에는 관심이 없고 오로지 환자 치료에만 매진해 온 참 의료인이었다. 그는 자신의 탁월한 의술을 저서로 남겼다. 그가 지은 『신약』은 지금도 베스트셀러이다.

그는 인산 의학의 본질을 우주에 두고 있다. 우주의 만물만상을 영물(靈物)로 보고 모두 약성을 지니고 있는 것으로 보았다. 이런 사상을 바탕으로 한 그의 처방은 암과 같은 난치병에 특효를 나타내는 것들이 많다. 죽염이나 유황오리와 같이 알려진 것 이외에도 삼보주사, 오핵단, 유근피, 옻나무껍질 등 한국산 토종을 이용한 다양한 방법의 각종 난치병 치료제를 만들었다. 물론 그의 처방에 대해 과학적 검증이 더 필요한 부분도 있다. 그러나 그의 뛰어난 처방을 사장시키는 일이 더 많다. 우리나라는 천부의 혜택을 받아 약효가 뛰어난 약재가 많이 나므로 이를 최대한으로 이용하라고 하였다. 한반도는 암약의 보고라고 하면서 국토 개발로 우리에게 주어진 무궁무진한 보배가 소멸되어 가고 있는 것을 막고 현대인의 난치병인 암을 치료하는 약을 개발하고 치료하는 것이 부국의 지름길이라고 하였다. 김일훈은 이렇게 미래를 내다보면서 다음과 같은 말로 소회를 밝히고 있다.

> 내가 발명한 암약과 처방이 온 세상에 알려지면 사람들은 그때서야 나의 발자취를 찾아 나서게 되겠지만 그때는 이미 나는 다시 오지 않아도 될 이 땅에서 영원히 떠난 뒤일 거요(『신약』 521).

암이 극성을 부리고 정복이 아직도 요원한 시대를 예측한 선각자의 예지다. 그가 한국에 온 것은 분명 축복 받을 일이다. 하지만 우리는 그의 의학을 제대로 알고 계승하지 못하고 있다. 이제 더 이상 미루지 말고 의학간의 경계를 넘어 개인은 물론 국가나 지방자치단체에서 인산 의학을 재조명할 때다. 선각자적인 처방과 치료 방법은 기존 의학과 사뭇 달라 선입견에 찬 현대의학적인 눈으로는 재단하기 어렵다. 이를 직시하고 민족의학인 인산 의학의 발전을 위해 몇 가지를 제언해 둔다.

첫째, 인산 의학에 대한 연구다. 이것은 인산의 처방을 과학적으로 증명하는 일이 주가 될 것이다. 인산 의학의 연구는 초보 단계이고 개발할 부문은 무궁무진하다. 최근 '인산죽염(주)'에서 인산 의학을 응용하여 달걀과 황산동을 결합한 '난담반'을 출시하여 폐암과 같은 난치병 치료에 도전하여 성과를 거두고 있다. 인산 의학을 살리기 위해 이런 연구와 개발이 지속되어야 한다. 기업의 수명이 짧아지고 있는 추세에서 연구개발(R&D)에 투자하는 것은 기업의 장기 생존 전략에 필수적이다.

둘째, 인산 의학의 대중화이다. 예를 들면 죽염은 누구나 생활에서 활용할 수 있는 질병의 예방약이자 치료제이다. 또한 온 국민의 가정상비약이자 식품이다. 죽염은 오래 보존할 수 있고, 간장이나 된장을 만들어 맛과 영양을 즐길 수 있는 건강식품이 된다. '인산가(家)'에서는 최근 코스닥(COSDAQ)에 상장하여 누구나 주주가 될 수 있게 하였는데 이는 인산 의학의 대중화를 위해 의미 있는 발전이다. 다양한 인산 의학 제품들을 널리 보급하여 건강을 지켜 나가게 해야 한다.

셋째, 인산 의학의 세계화이다. 위 두 가지를 바탕으로 궁극적으로는 세계인들이 인산 의학을 알고 처방을 찾도록 알려야 한다. 인산도 우리나라가 부강해질 수 있는 길 중의 하나로 암 약재를 개발, 생산, 수출하는 것이라고 설파하였다. 국제적인 세미나 개최, 해외 유력 인사 특강, 수출 관련 바이어 초청 등을 통한 제품개발과 홍보가 필요하다. 국가 간의 전자상거래는 아직도 초보적인 단계이지만 향후 10년이나 20년 이내에 전 세계인들의 반 이상은 인터넷을 통한 제품 구매를 할 것이다. 물류 이동 속도도 빨라져 서울에서 뉴욕까지, 상하이에서 시드니까지 72시간 안에 배달이 가능한 시대가 오고 있다. 인터넷을 활용하여 전 세계적으로 죽염(Bamboo Salt)과 같은 뛰어난 건강 제품을 제조·판매한다면 세계적인 향토기업이 나올 수 있을 것이다.

인산 의학은 의학의 혁명이었다. 김일훈은 공해시대를 예견하고 한국산 토종으로 암과 같은 난치병 치료 방법을 제시한 민족의학자이자 탁월한 의료의 선각자였다. 그의 의학을 연구하고 처방을 살리는 일은 시대적 과제다. 인산 김일훈이라는 의학적 거물이 함양에 뿌리를 내리고 그의 의학과 처방이 약소한 형태로나마 제품화되고 있는 것은 다행한 일이다. 인산 의학을 재조명하여 그 방안을 찾고 실천하는 일은 질병 없이 건강하게 살려는 모든 인류의 소망에 부합한다. 인산 의학을 제대로 살린다면 앞으로 한국의 지속적인 먹거리 산업, 항노화 산업에 새로운 지평을 열어줄 핵심 열쇠가 될 것이다.

참고문헌

강경구(2005), 쑥뜸요법이 신체건강지수에 미치는 영향에 대한 연구, 조선대 석사논문.

곽재용(2014), 함양군 도로명 분석, 국제어문학 제29호, 국제어문학회 1-34.

곽재용(2018), 경상남도 함양군의 법정리 이름 분석, 지명학 제29집, 한국지명학회, 5-39.

곽재용(2019), 함양의 지역적 특성화 웰빙 문화, 경남권문화 제26호, 진주교육대학교 경남권문화연구소.

김윤세(2016), 한 생각이 암을 물리친다, 인산가.

김윤세(1998), 『인산 쑥뜸 요법』, 인산동천.

김윤세(2019), 『자연치유에 몸을 맡겨라』, 조선뉴스프레스.

김일훈(1980), 『우주와 신약』, 광제원,

김일훈(1989), 『신약』, 광제원. (1991년판, 4판 발행)

김일훈(1990), 『구세신방』, 광제원.

김일훈(1992), 『신약본초』, 광제원. (1996년판, 초판 7쇄)

김일훈(1994), 『인산암처방집』, 신약당.

김일훈(1996), 『신의원초』, 인산출판사.

김일훈(1997), 『의사여래』, 인산출판사.

김일훈(1999), 『의약신성』, 인산출판사.

김일훈(1999), 『활인구세』, 인산출판사.

박홍식(2010), 인산 김일훈의 의철학, 동양철학연구 61, 동양철학연구회, 415-442.

송인창(2010), 인산 김일훈의 철학사상과 현실인식, 인문과학논문집 47, 대전대학교 인문과학 연구소, 95-121.

송인창(2013), 인산 김일훈 의학 사상의 철학적 이해, 동서철학연구 69, 한국동서철학회, 5-28.

이규경(1834), 『오주서종박물고변 五洲書種博物考辨』

이중환 지음 · 이익성 옮김(2011), 『택리지』, 을유문화사.

인산의철학회(1999), 『인산 김일훈 선생 일대기』, 인산출판사.
인산 의학 체험수기 · 치유기 모음(2013), 『나는 죽염이 달다』, INSAN.
최은아(2011), BV2 신경세포에서 난담반의 LPS에 의해 유발된 NF-kB, MAPKs 및 PI3K/Akt의 신호억제를 통한 항염증작용, 대전대학교 박사논문.
최은아(2014), 『인산 김일훈 선생 전기 의황』, 범우.
최은아(2017), 『인산 의학 힐링푸드 테라피』, 인산한방암센터.
『신증동국여지승람』, 1530.
팀 마샬 지음/김미선 옮김(2017), 『지리의 힘』, 사이.
한의학대사전편찬위원회, 『한의학 대사전』, 정담.
허준(1610), 『동의보감』
홍보영(2012), 인산 김일훈의 음양오행관 검토, 대전대 석사논문.

누리집

http://www.insanga.co.kr/main/(인산가)
https://www.insan.co.kr/(인산한의원)
http://www.dohae.com/(인산학커뮤니티 DOHAE)
http://www.koreasalt.co.kr/(삼정식품)
http://cafe.daum.net/lnsan(인산을 사랑하는 벗님들)
https://terms.naver.com/entry.nhn?docId=544501&cid=46638&categoryId=46638(동의보감)
https://terms.naver.com/entry.nhn?docId=568434&cid=46637&categoryId=46637(오주서종박물고변)
http://db.itkc.or.kr/(한국고전종합DB)